W0062569

Weisheit der Kelten

Ansha

Weisheit der Kelten

Frontispiz: Einst waren die Kelten in ganz Europa verbreitet. Bis heute haben sie Spuren in unserem Leben hinterlassen.

Inhalt

Die Kelten hatten ein tiefes Naturverständnis und eine enge Bindung zu deren Kräften.

Das Wort »Dol-men« bedeutet »Tisch-Stein«. Zu welchem Zweck die Dolmen, die man überall in ehemals keltisch besiedelten Gebieten findet, dienten, ist bis heute nicht eindeutig geklärt.

Die Anderwelt gilt als ein Ort oder eine Welt außerhalb von Zeit und Raum. Sie ist der Ort der Erleuchtung und Weisheit, den sich jeder ein wenig anders vorstellt.

Die Buchmalerei zeigt wunderschön die Vielfalt der keltischen Künste.

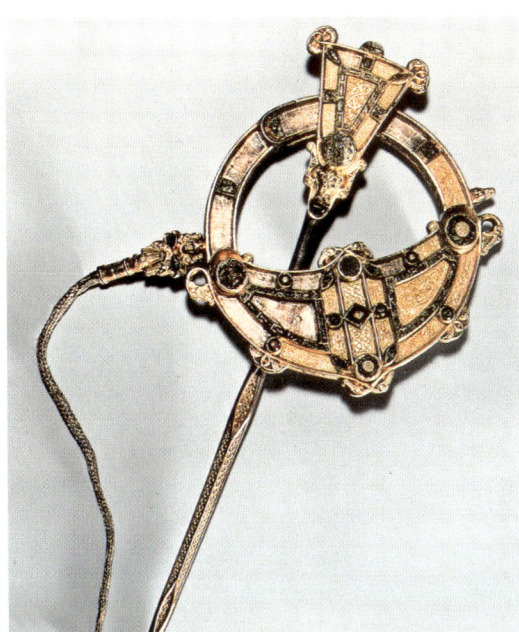

Aufwändig gestaltete Broschen dienten dem Schließen von Umhängen.

Vorwort

Faszination Kelten – es liegt ein mächtiger Zauber über ihrer vergangenen Kultur. Sind es die geheimnisumwitterten Druiden, die über verborgenes Wissen verfügen, Elfen und Feen, die wundersamen Geschichten über die Anderwelt, über magische Schwerter, sprechende Steine und die ewig junge Legende um König Artus, den Gral, den Kessel der Wiedergeburt? Die Mythologie der Kelten durchwebt unsere Kultur, wenngleich ihr Ursprung vielen von uns nicht mehr zugänglich ist. Eine Kultur, die sich so lange in den Seelen der Menschen erhalten hat, muss etwas Besonderes haben, vor allem deshalb, weil die Kelten so gut wie keine schriftlichen Aufzeichnungen hinterlassen haben.

Für ihre Zeitgenossen, die Griechen und Römer, waren die Kelten ein barbarisches Volk, denn sie verstanden nicht die so völlig von ihrer Lebensform abweichende Kultur.

Der lange Atem keltischer Traditionen

Wir wissen dennoch recht viel über dieses Volk, das einen weiten Weg aus dem Orient bis in die äußersten Spitzen der Britischen Inseln zurückgelegt hat. Zeitgenossen, die mit ihnen in Kontakt kamen, berichteten über ihre Kenntnisse, ihre Tapferkeit, ihr Gemeinwesen, ihre Kreativität und Religion. In den entlegenen Gebieten, die von den Römern und später von der Missionierung durch die christliche Kirche verschont blieben, wie Irland, Schottland, Wales und die Bretagne, sind Sagen und Erzählungen lebendig geblieben, und manche Bräuche haben sich trotz des Wandels der Zeiten erhalten. Doch welchen Nutzen haben wir im 21. Jahrhundert von diesem Wissen?

Hilfe in Zeiten des Umbruchs

Die ethischen und spirituellen Werte in unserer Gesellschaft sind im Umbruch. Jeder von uns bemerkt es, oft wird darüber geklagt. Dies ist jedoch ein Phänomen, das immer wieder in der Geschichte auftritt – Wandel führt zu neuer, höherer Entwicklung, zu erweitertem Bewusstsein. Die Zeiten dazwischen sind allerdings schwierig, unbequem und manchmal gefährlich. Was einst Halt und Sicherheit gegeben hat, ist plötzlich fragwürdig oder sogar austauschbar geworden. Das mag zwar auf der einen Seite Freiheit von Beschränkungen beinhalten, andererseits aber auch Richtungslosigkeit und Verwirrtheit. Wir sind auf der Suche nach einer neuen, höheren Stufe der Ordnung, auf der sich Menschen verständnisvoll und tolerant begegnen.

Die Kelten stehen für ganz bestimmte Werte von bleibender Gültigkeit: Weisheit, Tapferkeit, Kreativität und Naturverbundenheit. Die Suche nach dem Verständnis für diese Werte – die Queste – ist verknüpft mit der keltischen Kultur. Die Suche nach dem Gral, ein mythisches keltisches Motiv, ist die Suche, auf der die Menschheit und jeder Einzelne sich befinden. Warum sich also nicht der Wegweiser bedienen, die ein kluges, spirituell hoch stehendes Volk lange vor unserer Zeit bereits gesetzt hat?

Die Werte der keltischen Kultur

Die Kelten scheinen ein geistig gesundes Volk gewesen zu sein. Sie hatten eine stabile Gemeinschaftsform, deren intellektuelle Führer die Druiden waren. Diese Denker und Weisen, Richter, Heiler, Sänger und Dichter des Volkes vermitteln uns das Bild einer Kultur, die sowohl große Kenntnisse der Natur und des Kosmos hatte als auch mächtiges spirituelles Wissen. Eine andere Gruppe, die noch immer nachhaltig unsere Phantasie anregt, sind die keltischen Helden, deren Mut, Fairness, Loyalität und Opfermut in unzähligen Mythen beschrieben werden. Und wir dürfen die Handwerker nicht vergessen, deren Artefakte uns in archäologischen Funden zeigen, welch erstaunlichen Kunstsinn sie mit handfester Pragmatik zu verbinden wussten: Ob Schmuck oder Waffen, tägliche Gebrauchsgegenstände oder sakrale Objekte, alles ist von erlesener Schönheit und Nützlichkeit.

Die Bronzezeit löste etwa 2000 vor unserer Zeitrechnung die steinzeitlichen Kulturen ab und wird für den europäischen Raum über eine Periode von rund 1300 Jahren datiert.

Auf der Suche nach der inneren Schönheit

Wir haben die Freiheit, in unserem Leben einen ganz bestimmten Weg zu verfolgen. In diesem Buch möchte ich Ihnen nicht nur Wissen über das keltische Volk vermitteln, sondern Sie vor allem anregen, dieses alte Wissen auch für sich zu nutzen. Vielleicht entdecken Sie in der ein oder anderen Übung Ihren ganz persönlichen Wegweiser, der Ihnen bei Ihrer Suche hilfreich ist.

Die Kelten wanderten nicht nur in der äußeren, materiellen Welt, sondern auch auf den Pfaden der Anderwelt, in

Die Kelten –
Wanderer
und
Sucher

den unauslotbaren Gefilden der Seele auf der Suche nach einem Sinn. Wenn auch Sie sich auf die Wanderschaft, die Suche, oder wie es in den Gralssagen heißt, die »Queste« begeben möchten, dann sind Ihnen die im Folgenden beschriebenen Erfahrungen der Kelten sicher von Nutzen.

Die keltische Kunst war weit bekannt. Diese Bronzestatuette eines Pferdes mit menschlichem Kopf war eine fürstliche Grabbeigabe.

Stationen des keltischen Weges

Warum sollte sich ein Mensch im 21. Jahrhundert mit einem untergegangenen Volk beschäftigen? Neugierigen Historikern kann man dieses Interesse ja noch nachsehen, aber die Frau und der Mann, die sich mit den Problemen der Gegenwart herumschlagen, müssen andere als nur akademische Neigungen haben, um sich mit dem eigenartig faszinierenden Kelten auseinander zu setzen.

Ein Analogieschluss, nicht unbedingt eine streng rationale Erklärung hilft hier vielleicht. Im Leben eines Menschen treten irgendwann einmal – bei dem einen früher, bei dem anderen später – Fragen auf, für die es in der sachlichen, alles mit Verstand und Logik erklären wollenden heutigen Welt keine Antwort gibt: Es ist die uralte und immer wieder neue Frage nach dem Sinn des Lebens, nach den bleibenden Werten, nach der inneren Gesundheit, nach dem Urgrund des Vertrauens und der Sicherheit. Antworten dazu werden nicht in benutzerfreundlichen Packungseinheiten angeboten, wenngleich manche Religionen oder religiöse Systeme, Sekten und esoterische Lehren das glauben machen wollen. Nein, die Antworten muss jeder selbst suchen. Diese Suche verbindet uns mit den Kelten.

Es gibt verschiedene Theorien, woher die Kelten ursprünglich stammen: Manche sehen ihre Wurzeln in Indien, andere nennen sie gar die Nachkommen des versunkenen Kontinents Atlantis.

Ein wanderndes Volk

Denn die Kelten – woher sie auch immer ursprünglich gekommen sein mögen – sind ein Volk der Wanderer und Sucher gewesen. Wenn sie auch einige Jahre in vielen Gebieten sesshaft gewesen sind, so sind sie doch immer wieder aufgebrochen und haben sich über ganz Europa ausgebreitet. Sie haben dabei das Wissen anderer Kulturen aufgenommen, sich Fähigkeiten angeeignet und ein Wertesystem entwickelt, das ihnen in der unruhigen Phase der Wanderschaft eine spirituelle Stütze bot. Ihre Mythen und Sagen erzählen von diesen Wanderungen, von Eroberungen und Abenteuern der Götter und Helden, der männlichen wie weiblichen.

Diese Geschichten haben sich über die Jahrhunderte hinweg in den unterschiedlichsten Formen erhalten, die Erzähler haben sie ihrer Zeit und ihrer jeweiligen Umwelt angepasst. Zusammengeschlossen haben sie sich schließlich zu einem gewaltigen, alle Zeiten überdauernden Epos, das bis heute seine Bedeutung, seinen Reiz und seine Tiefgründigkeit nicht verloren hat: Es ist der Sagenkreis um König Artus, seine Tafelrunde und die Suche nach dem Gral.

Es ist nicht nur die äußere Handlung, die dem Lauscher der Geschichten Spannung, Abenteuer, Romantik und Erotik garantiert, sondern die tiefgründige Weisheit, die Erkenntnisse über den Weg, den ein Volk von Wandernden und Suchenden genommen hat, um das unbeschreibliche, unaussprechliche Mysterium zu ergründen, das in der Frage gipfelt: »Was beinhaltet der Gral, der Kessel der Wiedergeburt, der Kelch des Lebens?«

Eine Kultur verschwindet

Die Kelten als Volk gibt es schon lange nicht mehr. Die tapferen Krieger unterlagen den militärisch überlegenen Römern oder wurden durch andere Völker aus dem Osten vertrieben. Die weisen Druiden wurden von streng gläubigen christlichen Missionaren ermordet oder umerzogen, das dunkle Zeitalter des Mittelalters hat ihre Götter dämonisiert, ihre heiligen Stätten entweiht, ihre Kunstwerke zu einem großen Teil vernichtet. Ihre Gesellschaftsform, einmalig in einer Zeit hierarchisch strikter Staatsorganisationen, musste dem Bürokratismus der Römer und später dem starren Herrschaftssystem der Kirche weichen, die Reste matrilinearer Strukturen verschwanden und mit ihnen die selbstbewussten keltischen Frauen. Ihre tiefe Verbundenheit mit der Natur hatte in einer Welt, die von der jüdisch-christlichen Überzeugung geprägt war, man müsse sich die Erde untertan machen, keinen Bestand mehr, und die auf Individualität und persönliche Verantwortung ausgerichteten losen Stammesverbände waren angesichts dieser Veränderungen zum Untergang verurteilt.

In unserer heutigen vom Recht des Stärkeren durchdrungenen Lebensform würde der Vorstand eines erfolgreichen Unternehmens dazu lapidar feststellen, dass die Kelten eben nicht mehr konkurrenzfähig waren, ihre Produkte und Wettbewerbsstrategie veraltet und dass das Festhalten an ihrer eigenwilligen Corporate Identity die falsche Marktpolitik verschuldet habe.

Seinen Sieg über die Kelten, die Gallier, wie die Römer sie nannten, hat Cäsar in seinem Kriegstagebuch »De bello Gallico« (»Der Gallische Krieg«) umfangreich beschrieben.

13

Andere Schwerpunkte setzen

Wir nehmen es als gegeben hin, dass Fortschritt, Wachstum, Wissenschaft und Technik die höchsten Werte sind, die es anzustreben gilt. Täglich hören wir von Prognosen, Kämpfen, Programmen und Erfolgsmeldungen zu diesen Themenkreisen. Das höchste Ansehen und den meisten Einfluss auf unsere Gesellschaft haben die Händler (im weitesten Sinne alle, die Produkte, Informationen, Geld oder Dienstleistungen vermarkten), die Juristen, die Techniker und die Ärzte. Das macht die Überbetonung des Materiellen, der rechtlichen Abgrenzungen offenkundig und geht mit der Entfremdung von den natürlichen Rhythmen und vom eigenen Körper einher.

Bei den Kelten hatten das höchste Ansehen die Druiden, die Barden, die Krieger (nicht Soldaten, sondern Einzelkämpfer) und die Kunsthandwerker. Hier standen spirituelle Werte, Verständnis für alle Lebensformen, die Liebe zu poetischen Bildern, Inspiration und Schönheit sowie kraftvoller Lebensgenuss im Mittelpunkt. Stellen Sie sich eine Gemeinschaft vor, in der die einflussreichsten Berater der Führungskräfte Sänger und Dichter sind und gerade wegen dieser Fähigkeiten bei Problemen und in Krisen befragt werden. Manche Konfliktlösungen würden sicher ganz anders aussehen als heute.

Als »Queste« wird die Suche nach dem Gral bezeichnet. Verwandt mit diesem Wort ist das englische Wort »question« (die Frage) und das französische »la quête« (die Suche).

Die Suche: Vom Ruf zur Heilung

Für unser fortschrittsbetontes, materielles Denken und Handeln haben wir einen hohen Preis gezahlt: Unserer Welt fehlt nun etwas, was sich als innere Leere, als zunehmendes Gefühl von Sinnlosigkeit und Richtungslosigkeit äußert. Nicht jeder verspürt es gleich stark, es gibt ja unzählige Möglichkeiten, um dieses Unbehagen zu betäuben. Dennoch scheinen sich immer mehr Menschen nach etwas noch Ungeklärtem, Verborgenem zu sehnen, das innerlich befriedigt und dem Leben eine Richtung gibt. Wenn diese Sehnsucht groß genug wird und an die Oberfläche dringt, macht man sich auf den Weg, auf die Suche. Dann geschieht etwas, was fast immer in der gleichen Form, nicht aber mit gleichem Inhalt abläuft. Bei jedem sind die Auswirkungen anders, jeder erfährt die Stationen auf seine Weise, erlebt andere Abenteuer und gewinnt eigene Erkenntnisse. Trotzdem sind die Stationen immer wieder die gleichen.

Der Ablauf der Queste

Dieses Buch möchte Sie bei den einzelnen Stationen unterstützen, Ihnen veranschaulichen, welche Eigenschaften, Gebräuche, Rituale und Symbole der Kelten nützlich sind, um das Verständnis für die eigene Entwicklung zu fördern und wieder im Einklang mit sich und der Natur zu leben.

● Das Erste, was Ihnen zu Beginn des Weges widerfährt, ist, dass ein **Ruf** erfolgt. Das geschieht auf die unterschiedlichste Weise. Den einen trifft eine schwere Krankheit oder er erleidet einen Unfall, bei einem anderen ist es die Trennung von einem geliebten Menschen oder ein anderer schwer wiegender Verlust. Aber es muss nicht immer eine Krise sein, die den Anstoß zur Suche gibt. Manch einer hatte möglicherweise einen seltsamen Traum, wacht morgens auf und weiß, dass es »losgeht«. Zu diesem Ruf kann kein Kapitel dieses Buches einen Beitrag leisten – er ergeht einfach an Sie. Aber wenn Sie ihn vernommen haben, werden Sie wissen, was zu tun ist.

Nicht umsonst ist die Suche nach einer Antwort, einem Sinn, nach einem Geheimnis ein immer wiederkehrendes Motiv in Mythen, Märchen, Romanen und Filmen. Es ist ein zeitloses menschliches Thema.

● Der **Aufbruch** kann zögerlich stattfinden oder überstürzt, manche lassen Knall auf Fall alles stehen und liegen, verbrennen die Schiffe am Strand und brechen die Brücken hinter sich ab, andere quälen sich mit der Auswahl der Gepäckstücke, der Form des Abschiednehmens und der Routenplanung.

Die zeitliche und räumliche Routenplanung finden Sie im Kapitel über das Naturverständnis der Kelten (siehe Seite 44ff.) beschrieben. Es sind ein Kalender und eine Landkarte, die Sie erwarten. Doch vergessen Sie nicht – keine Landkarte kann je die eigentliche Wanderung ersetzen, kein Kalender den Tanz der Erde um die Sonne. Das Rauschen der Heiligen Haine, das Plätschern der Quellen, die Schatten der tanzenden Steine und verborgene Inseln hinter den Nebeln über dem See müssen Sie selbst aufspüren.

Wenn man fremde Gebiete betritt, erwirbt man neues Wissen und Fähigkeiten – mancher staunt über sich selbst, wenn er erfährt, wozu er plötzlich in der Lage ist. Zu dem sich erweiternden Bewusstsein finden Sie insbesondere in den Kapiteln über die keltische Magie und die Anderwelt (siehe Seite 88ff. und 128ff.) wertvolle Hinweise. Aber auch in jedem anderen Kapitel geben Ihnen mal historische Fakten, mal mythologische Beispiele, vor allem aber altes keltisches Wissen Hilfestellungen, die Sie befähigen, sich auf dem Weg zu orientieren. Darum stehen diese Informationen immer unter der Überschrift »Wegweiser«.

● Aber es werden auch **Hindernisse** auftreten: Man wird Sie belächeln, nicht für ernst nehmen, beschimpfen, bedrohen, angreifen. Das tun vor allem diejenigen, die sich noch nicht mit ihrem Leben auseinander gesetzt haben, zu feige oder zu bequem für den Aufbruch sind oder bereits bei den ersten Schwierigkeiten aufgegeben haben. Auch andere, ganz handfeste Probleme können auftauchen, etwa Drachen, die den Weg versperren (gemeinhin »schlechtes Gewissen« genannt), Keulen schwingende Riesen (Verlustängste) oder verführerische Gestalten, die auf Irrwege locken (Selbstbetrug). Es tauchen aber genauso Helfer auf, die seltsamsten, die man sich vorstellen kann, und sie nennen sich meistens »Zufall«. Wie man seine Helfer und Begleiter findet – dazu ist das Wichtigste im Kapitel über die keltischen Götter und Helden (siehe Seite 166ff.) und natürlich im Rahmen der Abenteuer von Artus' Rittern und den Damen seines Hofes (siehe Seite 170ff.) gesagt.

Kein Weg im Leben ist ganz gerade oder führt nur bergauf. Es gehört dazu, dass man Hindernisse bewältigt, Talsohlen durchquert und Ruhepausen einlegt – auch auf den inneren Wegen der Entfaltung.

● Den **Prüfungen und Herausforderungen** muss man sich letztendlich stellen, und wenn man sie besteht, winkt Belohnung. Das neu erworbene Wissen festigt sich, die neuen Fähigkeiten werden von anderen bestätigt, man erhält den Ritterschlag. Ratschläge, wie man mit den Abenteuern und Prüfungen auf dem Weg umgehen soll, finden Sie ebenfalls bei den keltischen Helden und Heldinnen (siehe Seite 170ff.) sowie bei Artus und seinen Mannen (siehe Seite 192ff.).

● **Einkehr und Besinnung** hält man dann, wenn man des Kampfes müde ist oder ein Etappenziel erreicht hat, wenn man für sich selbst betrachtet, was man erreicht hat, seit der Ruf erfolgt ist, und versucht, die Puzzlesteinchen der neuen Erfahrungen zu einem großen Ganzen zusammenzufügen. Das ist zugegebenermaßen ein einsames Ringen, und die Mystiker vergangener Zeiten sind dazu in die Wildnis gegangen, um Klarheit zu gewinnen. Wenn Menschen eine solche Phase erfolgreich bestanden haben, spricht man oft von »Erleuchtung«.

In diesem Buch werden Sie durch die Beschäftigung mit der keltischen Kunst Möglichkeiten der Entspannung und der Meditation finden, vielleicht aber auch Inspiration und Anregungen zur künstlerischen Entfaltung (siehe Seite 196ff.).

● Die **Erkenntnis** (das Resultat der Erfahrungen) kann man nicht mit dem Verstand erzwingen, sie ergibt sich. Das haben auch die Gralsritter auf ihrer findigen Suche nach diesem Gefäß lernen müssen. Erst wenn man den Verstand ruhen lässt und auf die Kräfte im Inneren vertraut, erscheint das ganzheitliche Bild. Sie werden erfahren, was das heißt; was der Gral beinhaltet, werden Sie selbst herausfinden müssen (siehe Seite 216ff.).

● Dann setzt die **Heilung** ein. Es kann ein körperliches, ein geistiges Heilwerden sein, es kann die Heilung von Beziehungen, eines Gesellschaftssystems oder der Umwelt sein. Der Abschnitt über das öde Land und die Frage an den Fischerkönig (siehe Seite 221ff.) wird Ihnen dazu Anregungen geben. Dennoch: Ein jeder muss seine eigene Weisheit finden. Und wenn das geschehen ist, werden Sie mit Merlin in das ansteckende, hemmungslose, überschäumende Lachen der Druiden einstimmen.

Der keltische Weg – warum?

Was hier beschrieben wurde, ist der klassische Ablauf der Queste, die ihren Ursprung in der keltischen Geisteswelt hat. Es gibt selbstverständlich auch andere Formen, wie man zu Antworten im Leben kommt, es gibt den schamanischen, den buddhistischen, den christlichen, den indianischen, den magischen, den kabbalistischen oder den alchemistischen Weg und viele andere mehr. Erstmals in der Geschichte der Menschheit verfügen wir über ein umfassendes Wissen der verschiedensten spirituellen Systeme und Religionen und können uns, ohne Androhung von höllischen Strafen, mit ihnen beschäftigen. Experimentieren und suchen Sie, und widmen Sie der Richtung Ihr Augenmerk, von der Sie sich angezogen fühlen. Allerdings haben die Wege, die nicht in unserem Kulturkreis angesiedelt sind, den Nachteil, dass Sie sich, wenn Sie sich auf einen von ihnen begeben wollen, mit einer Menge gänzlich unbekannter Begriffe und Gegebenheiten herumschlagen müssen.

Die vielen spirituellen Wege, die man beschreiten kann, haben hinter den traditionellen und ethnologischen Verkleidungen alle etwas gemeinsam: Sie sollen dem Menschen helfen, sich selbst zu finden.

Zeugnisse der keltischen Kultur in unserer Umgebung

Mit den Kelten verhält es sich anders: Sie sind unsere Vorfahren, und wenn Sie sich etwas näher mit ihnen beschäftigen, werden Sie merken, wie viel trotz der versunkenen Vergangenheit von ihnen noch lebendig ist. Sie können die keltischen Heiligtümer in unserem Land besuchen, finden ihre Spuren in Museen und Ausstellungen, und vor allem werden Sie, wenn Sie neugierig genug sind, manches Keltische in Ihrem unmittelbaren Umfeld, in Ihren Gewohnheiten und Erinnerungen wieder finden. Ein paar be-greifbare Zeugnisse der keltischen Kultur und ihrer Werte sind sehr hilfreich für das Verständnis und bestens geeignet, um uns die Augen zu öffnen – mehr, als tausend Worte es vermögen. Abgesehen davon waren die Kelten ein lebensfrohes Volk, das den bitteren Ernst des Lebens durch viel Unterhaltsames und Schönes zu versüßen wusste. Daher verwundert es auch nicht, dass Saufen und Raufen dazugehörten, viel Liebe und Liebelei und die Freude am Gruselig-Unheimlichen.

Wenn Sie sich auf heitere Weise mit den lebensfrohen Kelten auseinander setzen möchten, dann gönnen Sie sich ein paar Seiten »Asterix«. Diese Comics sind recht gut recherchiert, was Charakter und Verhalten der Kelten betrifft.

Knoten und Gewebe

Eines der sprechendsten Zeugnisse ihres Denkens haben uns die keltischen Künstler hinterlassen, vor dem auch Kunsthistoriker sprachlos stehen. Es sind die sich windenden, wirbelnden, unendlich verknüpften, sich wiederholenden Gebilde der Spiral- und Knotenmuster, die auf den ersten Blick chaotisch wirken und doch systematisch aufgebaut und von tiefer Ordnung geprägt sind. Nicht zufällig sind sie einzigartig in allen Kulturen, und diese Gewebe zu bewundern und mit dem Herzen zu ergründen ist eine der schönsten Aufgaben, die Sie vor sich haben. Sie stellen gleichzeitig auch das Gewebe der Zeit, der Kulturen, der Beziehungen und des Lebens selbst dar.
Und nun nehmen Sie Ihren Mut zusammen für Ihre ganz persönliche Queste!

Die keltische Buchmalerei mit ihren reichhaltigen Verzierungen und der typisch keltischen Ornamentik ist weltberühmt. Hier sehen Sie eine Seite aus den Lindisfarne Gospels.

Die keltische Gesellschaft

Um das keltische Denken zu verstehen, müssen Sie sich zuerst einmal ein Bild von dem täglichen Leben der einfachen Leute machen: Wie sahen sie aus, wie wohnten und ernährten sie sich, und welche Bedeutung hatten die Familienbande? Denkweisen, Weltverständnis und Werte können nur im Zusammenhang mit den Umweltbedingungen richtig verstanden werden, erst dann können wir die für uns wichtigen Erkenntnisse herausfiltern. Es hat wenig Sinn, kritiklos irgendwelche Bräuche und Rituale einer Kultur zu übernehmen, ohne zu wissen, in welches Umfeld sie eingebettet sind. Ein solches Vorgehen zeitigt meist unerwünschte Nebenwirkungen. Doch keine Angst – ein trockener Geschichtsunterricht wird Ihnen hier nicht vorgesetzt!

Unser keltisches Erbe

Nicht nur in Irland, Schottland und der Bretagne haben die Kelten gelebt, sondern auch in weiten Teilen Deutschlands, vornehmlich südwestlich des Rheines und im Frankenland. Funde keltischer Siedlungen und Heiligtümer sind nicht ungewöhnlich, und mancher Ortsname lässt noch auf eine keltische Vergangenheit schließen. Wir sind Erben der Kelten, ihr Geist lebt noch in vielen Stätten, lokalen Bräuchen und versteckt in Märchen und Sagen fort. Spüren wir ihnen also ein wenig nach, unseren Vorfahren.

Wo kamen die Kelten her? Die Frage lässt sich nicht so ohne weiteres beantworten. Zu ihrem Namen kamen die »Keltoi« (»das verborgene Volk«) durch die Griechen, die etwa 600 Jahre vor unserer Zeitrechnung mit ihnen Handel zu treiben begannen. Doch es gab sie schon lange, bevor sie in die Analen der Geschichtsschreibung eingingen.

Geschichte, Ursprünge, Kulturerbe

Sofern noch keine schriftlichen Zeugnisse vorhanden sind, orientiert sich die Archäologie oft daran, welche speziellen Techniken zu einer bestimmten Zeit oder in einer bestimmten Bevölkerungsgruppe vorherrschten. Als die Menschen anfin-

Die Kelten wurden »Gallier« genannt im Gebiet von Oberitalien bis Spanien, im Rheinland und in Frankreich. Als »Galater« bezeichnete man die Kelten, die in den Balkanländern lebten.

gen, Metall zu verarbeiten, löste die Bronzezeit endgültig die Steinzeit ab. Die Verarbeitung von Kupfer und Bronze war seit dem 5. Jahrtausend vor unserer Zeitrechnung bekannt, breitete sich aber erst im 2. Jahrtausend aus. Ungefähr 1200 entstand bei den Völkern im ungarischen Bereich die Sitte, die Asche der Verstorbenen in Urnen aus Ton beizusetzen. In Ermangelung eines überlieferten Eigennamens nennen die Archäologen dieses Volk »Urnenfeld-Leute«. (Uns wird man vielleicht in 3000 Jahren »Blechbüchsen-Leute« nennen, im Hinblick auf die heutige Autokultur.) Der Brauch, die Asche Verstorbener in Tongefäßen zu bestatten, breitete sich schnell über den Alpenraum, Deutschland, Italien und Südfrankreich aus, und innerhalb von etwa 200 Jahren hatten die Menschen, denen diese Bestattungsform eigen war, Europa von Spanien bis zum obersten Zipfel Britanniens besiedelt. Ob die Kelten nun eine sehr große Gruppe waren oder mit dem Begriff ein Stamm mit verschiedenen Gruppen bezeichnet wurde, lässt sich nicht mehr genau sagen und unterliegt für diesen Zeitraum vielerlei Spekulationen. Die Linguisten haben zumindest herausgefunden, dass sich die Bevölkerung, die der Urnenfeldkultur zugeordnet wird, mit unterschiedlichen Dialekten einer gemeinsamen indogermanischen Sprache verständigte, die mit dem Keltischen verwandt ist.

Die sich geradezu explosionsartig ausbreitenden Urkelten lebten in lebendigem Austausch mit der Umgebung und den fremden Kulturen, auf die sie auf ihren Wanderungen trafen, und übernahmen, was ihnen sinnvoll erschien.

Bedeutsame archäologische Funde

Mitte des 19. Jahrhunderts lieferten zwei wichtige Entdeckungen neue Anhaltspunkte zur Geschichte der Kelten: Die eine war der Fund eines Friedhofs am Hallstätter See, die zweite eine Fundstätte in La Tène am Ufer des Neuenburger Sees in der Schweiz. Beide Fundstätten enthielten eine Fülle von gut erhaltenen Gegenständen aus der Zeit von 1100 bis 500 (Hallstatt) und 500 vor unserer Zeitrechnung bis zur römischen Eroberung (La Tène). Die Menschen, die dort gelebt hatten, werden eindeutig den Kelten zugerechnet.

Mit diesen und späteren Funden aus jenen Epochen bekommen die Kelten für uns ein Gesicht. Nicht nur Gebrauchsgegenstände erzählen von Küchenarbeit und Gartenbau, sondern vor allem die in Stein und Metall eingravierten Szenen geben Aufschluss über den Stand der Kultur. Denn die kunstsinnigen Kelten waren geradezu versessen darauf, möglichst alles zu verzieren: Eimer und Schwerter, Kessel und Töpfe, Nadelbehälter und natürlich Schmuck wurden reichhaltig dekoriert.

Überlieferungen klassischer Autoren

Unter dem Einfluss der griechischen und römischen Welt im Bereich des Handels begannen die Kelten dann auch eigene Münzen zu prägen, auf denen Szenen des Lebens oder wichtige Symbole abgebildet waren. Und die Berichterstatter der klassischen Welt griffen zur Feder, um über die »Barbaren«, wie sie die Kelten nannten, zu schreiben.

Ausführlich befasste sich Poseidonios mit ihnen, Aristoteles rühmte ihre Tapferkeit, Polybios beschäftigten ihre Grausamkeit, aber auch ihre Lebensgewohnheiten, ihre Kleidung und ihr selbstloser Mut, Plinius der Ältere trug Informationen über die Druiden zusammen, Julius Cäsar widmete ihnen in seinem Buch »De bello Gallico« neben den Schlachtenbeschreibungen ebenfalls einige Abschnitte, in denen er ihren Charakter, ihre Sitten und ihr Gemeinwesen beschrieb; auch Tacitus setzte sich eingehend mit den Germanen und Kelten und ihren Gepflogenheiten auseinander.

Diese Schriften waren lange die einzigen anerkannten Dokumente über das Leben der Kelten, und sicher wird in ihnen die Realität zumindest teilweise verzerrt. Denn meist handelte es sich um Kriegsberichterstattungen, und zwar aus der Sicht der Sieger. Heute wie damals ist dies von Propaganda und Meinungsmache bestimmt und geht zu Lasten der Verlierer.

Die Kelten pflegten eine Besonderheit gegenüber allen anderen Kulturen ihrer Zeit – sie schrieben ihre Gedichte nicht auf, sondern beschränkten sich auf mündliche Überlieferungen.

Die Schreibunlust der Kelten

Erst in Verbindung mit den inneren Werten eines Volkes wird man zu einer ausgewogeneren Darstellung kommen, aber da gibt es eine kleine Schwierigkeit: Die Kelten mochten nicht schreiben! Sie hatten zwar eine Schrift, doch die diente nicht so profanen Dingen wie Berichten und Geschichten. Die Druiden und keltischen Händler beherrschten auch die griechische oder römische Sprache in Wort und Schrift, verwendeten sie aber nicht, um selbst Geschichtsschreibung zu betreiben. Mythologien und Sagen, Gedichte und Gesänge, die das Wissen des ganzen Volkes beinhalteten, wurden mündlich von Generation zu Generation weitergegeben.

Erst im Zuge der Christianisierung begannen im frühen 7. Jahrhundert irische Mönche damit, die Sagen aufzuschreiben. Sie sind mit großer Sicherheit authentisch, denn die mündliche Weitergabe hatte sie tief in der Volkserinnerung eingewurzelt, und ihre einprägsamen Bilder schimmern noch heute in vielen

21

Märchen durch. Archäologische Funde und Berichte der Eroberer beleuchten die äußere Seite des keltischen Lebens, die Mythen um Götter und Helden deren innere Welt.

Gesellschaftsstrukturen

»Zu einer bestimmten Zeit des Jahres tagen die Druiden an einem geweihten Ort im Gebiet der Carnuten, das man für das Zentrum ganz Galliens hält«, schreibt Cäsar in seinem »De bello Gallico«.

Das große Gebiet, das von den Kelten zu ihrer Blütezeit besiedelt wurde, erstreckte sich über fast ganz Europa. Es ist erstaunlich, dass es eine große kulturelle Übereinstimmung gab, sich jedoch keine übergreifenden Machtpositionen herausbildeten. Die Kelten waren eindeutig Individualisten, die in einem losen Verbund miteinander lebten. Den Druiden oblag es, den Zusammenhalt herzustellen, die Kommunikation aufrechtzuerhalten, den gemeinsamen Wissensstand zu gewährleisten und das soziale und politische Leben zu beeinflussen.

Es ist überliefert, dass sie sich in regelmäßigen Abständen im Land der Carnuten in Gallien trafen und über Recht und Ordnung, vermutlich auch über Werte und Philosophie diskutierten. Cäsar vermutet, dass das Druidentum seinen Ursprung in Britannien hatte und sich von dort aus verbreitete, denn diejenigen, die die Lehren der Druiden tiefer kennen lernen wollten, besuchten die Schulen auf der Britischen Insel.

Hierarchien in der keltischen Gesellschaft

Wie in jeder Gesellschaft gab es auch bei den Kelten eine Führungsschicht, Gefolgsleute, Bauern und Handwerker. Sie organisierten sich in Stämmen (Tuatha), die sich hin und wieder befehdeten. Die irischen Stämme wurden von gewählten Königen angeführt, die Festlandskelten hatten eine Art Präsident, den Vergobreten, der jährlich gewählt wurde. Zum Adel gehörten neben Rechtskundigen, Ärzten, Priestern und Barden auch die Krieger. Aufschlussreich für die keltische Gesellschaftsordnung ist vor allem, dass die Kunsthandwerker, die Baumeister und Metallverarbeiter ebenfalls zu dieser Schicht zählten.

Die Krieger und Gefolgsleute waren die Vorgänger der mittelalterlichen Ritter, die sich zum Waffendienst eines Herren verpflichteten. Dafür gewährte er ihnen Schutz, Land und Vieh. Ein verbreitetes Vergnügen scheint es gewesen zu sein, sich gelegentlich auf Raubzüge in die Nachbarschaft zu begeben, um Vieh zu stehlen. Man raufte eben gerne!

Häuser, Städte, Wirtschaft

Zeugnisse der kulturellen Höhepunkte der Hallstattzeit finden sich in der Grabstätte der Fürstin von Vix (Frankreich), des Fürsten von Hochburg und der Heuneburg an der Donau. Hier überraschen die vielen »ausländischen« Erzeugnisse, wie Weinamphoren aus Marseille, Bronzegefäße aus Griechenland, etruskisches Tafelgeschirr und sogar Seide aus China. Vor fast 3000 Jahren wurden also reger Handel und Austausch von Waren zwischen den frühen Kelten und dem Rest der Welt betrieben. Ein nicht restlos erklärbarer Wandel setzte ungefähr 400 vor unserer Zeitrechnung ein, als die anscheinend friedlichen Handelsbeziehungen zwischen Nord und Süd durch die Wanderschaft alter und neuer Völker zum Erliegen kamen. Ausgelöst wurde sie vermutlich vor allem durch Überbevölkerung: Sie brachte die Menschenmassen in Bewegung, und die Kelten machten sich wieder einmal auf den Weg zu neuen Ufern. Bis zu den Britischen Inseln zogen sie, was die Kunstformen der La-Téne-Kultur beweisen, die auch dort anzutreffen sind.

Landwirtschaftliches Leben

Die Wanderungen gingen langsam voran und dauerten Jahre. Nicht alle packten gleichzeitig ihre Siebensachen zusammen und verließen Haus und Hof. Grundsätzlich herrschte zu jener Zeit eine ländliche Gesellschaftsform vor. Man lebte in unbefestigten Dörfern, hielt Tiere und bebaute den Boden. Schafe wurden vornehmlich der Wolle und der Milch wegen gehalten, Schweinefleisch erfreute sich allerdings bei den Mahlzeiten großer Beliebtheit. Rinder waren Arbeitstiere, Pferde und Ponys dienten der Fortbewegung, die Pferdezucht war ein einträgliches Geschäft, und mit edlen Tieren wurde eifrig Handel betrieben. Hunde wurden in unterschiedlicher Form und zu verschiedenen Zwecken gehalten, und sogar die in vorrömischer Zeit eher als exotisch geltenden Katzen bevölkerten die Gehöfte. Getreide, Gemüse, Obst und vor allem Wein wurden angebaut. Im Rahmen von Versuchen, die keltischen Anbaumethoden zu rekonstruieren, hat man herausgefunden, dass diese höchst effizient waren und den Bauern einen regelmäßigen und dauerhaften Ernteüberschuss einbrachten. Aus diesem Grund vermutet man, dass die Kelten Nahrungsmittel sogar an ihren Erzfeind, die Römer, lieferten.

»Raubzüge, die außerhalb der Stammesgrenzen unternommen werden, betrachten sie nicht als Schande. Sie vertreten den Standpunkt, dass sie erfolgen, um die Jugend zu üben und vom Müßiggang abzuhalten«, berichtet Cäsar.

Wenn auch das Leben der Bauern und Viehzüchter sicherlich hart und beschwerlich war, so kann man doch annehmen, dass Armut nicht herrschte.

Hausbau und Siedlungen

In Castell Henlly in Pembrokeshire hat man einige der keltischen Rundbauten rekonstruiert. Sie bestehen aus einer kegelförmigen Holzkonstruktion, Wänden aus Flechtwerk und Lehm und einem bodentiefen Strohdach.

Die Inselkelten bevorzugten runde Häuser, die gallischen Festlandskelten bauten überwiegend viereckig. Baumaterial war vornehmlich Holz, manchmal jedoch errichteten sie auch Steinbauten. Man saß auf Fellen vor niedrigen Esstischen, in größeren Häusern waren die Einrichtungen allerdings luxuriöser. Mit zunehmender Besiedlung entstanden, oft auf Hügeln, kleine Städte, die auch befestigt und manchmal mit runden Türmen bewehrt waren. Doch nur etwa fünf Prozent der Bevölkerung lebte in den Städten.

Besondere architektonische Leistungen, die einem Vergleich mit den Bauten der Griechen und Römer standhalten, haben die Kelten nicht aufzuweisen. Vor allem Tempel und Sakralbauten, mit denen sich andere Kulturen hervortun, fehlen fast ganz. Das scheint ein besonderes Kennzeichen der Kultur der Wanderer zu sein, denn ihre Religion übten sie im Freien aus, in heiligen Hainen, an Quellen und Brunnen. Und obwohl sie den Luxus ansonsten nicht verschmähten, waren insbesondere ihre Kunstwerke meist transportabel.

Aussehen

Natürlich müssen Sie sich auch einen Eindruck davon verschaffen, wie die keltischen Frauen und Männer ausgesehen haben. Dies ist durch Funde und Beschreibungen recht gut belegt, so dass wir uns ein lebhaftes Bild von den Menschen damals machen können. Auffällig ist vor allem, wie die klassischen Autoren immer wieder bemerken, ihr Sinn für farbenprächtige Kleidung und Schmuck. Die vom Zerfall verschont gebliebenen Stofffetzen zeigen, dass Karomuster, ähnlich den schottischen Tartans, in Mode waren; als Material wurden Wolle und Leinen, in Ausnahmefällen auch Seide verwendet. Wohlhabendere trugen Stoffe, die mit Goldfäden durchwirkt oder bestickt waren.

Im Allgemeinen wurden langärmelige Hemden und Hosen getragen, zum Teil wohl auch von den Frauen. Die Römer spötteln über die Männer, die lange Hosen trugen, und nannten sie weibisch (so wie wir heute gern über die Schottenröcke

24

Hier erhalten Sie einen Eindruck davon, wie die Kelten in ihren Häusern und Dörfern gelebt haben könnten.

lächeln). Darüber warfen sie Wollmäntel, die eher Umhänge waren; auf der Schulter wurden sie mit einer Fibel geschlossen. Diese Broschen waren zumeist erlesene Kunstwerke.

Gürtel trug man ebenfalls, und Strabon berichtet, dass Männer, die so dickbäuchig wurden, dass der Gürtel nicht mehr passte, mit einer Strafe belegt wurden. Dieser Brauch verdient es, wieder eingeführt zu werden!

Igelfrisuren und Tatoos

Skulpturen der Kelten zeigen Männer mit langen Haaren und breiten Schnauzbärten. Die Festlandskelten waren blond oder rothaarig und sehr groß, nach dem Zeugnis der Römer größer als sie selbst und ziemlich muskulös, die Frauen nicht weniger als die Männer. Die Inselkelten hingegen waren klein gewachsen und dunkelhaarig.

Manche Moden muten recht aktuell an, insbesondere die Haartracht einiger Gallier, die sich mittels Kalkmilch, eines frühen Gelersatzes, Igelfrisuren zulegten. Auf der Britischen Insel pflegte man blaue Bemalung und Tätowierungen. Die Frauen trugen die Haare lang, offen, manchmal aber auch mit Haarnadeln zu komplizierten Frisuren aufgesteckt. Kopfbedeckungen scheinen sie nicht benutzt zu haben.

Schmuck liebten die Kelten alle. Fibeln und Broschen waren zur Befestigung der Kleidung unverzichtbar, aber sie trugen auch

Insbesondere die Pikten, ein keltischer Stamm im Norden Schottlands, zeichneten sich durch phantasievolle Körperbemalung aus. »Pikti« bedeutet »die Bemalten«.

25

Armreifen und Fußringe, Finger- und Ohrringe, Ketten und Diademe zur Zierde. Der typisch keltische Schmuck waren die Torques, bronzene oder goldene Halsreifen, manche davon von geradezu überwältigender Schönheit.

Auch die Körperpflege kam nicht zu kurz: In Gräbern fanden sich elegant gearbeitete Bronzespiegel, ebenso Pinzetten, Rasiermesser und kunstvoll gefertigte Kämme.

Stammes- und Familienorganisation

Der Clan und der Familienverbund hatten bei den Kelten einen hohen Stellenwert. Ein Stamm setzte sich aus mehreren Familien zusammen, die nach irischem und walisischem Recht aus vier Generationen bestanden – bis zu den Nachkommen eines Urgroßelternpaares also. Diese Familienclans bestellten in gemeinsamer Arbeit das Land und teilten den Gewinn untereinander. Außerdem waren sie sozusagen gemeinsam eine rechtliche Person, denn auch Bußen und Wiedergutmachungen waren der Familie als Ganzer auferlegt.

Der Clan ist ein Stammesverband, der sich nach einem gemeinsamen Vorfahren benennt. Das gälische Wort bedeutet »Kinder«.

Die Führung des Familienclans oblag, soweit uns bekannt ist, hauptsächlich den Männern, aber es sind auch Fälle bekannt, in denen diese Aufgabe von Frauen übernommen wurde. Frauen hatten prinzipiell das Recht, sich ihren Gatten selbst zu wählen und sich scheiden zu lassen. Die Familie der Frau hatte bei der Erbfolge Vorrang vor dem Clan des Mannes, und auch Frauen konnten weitervererben – ein Hinweis auf die noch enge Verbindung zu matrilinearen Strukturen. In einigen Mythen tragen die Helden sogar zu ihrem Namen nicht den Zusatz »Sohn/ Tochter des Vaters«, sondern den Namen der Mutter. Das Clansystem mit dem Laird an der Spitze hat sich bis fast in die Gegenwart erhalten, so in Schottland, und wurde erst durch die Engländer im 18. Jahrhundert zerschlagen. Möglicherweise wurzeln manche schottische Gepflogenheiten unmittelbar in dem ursprünglich keltischen System, wie etwa die Tartan-Muster der Stämme oder die ausgesprochene Loyalität und der Treueid der Clanangehörigen gegenüber dem Häuptling. Der Clanführer war für das Wohlergehen seiner Leute verantwortlich und hatte die Rechtshoheit über sie. Diese Aufgabe stellt naturgemäß einen hohen Anspruch an den Charakter des Führers, denn er musste sich des Vertrauens seiner Leute würdig erweisen.

26

Pflegschaft als Versicherung gegen Übergriffe

Eine interessante Erscheinung der keltischen Familienorganisation war die Pflegschaft: Kinder wurden nicht ausschließlich von den leiblichen Eltern erzogen, sondern zu Pflegeeltern gegeben, die sie auf das Erwachsenenleben vorbereiteten. Dabei konnten sie ein Handwerk lernen, Haushaltsführung, den Umgang mit Waffen, Dichtung, Fremdsprachen und gutes Benehmen. Die Verbindung zu den Milchbrüdern und -schwestern gestaltete sich dadurch manchmal enger als die zu den leiblichen Geschwistern; daraus leiteten sich Freundschaften, aber auch Verpflichtungen ab. Die Beziehung zu den Pflegeeltern wurde als besonders bindend betrachtet und war vielleicht auch eine Art Versicherung gegen Überfälle. Mit 14 Jahren durften die Mädchen, mit 17 die Jungen wieder nach Hause zurückkehren. Die Pflegschaft ist nicht nur durch Geschichtsschreiber belegt, sondern auch Thema in beinahe jeder Heldenerzählung. Auch der berühmteste Kelte, Artus, verbrachte seine Jugendjahre bei seinen Pflegeeltern am Hof König Ectors, und sein Pflegebruder Kay wurde später sein treuester Freund.

⮑ Wegweiser Familienclan

Hier nun der erste Wegweiser, den Sie auf Ihrem keltischen Weg finden. Er lenkt Sie zunächst einen Schritt zurück: Es ist bei der Suche nach sich selbst ganz sinnvoll, sich einmal zu den Wurzeln zurückzubegeben, herauszufinden, wo die Familie herstammt, welches die sich über die Generationen immer wieder ähnelnden Charakterzüge sind, welche Traditionen in der Familie gepflegt werden, was Sie davon mit Stolz weitertragen oder wovon Sie sich distanzieren wollen.

Sind Sie in der Lage, Ihre Herkunft bis zu den Urgroßeltern zurückzuverfolgen? Sie haben vier Paare zur Auswahl: zwei mütterlicherseits, zwei aus der väterlichen Linie. Nehmen Sie das Urgroßelternpaar, über das Sie am meisten wissen. Dann versuchen Sie von ihnen aus den Verästelungen nachzugehen, die Ihr Stammbaum aufweist. Sind Ihnen Name, Adresse, Alter, Beruf, Familienstand Ihrer Verwandten aus diesem Zweig alle bekannt? Wenn Sie nicht ein ausgemachter Familienmensch mit einem dicken Geburtstagskalender sind, werden Sie wahrscheinlich einige Lücken entdecken. Tragen Sie dennoch so viele Informationen wie möglich zusammen, und zeichnen Sie Ihre Familienstruktur in einen Stammbaum ein.

Gerade für ein Wandervolk wie die Kelten war ein enger Familienverband wichtig; er gewährleistete Sicherheit und Stabilität. Zwar sind wir heute mobiler als unsere Vorfahren, doch oft fehlt der familiäre Rückhalt.

Wenn Sie Ihren eigenen Stammbaum anlegen, werden Sie vielleicht überrascht sein, wie weit die Familie zurückreicht.

Ein Beziehungsdiagramm aufbauen

Das, was Sie jetzt vor sich liegen sehen, ist Ihr Clan – so wie ihn die Kelten verstanden.

Ich persönlich habe bei dieser Übung herausgefunden, dass ich eine sehr matrilinear geprägte familiäre Vergangenheit habe; die Personen, die mir am besten bekannt sind, liegen alle auf der mütterlichen Seite und waren, soweit ich es beurteilen kann, ausnehmend starke (wenn auch nicht immer ausschließlich sympathische) Frauen.

Im nächsten Schritt ist Ihre Kreativität gefordert. Denn nicht nur die schlichten Fakten – wer mit wem wie verwandt ist – geben Aufschluss über die Qualität einer Familie. Wichtig – wenn auch häufig zu Unrecht sträflich vernachlässigt – ist ebenfalls, wie es um die Gefühle untereinander bestellt ist. Bauen Sie also ein Beziehungsdiagramm auf.

Die Erstellung eines Beziehungsdiagramms verlangt eine gute Portion Ehrlichkeit von Ihnen, und es verbietet sich von selbst, es anderen vorzulegen.

● Zeichnen Sie einen Kreis, und schreiben Sie an den Rand die Namen Ihrer Familienangehörigen. Vergessen Sie sich selbst dabei nicht.

● Ziehen Sie dann »Beziehungslinien« von sich zu den anderen Personen: blau für Sympathie, grün für Gleichgültigkeit und rot für Abneigung.

● Gehen Sie dann der Reihe nach die anderen Personen durch, und verbinden Sie sie untereinander mit den »Beziehungslinien«, soweit Sie sie kennen.

Die eigene Position im Familien- und Bekanntenkreis sichtbar machen

Ein solches Diagramm kann einem selbst ganz schön die Augen öffnen, wenn man bemerkt, welche Position man im Netzwerk der Familie einnimmt. Denn wenn Sie ehrlich sind, werden Sie sich sicher nicht als den Knoten aller positiven Kräfte wieder finden. An dieser Stelle sollten Sie kurz innehalten und darüber nachdenken, was Ihnen Familie bedeutet. Erschrecken Sie nicht, wenn weniger dabei herauskommt, als man gemeinhin von Familien erwartet.

Wir leben heute nicht mehr wie zur Blütezeit der Kelten. Nur wenige Familien leben und arbeiten so eng zusammen, wie es die in der Landwirtschaft tätigen Clans taten. Beruf und Partnerschaften bringen es häufig mit sich, dass Familien über weite Entfernungen getrennt sind, und wenn man sich nur sporadisch sieht, entfremdet man sich allmählich voneinander, entwickelt andere Interessen, andere Lebensweisen. Blut ist nicht immer dicker als Wasser.

Wenn Sie in einem engen Familienverband leben, der mehrere Generationen umfasst, dann gehören Sie heute zu den Ausnahmen. Sie sollten es, trotz gelegentlicher Querelen, zu schätzen wissen!

Dennoch sind wir – abgesehen von einigen exzentrischen Einzelgängern – Bestandteil von Gruppen, denen gegenüber wir Loyalität und Verantwortung empfinden. Ihre ureigenste Aufgabe ist es, sich über Ihre Beziehungen im Geflecht des zwischenmenschlichen Netzwerks klar zu werden. Auf wessen Hilfe können Sie zählen? Wem würden Sie unaufgefordert und bedingungslos in einer Notlage helfen? Wem vertrauen Sie ohne Einschränkung, und wer kann sich umgekehrt ohne Wenn und Aber auf Sie verlassen?

Zeichnen Sie ein ähnliches Beziehungsdiagramm für Ihren Kollegen-, Bekannten- und Freundeskreis, und unterziehen Sie es ebenfalls einer kritischen Prüfung.

Entwicklungen an der eigenen Position verfolgen

Freuen Sie sich, wenn Sie für einige Menschen ein Anziehungspunkt sind. Wenn Sie zu viele negative oder gleichgültige Linien feststellen, sollten Sie Ihren Freundeskreis einmal kritisch unter die Lupe nehmen, aber auch überlegen, ob oder inwieweit Sie nicht vielleicht selbst eine Störung ausgelöst haben.

Mit den beiden Beziehungsdiagrammen haben Sie den Ist-Zustand fixiert; schreiben Sie also das Datum auf die Seiten, und heben Sie sie gut auf. Sie sind auf einem Weg der Erkenntnis, und mit Erkenntnissen wandeln sich auch Verhältnisse. Manche werden besser, andere verflüchtigen sich oder kommen zum Abbruch, vor allem aber werden neue, interessante Raum gewinnen. Wenn Sie sich wirklich weiterentwickeln, werden Sie nach einigen Monaten gerade an den aktuell gelebten Beziehungen merken, was sich bei Ihnen verändert hat. Machen Sie sich also hin und wieder die Mühe, die Diagramme neu zu zeichnen und mit den alten zu vergleichen.

Einen eigenen Clan bilden

Oberflächliche Kontakte sind schnell gefunden, aber eine wirklich tiefe Beziehung braucht Zeit, um zu wachsen und zu reifen. Ihr Ziel sollte sein, einen belastbaren Kreis guter Freunde, eben einen Clan, um sich zu scharen. Er muss nicht groß sein, vielmehr von Vertrauen und Zuneigung geprägt sein. Versuchen Sie einen Kreis von Menschen zu finden – ob verwandt, befreundet oder als Arbeitskollegen –, die einander achten, die sich aufeinander verlassen können und die mehr verbindet als das Palaver über das wöchentliche Fußballspiel.

Das Wort »Anam« bedeutet »Seele«, das Wort »Cara« bedeutet »Freund« – der »Seelenfreund« ist also gemeint, mit dem einen nicht nur Äußerlichkeiten verbinden.

Schließen Sie auch niemanden aufgrund seines Alters, seiner Herkunft und/oder seines Geschlechts aus. Es ist gar nicht so verkehrt, wenn sich Menschen verschiedener Generationen zusammenfinden. Alte Leute und sehr junge Menschen sind in den früheren Clans immer als gleichwertig eingebunden worden. Nebenbei eine kleine Warnung vor dem Eigennutz: Wenn auch Hilfsbereitschaft und Fürsorge ein sehr wichtiger Bestandteil in unserem Leben sind, sollten Sie nicht vergessen, dass man nicht jedes Problem auf andere abladen kann. Manche Dinge muss man für sich alleine lösen, auch wenn das eine recht einsame Aufgabe ist.

Hier noch ein Lesetipp zu diesem Thema: John O'Donohue hat ein wundersames, sehr keltisches Buch über die Freundschaft geschrieben. Er nennt es »Anam Cara« (siehe Seite 235). Dieser »Seelenfreund« war im frühen keltischen Christentum der geistige bzw. geistliche Führer eines Menschen, der Mitbruder in der Mönchszelle, mit dem man die Fragen und Probleme besprechen konnte, die einem »auf der Seele« lagen. Es schildert eine Freundschaft, die auf tiefstem Vertrauen und Verstehen beruht, auf Öffnung und Annahme. Eine solche Freundschaft kann nicht einmal durch die Grenzen von Raum und Zeit aufgehoben werden. Ich hoffe, Sie haben Ihren Seelenfreund bereits gefunden oder werden ihm bald begegnen.

Mythologische Herkunft

Archäologische und historische Forschung bietet uns sozusagen einen Blick von außen auf eine Kultur; man sieht Fakten, wie etwa den Stand der Handwerkskunst in den Grabfunden, oder man erfährt von – manchmal parteiischen – Zeitgenossen einiges über Sitten und Gebräuche. Doch in den Geschichten, Liedern und Mythologien definiert sich ein Volk selbst. Lassen wir also die Kelten zu Wort kommen.

Ein Mythos ist eine bildhafte, oft poetische Erzählung über die Zusammenhänge von Welt und Individuum. Er schließt Historie, Glauben und Götterwelten ein.

Verwirrende Göttervielfalt

Die keltischen Mythen bereiten dem Menschen, der eine chronologisch saubere Ableitung der Geschichte gewohnt ist, gewisse Schwierigkeiten, denn die Kelten gingen recht großzügig mit den Zeiträumen um. Auch haben sich, wahrscheinlich aufgrund der breiten Verteilung der keltischen Stämme über ganz Europa, lokale Gottheiten und Traditionen herausgebildet, so dass ein einheitliches Bild kaum zu zeichnen ist. Im keltischen Siedlungsgebiet hat man 374 Namen von Göttinnen und Göttern gefunden, die größtenteils regionale Bedeutung haben; nur ungefähr 20 Namen tauchen in allen Regionen häufiger auf. Zu weiterer Verwirrung trugen die Römer bei, die in ihren Berichten den heimischen Göttern der Kelten die Namen ihrer eigenen Gottheiten gaben. Sich die keltischen Namen zu merken war ihnen vermutlich lästig.

Beschränken wir uns zunächst auf die am besten überlieferten Zeugnisse der keltischen Mythologie, die uns die irischen Mönche hinterlassen haben. Wir beginnen mit den Tuatha Dé Danann, dem sagenhaften Volk der Göttin Dana.

Die Ankunft der Tuatha Dé Danann

Es heißt, dass dieses Volk auf den Inseln ganz im Norden der Welt lebte. Am Montag nach Beltane (1. Mai) kamen sie in Irland an. Dort verbrannten sie am Strand all ihre Schiffe, so dass der Rauch die Sonne drei Tage verdunkelte. Mitgebracht hatten sie vier Gegenstände, die bis heute in fast allen magischen Traditionen wieder zu finden sind: das Schwert von

31

Nuada, die flammende Lanze von Lug, den Stein von Fál und den Kessel des Dagda. Sie werden uns in diesem Buch noch öfter begegnen, wenn auch unter anderem Namen und in anderer Funktion.

Das Volk der Tuatha Dé Danann brachte aber nicht nur die heiligen Insignien mit, sondern auch eine ganze Reihe von Handwerkskünsten, technisches Wissen und vor allem das Druidentum. Später wurden die Tuatha Dé Danann von anderen Invasoren besiegt und zogen sich in die *síde*, die Feenhügel, zurück, wo sie bis heute leben. Die *síde* sind die Tore zur Anderwelt, jener eigenartigen Zwischenwelt, die teils paradiesischen, teils sehr realen Charakter hat und in die es auch Menschen gelegentlich verschlagen kann.

Keltische Götter und kirchliche Heilige

Es scheint, dass den Kelten eine sehr tiefe Religiosität zu Eigen war, und ihre Götter waren äußerst lebendige Gestalten, die eine entscheidende Rolle in ihrem Leben spielten. Ihr Charakter glich dem der Menschen, die sie verehrten: kraftvoll, kämpferisch, äußerst kunstfertig und wandlungsfähig.

Im Folgenden werden einige der bekanntesten von ihnen genannt und kurz beschrieben. Ihre Macht ist ungebrochen, so dass sie auch heute noch, wenn auch im Gewand christlicher Heiliger, weiterwirken.

Götterwelten

● **Dana** (auch Danu oder Ana genannt), die Anführerin der Tuatha, ist die Mutter des Göttergeschlechts. Sie gab der Donau ihren Namen und ist heute noch in vielen Ortsnamen lebendig, die die Silbe »-don« oder »-ana« enthalten. Als Muttergöttin spendet Dana Fruchtbarkeit und Nahrung, und wie alle alten und mächtigen Gottheiten ist sie nicht untergegangen, sondern hat sich lediglich gewandelt. Heute wird sie u.a. als Ste. Anne, die Mutter Marias, verehrt – ein eigenwilliger Kult, der im Mittelalter entstand und sich von der Bretagne aus über viele Grenzen verbreitete.

Viele Ortsnamen in keltischen Gebieten, die die Silben »-brig«, »-bre« oder »-brac« aufweisen, sind mit der Göttin Brigid verbunden.

● **Dagda** war der König der Tuatha Dé Danann. Er galt als Bruder oder Sohn der Danu und trug den Titel des Allvaters. Er ist ein eigenwilliger Gott mit sehr menschlichen Zügen. Er liebt das

32

Feiern und das Essen bis hin zur Gefräßigkeit. Dabei denkt er aber nicht nur an sich: In seinem Kessel, der »Nimmerleer« heißt, befindet sich ein Trank, der niemals versiegt. Außerdem besitzt Dagda eine Zauberharfe und eine gewaltige Keule, mit der er seine Feinde erschlägt.

● Dagda hatte Kinder, und die bekannteste seiner Töchter war **Brigid**. Ihr Name bedeutet »Leuchtender Pfeil« oder auch »die Strahlende«. Sie ist eine vielfältig begabte Göttin, die sehr hoch verehrt wurde: 19 Priesterinnen hüteten ihr heiliges Feuer in Kildare. Ihre Domänen waren die Heilkunst, die Landwirtschaft, die Poesie, gleichzeitig aber auch die Kriegs- und Schmiedekunst. Diese freundliche, großzügige Göttin wurde so heiß geliebt und verehrt, dass die christlichen Missionare sich nicht anders zu helfen wussten, als sie zu einer Heiligen mit gleichen Fähigkeiten umzuwandeln: Man änderte den Mythos und machte sie zu einer Äbtissin, die im Kloster Kildare wirkte und das Recht hatte, die Bischöfe Irlands einzusetzen. Bezeichnenderweise forderte sie, dass alle diese Herren ausübende Goldschmiede sein mussten! St. Brigid, die heilige Brigitte, erfreut sich auch heute noch großer Beliebtheit. Ihr Fest wird am 1. Februar, in unmittelbarer zeitlicher Nähe zu Mariä Lichtmess am 2. Februar, begangen, was den Bezug zu ihrem Lichtaspekt (heiliges Feuer) wach hält.

● Nicht minder beliebt als Brigid war der vielbegabte **Lug**, der ähnlich wie sie »der Helle« oder »der Scheinende« genannt wurde. Er ist mit allen Handwerkskünsten begabt; Musik und Spiel, Kampf und Magie, Heilkunst und Ackerbau sind die ihm zugeordneten Bereiche. Ihm gehörte die flammende Lanze, Symbol des Sonnenstrahls, die die Tuatha Dé Danann mit sich führten. Und natürlich verschwindet ein so vielseitiger Gott nicht in der Versenkung, sondern empfiehlt sich als Vorlage für diverse Heilige: St. Lugad, St. Lugidus, St. Luan und St. Eluan. Lugnasad, das Fest des Lug, wird am 1. August begangen.

● Aber nicht nur strahlende Götter wurden von den Kelten verehrt, sondern auch solche mit ausgesprochen dunklen Seiten, wie etwa die **Morrigan**. Diese Göttin ist sehr wandlungsfähig und tritt u. a. nahezu unerkennlich als krächzender Rabe auf dem Schlachtfeld auf. Genauso gut aber kann Morrigan als junge Frau erscheinen, sich im Handumdrehen in eine Schlange, eine Katze, eine Wölfin oder eine Kuh verwandeln oder aber als alte Frau auftauchen.

Ortsnamen mit der Silbe »-lug«, »-lud« oder »-ly« (z. B. Lyon, ehemals Lugdunum, ein altes Heiligtum des Lug) deuten auf das Wirken des Gottes Lug hin.

Morrigan hat einen nährenden, einen verführenden und einen Todesaspekt: Als die Jungfrau Morgana, die Mutter Badb und die Greisin Macha bilden sie eine Triade. Die Christianisierung hat sie als Hexe überstanden, als Fata Morgana, die in die Irre führt, und als Schicksalskünderin Morgan le Fay.

Weitere irische, walisische und gallische Götter

Wie gesagt, die keltische Götterwelt ist vielgestaltig, die Charaktere der Götter sind so unterschiedlich wie die der Menschen und die Aspekte, die mit ihnen verbunden werden, zahllos. Sie alle aufzuführen sprengt den Umfang dieses Buches. Hier nun einige Kurzbeschreibungen der wichtigsten unter ihnen.

Nuada/Nuadu war ebenfalls ein König des Volkes der Tuatha Dé Danann. Er führte das angeblich unbesiegbare Schwert. Dennoch wurde er im Kampf verwundet, und das ganze Land darbte so lange, bis er wieder völlig geheilt war. **Angus Og/Oengus** oder auch **Mac Oc**, ein weiterer Sohn des Dagda, ist der Gott der so genannten lichten Kräfte und der Liebes- und Herzensangelegenheiten, **Ogma**, der Bruder des Dagda, ist ein äußerst kraftvoller Kämpfer, aber gleichzeitig auch der Gott des Lernens; auf ihn führen die Kelten ihre Schrift, das Ogam, zurück, das allerdings nur wenige Gelehrte beherrschten. Bei den Festlandskelten findet sich **Belenus**, der ähnlich dem klassischen Gott Apoll ein Sonnen- und Heilergott war und auf den Beltane, das Feuerfest am 1. Mai, zurückgeht. **Teutates**, oft von Asterix und seinen Galliern angerufen, war ein väterlicher Stammesgott, der sowohl als junger Krieger als auch als bärtiger Weiser in Erscheinung treten kann. **Manannan mac Lir** ist ursprünglich ein walisischer Meeresgott, der später die *síde*, die Feenhügel, an die Tuatha Dé Danann verteilt. Er gilt als äußerst gastfreundlich und warmherzig. Nicht zu vergessen ist natürlich **Cernunnos** (siehe Abbildung), der gehörnte Gott der Vegetation. Ihm werden wir in späteren Kapiteln noch häufig begegnen. Als kleine Kuriosität am Rande soll hier nicht unerwähnt bleiben, dass auch er heute in Gestalt eines christlichen Heiligen verehrt wird: als St. Cornély, der Schutzpatron des Hornviehs. In der Umkehrung ins Negative erscheint er als der Gehörnte mit dem Pferdefuß, der leibhaftige Teufel.

Weitere irische, walisische und gallische Göttinnen

Besondere Beachtung unter den weiblichen Gottheiten verdienen **Ceridwen** – sie besitzt ebenfalls einen Kessel, in dem sie den Trunk der Inspiration braut – und **Taillte**, die auf die frühe Erd- und Muttergöttin zurückgeführt werden kann; sie brachte den Menschen den Ackerbau.

Epona, eine Fruchtbarkeitsgöttin, wird immer auf einem Pferd reitend dargestellt; sie wurde auch von den Römern als Schutzpatronin der Reiter übernommen. Eine ähnliche Funktion wie Epona haben die Göttinnen **Macha** und **Rhiannon**. **Coventina**, die Göttin der Quellen, wurde natürlich am Wasser verehrt; sie spendet Heilung, Inspiration und die Kraft der Weissagung. »Coventina« wurde später in das ähnlich klingende »Viviane« umgewandelt; diese avancierte zur Dame vom See. Die Göttin **Cailleach** hingegen wurde zur alten Hexe degradiert, obwohl ihr Name ursprünglich »scheues Glück« bedeutet. Sie tritt als schönes junges Mädchen in Erscheinung, konnte sich aber auch in eine verschleierte Alte verwandeln. Die gallische **Rosmerta** verfügt über ein Füllhorn oder wahlweise auch über Geldbeutel; sie ist eine Göttin des Reichtums und war im rheinischen Gallien sehr beliebt.

Epona, die freundlich lächelnde Göttin zu Pferde, stand auch bei den kleinen Pferden Pate. Von ihrem Namen leitet sich das Wort »Pony« ab.

⊃ Wegweiser Kontakt zu den Göttern

Götter und Göttinnen waren schon immer Helfer des Menschen auf seinen inneren Wegen. Wir sind aus der jüdischen und christlichen Tradition daran gewöhnt, dass ein ferner, gestaltloser Gott die Geschicke lenkt, der gebietet: »Du sollst dir kein Bildnis machen!« Sofern es sich um das göttliche Prinzip als solches handelt, mag das ein richtiger Ansatz sein, doch wir Menschen brauchen manchmal etwas Greifbares für unsere Sinne; eine abstrakte Gottesidee hilft da wenig.

In der heidnischen Kultur sind die vielen Götter weltimmanent; das heißt, sie sind überall, wo wir sie suchen: in den Bäumen im Wald, in den Wolken am Himmel, in der Gewalt des Gewitters, im beständigen Rauschen des Meeres. Sie werden dargestellt auf Bildern und als Skulpturen, ihnen sind sichtbare Symbole und Riten gewidmet.

Kontakt zu den Göttern

Götter und Helden, Heilige und Feen sind hoch stilisierte Darstellungen bestimmter Eigenschaften. Manchmal kommen menschliche Charakterzüge oder Gefühle zum Ausdruck, es können aber auch Natur- oder Triebkräfte sein. Diese personifizierten Urbilder sind bei allen Völkern und zu allen Zeiten gleich oder weichen höchstens in Nuancen ab. Aus diesem Grund ist auch der Übergang von keltischen Göttern zu christlichen Heiligen oder anderweltlichen Feen so fließend gelungen. Manchmal allerdings haben sich die Polaritäten verkehrt: Aus ehemaligen Göttinnen wurden Hexen, aus Göttern Teufel und Dämonen. Die Auslegung, was gut oder böse ist, hängt davon ab, wie die jeweilige Kultur die von ihnen verkörperten Energien bewertet. So missfielen den leibfeindlichen Christen all jene Göttergestalten, die sich einer fröhlichen, lustbetonten Sexualität hingaben: Cernunnos beispielsweise wurde wegen seiner »niederen Triebe« buchstäblich verteufelt. Die gleiche dogmatische Religion, die den Frauen jegliche Kompetenz absprach und deren namhaftester Theologe Augustinus behauptete, die Frau sei nicht nach dem Ebenbild Gottes geschaffen, erklärte die weisen Mutter- und Fruchtbarkeitsgöttinnen zu Todesfeen und übel wollenden Geistern.

Die Kelten haben es auf wunderbare Weise verstanden, beide Vorstellungen, die des transzendenten christlichen Gottes und die der Natur und dem Menschen innewohnenden Götter, miteinander zu verbinden. Viele ihrer Götter sind heute noch lebendig: als Ste. Anne, als heilige Brigitte, St. Cornelius oder St. Lugidus.

Jede Kraft hat zwei Seiten

Jede archetypische Kraft kann man von zwei Seiten betrachten; ausschlaggebend sind dabei der Maßstab und die Verwendung. Der Todesaspekt der dunklen Göttinnen wie der Morrigan ist vernichtend in der Schlacht, er kann aber genauso gut die Erlösung von qualvollem Leiden beinhalten. Die Götter, die die Liebe verkörpern, sind dieselben, die auch das Liebesleid verursachen, und Dagda, der alle nährt, ist auch verantwortlich für Ihr Übergewicht, sollten Sie darunter leiden.

Die archetypischen Kräfte – man könnte sie auch magische Kräfte nennen – beeinflussen ständig unser Leben. Doch wir stellen uns ihnen selten oder leugnen sie und liefern uns ihnen damit aus. Aber man kann auf sie einwirken, man kann sie lenken und für sich nutzen, wenn man sich die Mühe macht, sie in sich selbst zu erforschen, und ihnen Achtung entgegenbringt. Die alten Götter sind nicht untergegangen, die Feen tanzen noch auf den mondbeschienenen Wiesen, und die heiligen Insignien umgibt noch immer das Leuchten ihrer Kraft.

Keltische Götter lieben Poesie

Den Kontakt zu diesen Kräften stellen Sie her durch Gebet oder Anrufung. Das sollten Sie immer dann tun, wenn Sie Fragen quälen, wenn Sie glauben, sich auf dem inneren Weg verirrt zu haben, wenn Sie den Blick für die Sie umgebende Schönheit und Ordnung verloren haben und wenn Sie Trost benötigen. Die keltischen Götter sind nicht »streng« mit ihnen und verlangen keine auswendig gelernten und vorgeschriebenen Formeln; vielmehr sind sie Freunde der Poesie. Versuchen Sie darum, dieser Vorliebe bei Ihren Anrufungen (laut oder nur in Gedanken) Rechnung zu tragen. Hier als Beispiel ein Gebet an Brigid nach Caitlin Matthews:

Brigid vom Mantel, umgib uns.
Herrin der Lampe, beschütz uns.
Hüterin des Herdes, entzünde uns.
Unter dem Mantel vereine uns
und gib uns dem Gedächtnis wieder.
Mütter unserer Mütter, Vormütter stark,
führt mit eurer Hand die unsrige,
erinnert uns, das Herdfeuer zu entfachen,
es leuchtend hell zu halten, die Flamme zu hüten.
Eure Hände sind unsere, Tag und Nacht.
Brigids Mantel um uns,
Brigids Gedächtnis in uns,
Brigids Schutz, uns vor Schaden zu bewahren,
vor Unwissenheit, vor Herzlosigkeit,
diesen Tag und diese Nacht,
vom Morgengrau bis zum Dunkel,
vom Dunkel bis zum Morgengrau.

Brigid ist eine der typischen dreifachen Göttinnen, die Geburt, Leben und Tod verkörpern. Diese Dreiteilung geht auf die Tradition der alten Muttergöttinnen zurück.

Bedenken Sie, dass gedankenlos heruntergebetete Sprüche gar nichts bewirken; auf innere Beteiligung, Andacht und tiefes Vertrauen kommt es an. An wen Sie die Anrufung richten, bleibt Ihrer Vorliebe, dem Anlass und Ihrem Glauben überlassen. Sie werden im Verlauf des keltischen Weges eine Reihe von archetypischen Personen kennen lernen, und bei manchen wird sofort der Funke überspringen, für andere werden Sie sich erst nach näherer Bekanntschaft erwärmen. Seien Sie offen, finden Sie heraus, an wen Sie sich wenden wollen, wer Sie ein Stück des Weges begleiten oder für immer bei Ihnen bleiben soll.

Das Wissen der Druiden und Barden

Man kann nicht über die Kelten berichten, ohne die Druiden zu erwähnen. Sie sind von Geheimnissen umgeben, wundersame Kräfte sagt man ihnen nach, gewaltige Steine ließen sie tanzen, Macht übten sie auf Könige und Königreiche aus, ganz zu schweigen davon, dass sie, frei nach Asterix, in der Lage waren, mysteriöse Zaubertränke zu brauen. Bis heute erhalten hat sich der Urtyp des Druiden in Merlin, dem Berater König Artus'. Weniger bekannt, aber mythologisch bedeutend sind Cathbad, der für seine Kenntnisse des Kalenders bezüglich der positiv oder negativ wirkenden Kräfte gerühmt wird, und Taliesin, ein Barde, der eng mit den Mythen um Ceridwens Kessel verflochten ist. Den Ruf des Geheimnisvollen haben die Druiden ihrem umfangreichen Wissen zu verdanken. Schon ihr Name, der so viel wie »die sehr viel Wissenden« bedeutet, verweist darauf.

Cäsar schrieb: »Sie stellen außerdem häufig Erörterungen an über die Gestirne und ihre Bahn, über die Größe der Welt und des Erdkreises, über die Natur der Dinge, über die Macht und Gewalt der unsterblichen Götter und vermitteln dies alles der Jugend.«

Was wussten die Druiden?

● Die Druiden kannten sich mit den **Zeitläufen und Kalendern** aus. Dies erforderte ein umfangreiches astronomisches Wissen, und die Kenntnis der wichtigen Tage im Jahr verlieh ihnen eine ungemeine Macht. Nur sie wussten, wann Feiertage anstanden, wann die beste Saat- oder Erntezeit war, ab wann die Tage wieder länger oder kürzer werden. Das keltische Jahr richtete sich nach den Mondumläufen mit Monaten von 29 und 30 Tagen, alle drei Jahre wurde ein Schaltmonat eingelegt.

● Die Druiden waren **Richter und Rechtspfleger**. Die Gesetze betrafen alle Belange des Gemeinwesens und wurden mündlich weitergegeben. Alle drei Jahre wurden sie diskutiert und, wenn es die Umstände erforderten, revidiert. Grundgedanke der druidischen Rechtsprechung ist die Wiedergutmachung, nicht die Rache, und insofern war sie ausgesprochen modern. So hatten etwa der Gesetzesbrecher und seine Angehörigen als Strafe dem Geschädigten oder seiner Familie Entschädigung zu leisten.

● Die Druiden waren auch **Philosophen**. Harmonie mit der Natur war die Grundlage ihrer Ethik. Sie betrachteten Tiere, Pflanzen, Steine und Werkzeuge als Teil eines kosmischen Ganzen, und deshalb war es für sie selbstverständlich, dass alles mit Bewusstheit erfüllt ist. Tod und Sterben sahen sie nicht als etwas Endgültiges an, sondern verstanden es als Stadium innerhalb eines Kreislaufes. Parallel zu der realen Welt existiert die Anderwelt, und der Tod in dieser Welt bedeutet nicht das Ende des Lebens, sondern die Geburt in jener anderen Welt. Jede Geburt in dieser Welt verursacht jedoch einen Tod in der Anderwelt.

● **Heilkunst und Medizin** waren ebenfalls Wissensgebiete der Druiden. Sie kannten chirurgische Praktiken, denn unter den archäologischen Funden aus keltischer Zeit gibt es Schädel, die Spuren erfolgreicher Operationen aufweisen – erfolgreich deshalb, weil die Patienten nicht infolge der Schädelöffnung gestorben waren. Daneben verfügten sie über ein profundes Heilkräuterwissen, wussten Heilquellen, medizinische Bäder und Sauna (römisch-irische Bäder!) wirksam anzuwenden. Auch die Wirkungsweise von Drogen war ihnen bekannt. Zur Diagnose diente u. a. die Astrologie, als Therapie das Sprechen magischer Formeln und die Durchführung von Ritualen, denn jede Krankheit des Körpers galt ihnen auch als Krankheit der Seele.

● Eine Untergruppe der Druiden waren die Barden, die **Dichter und Musiker** der Kelten. Ihre Aufgabe war es, die Zeitgeschichte aufzuzeichnen und zu verbreiten, die Hymnen und Gebete bei den Ritualen vorzutragen und Heldengesänge zu verfassen. Sie mussten aus dem Stegreif Gedichte über jedes beliebige Thema vortragen können und sich dabei einer Fülle von Anspielungen und Symbolen bedienen. Besonders gern scheinen die Barden Rätselgedichte verfasst zu haben. An Musikinstrumenten beherrschten sie Harfen, Trommeln, Pfeifen und Bronzetrompeten (Luren und Carnyces).

● Die Druiden waren auch **Priester, Magier und Seher**. Magie und Religion waren in vorchristlicher Zeit eng verwoben, Priestertum und Schamanismus gingen Hand in Hand. Oft wird in den Mythen die druidische Fähigkeit der Gestaltwandlung erwähnt: Sie konnten als Tiere oder Pflanzen erscheinen. Die enge Verbindung mit der Natur und die Identifizierung mit allen Lebewesen sprechen für Schamanismus: die Gabe, in Trance oder Ekstase mystische Verwandlungen zu erfahren und in andere Wirklichkeiten, etwa die Anderwelt, einzutauchen.

»Wenn ein Verbrechen begangen worden oder ein Mord geschehen ist, wenn der Streit um die Erbschaften oder den Verlauf einer Grenze geht, fällen sie auch hier das Urteil und setzen Belohnungen und Strafen fest«, berichtet Cäsar.

● Als **Ritualpriester** stellten die Druiden den Kontakt zwischen den Menschen und den Göttern her. Sie leiteten die Opferhandlungen und sagten die Zukunft voraus. Sie legten Tabus und Verbote fest und waren als Meister des Wortes gefürchtet, wenn sie Beschwörungen und Flüche aussprachen.

● Um das Wissen weiterzugeben, mussten die Druiden natürlich auch als **Lehrer** wirken. Junge Adelige erhielten ihre Ausbildung durch sie, und mancher Druide stieg dadurch zum lebenslangen **Berater** eines Herrschers auf. Sie beherrschten die Ogam-Schrift und kannten die Geschichte ihres Volkes. In Kriegszeiten waren sie Vermittler oder Botschafter zwischen den zerstrittenen Parteien.

Cäsar schreibt: »Den Druiden obliegen die Angelegenheiten des Kultus, sie richten die öffentlichen und privaten Opfer aus und interpretieren die religiösen Vorschriften.«

Die Ausbildung zum Druiden

Die Druiden mussten umfangreiche Wissensgebiete beherrschen, was besonders beachtlich ist, wenn man bedenkt, dass die Fülle des Stoffes lediglich von Mund zu Ohr weitergegeben wurde. Auswendiglernen war also die bevorzugte Art, Wissen zu erwerben und zu speichern. Zur Begründung führten die Druiden an, dass diese Art des Lernens das Gedächtnis trainiere und das Wissen lebendig halte. Nicht ganz zu Unrecht mutmaßten sie, dass mit dem Fixieren in Buchstaben eine Abhängigkeit von der Schrift entstehen würde. Abgesehen davon schützten sie durch die mündliche Tradierung ihre Kenntnisse vor dem Missbrauch durch Unbefugte. Wissen ist Macht – ein allzu wahrer Spruch, den die geistige und gesellschaftliche Elite der Kelten wohl zu beherzigen wusste. In den Druidenschulen bekamen die jungen Anwärter auf den Druidenstand Unterricht. Bis zu 20 Jahre konnte die Ausbildung dauern. *Fili* (Einzahl *file*) hießen die Barden, die elf bis zwölf Jahre lang alle Geschichten und Gesänge, Symbole und wichtigen Namen lernen mussten, und je nach ihren Fähigkeiten waren sie nur Vortragende von Gedichten zur Musikbegleitung oder stiegen auf bis zum Berater des Königs. Die *vates* übernahmen mehr die Priesterfunktionen und die Aufgabe als Seher. Aufgrund ihrer langen Ausbildung und ihres hohen Wissensstandes genossen die Druiden auch gesellschaftliche Privilegien. Sie mussten keinen Waffendienst leisten und keine Abgaben an die Gemeinschaft zahlen.

⮑ Wegweiser Denken in Zusammenhängen

Wir haben heute in Deutschland ein Ausbildungssystem, das uns mindestens zehn, meist ebenfalls bis zu 20 Jahren an Schulen oder Hochschulen bindet. Was aber unterscheidet uns von den Druiden mit ihrem außergewöhnlichen und überragenden Wissensstand, der sie in die Lage versetzte, geistige und spirituelle Führer ihres Volkes zu sein?

Zunächst lässt sich feststellen: Wir verfügen über ein Allgemeinwissen, das je nach Herkunft und Neigung mehr oder weniger umfassend ist. Wir haben darüber hinaus ein berufsbedingtes Spezialwissen. Und natürlich haben wir ein technisches Wissen, das weit über den Stand der keltischen Zeit hinausgeht, und ich möchte kein zeitreisender Druide sein, der plötzlich in der U-Bahn-Station einer Großstadt steht und versuchen muss, eine Fahrkarte zu ziehen.

Unser technisches Wissen benutzen wir, um in einer komplexen materiellen Welt zu überleben. Wenn Sie aber zusätzlich noch das Wissen über die Zusammenhänge der unsichtbaren Kräfte erwerben, beherrschen Sie alle Lebenssituationen und können im besten Fall Entwicklungen vorhersehen. Das Leben ist ein Gewebe, ein Netzwerk aus unzähligen Fäden, die sich überall miteinander zu Knoten verschlingen: mal feste, mal lose, mal komplizierte, mal einfache.

Das moderne analytische Denken

Aufgrund unseres derzeitigen Weltverständnisses sind wir gewohnt, einen Faden herauszunehmen und ihn möglichst direkt zu seinem Ursprung zurückzuverfolgen, ohne auf die anderen Fäden zu achten, mit denen er Verbindungen eingeht. Diese Vorgehensweise bezeichnet man als analytisches, rationales, logisches Denken, und man erwirbt Faktenwissen damit. Wir bauen lineare Ursache-Wirkungs-Ketten auf, nach denen wir unsere Entscheidungen treffen. Das sieht im einfachsten Fall etwa so aus: Wenn ich zwei Teile Wasserstoff und einen Teil Sauerstoff mische, dann gibt es einen Knall, und es entsteht Wasser. Die Naturwissenschaften haben es sich zur Aufgabe gemacht, die Welt in Formeln der beschriebenen Art abzubilden. Die Folge ist, dass wir eine ungeheure Menge an Techniken und Prozessen erfunden haben, die uns das Leben leichter machen. Kein elektrisches Licht, kein Auto, keine Unfallchirurgie, kein Computer, kein Internet ohne diese Denkweise.

Cäsar schreibt: »Viele begeben sich freiwillig in ihre Lehre oder werden von ihren Eltern oder Verwandten zu ihnen geschickt. Es heißt, dass sie dort Verse in großer Zahl auswendig lernen; deswegen bleiben einige 20 Jahre lang in ihrer Schule.«

41

Rückkehr zum ganzheitlichen, analogen Denken

Aber trotz der immer diffizileren Erklärungsmodelle bleibt der Mensch in dieser Betrachtungsweise nichts anderes als ein Häuflein von Kohlenwasserstoffen und Spurenelementen und einer Menge Wasser. Eine Seele, ein Bewusstsein, Gefühle, Weisheit und Glauben können mit dem naturwissenschaftlichen Instrumentarium nicht erfasst werden. Dazu braucht man andere Formen des Denkens. Kunst und Poesie, Schönheit und Spiritualität sind weder beweisbar noch in Laborversuchen zu analysieren oder gar künstlich herzustellen.

Symbole können Bilder, Redewendungen und Gesten sein, aber auch Handlungen, die einen tieferen Sinn bergen, haben symbolische Bedeutung.

Diese andere Form des Wissenserwerbs, nämlich mittels ganzheitlicher Betrachtungsweise des Gewebes, um das verbindende Muster darin zu erkennen, hilft uns hier weiter. Sie ist viel stärker von der Intuition und Inspiration geprägt als vom Intellekt. Mit deren Hilfe ist der menschliche Geist in der Lage, mehrdeutige, komplexe Symbole aufzunehmen, etwas vollständig zu erfassen, ohne vorher jedes Detail analysiert zu haben. Es ist das analoge Denken, das Sie wieder erwerben müssen.

Übung: Der Kessel der Weisheit

Diese Übung können Sie allein oder in der Gruppe machen. Betrachten Sie das Bild auf Seite 43, und lassen Sie es auf sich wirken. Dann schreiben Sie auf, was Sie alles mit ihm und den Begriffen Trauerweide, schwangere Frau, Mondsichel über dem Meer, Blutstropfen und Katze vor dem Milchnapf in Verbindung bringen. Sammeln Sie einfach Stichwörter, die Ihnen spontan einfallen. Wenn Sie genügend beisammen haben, stellen Sie die Verbindung zwischen ihnen her. Sprechen Sie gegebenenfalls über die eindeutigen oder vagen Bezüge, und versuchen Sie den verborgenen Sinn zu erschließen. Denken in Analogien heißt Denken in Entsprechungen. Man sucht das verbindende Prinzip zwischen Dingen, Ideen und Bildern. Dazu werden alle Bereiche herangezogen, auch solche, die rein logisch keinen Bezug hergeben. Nehmen wir als Beispiel das Prinzip »Schneiden«: Sicher fallen Ihnen ein Messer oder andere Schneidwerkzeuge ein. Aber Sie kennen auch die Redewendungen »jemanden schneiden«, »scharfe Worte äußern«, »einen scharfen Blick haben«, »eine einschneidende Maßnahme treffen«, »ein scharfes Gewürz verwenden«, »einen klaren Schnitt machen«, »einen scharfen Verstand haben«. Damit haben Sie einige Analogien, die das Prinzip »Schneiden« darstellen.

Muscheln sind ein Symbol für das Weibliche. Ihre Schale umgibt schützend das verletzliche Innere.

Dichter, und vor allem die keltischen Barden, haben mit diesem Mittel gearbeitet, um komplexe, mehrschichtige Gedankengänge darzustellen. Uns erscheinen ihre Werke heute als Rätsel. Wir können Sie nur entziffern, wenn wir zum Denken in Entsprechungen und Bildern zurückkehren.

Diese Art des Denkens wird Ihnen helfen, wenn Sie sich über eine Situation in alltäglichen Bereichen klar werden wollen. Es kann zu außerordentlich kreativen und ungewöhnlichen Lösungen führen, wenn man die verbindenden Muster erkennt.

Auflösung des Bilderrätsels

Die Trauerweide steht am Wasser, ihre Zweige sind biegsam und geschmeidig, sie ist das Symbol vergossener Tränen, sie gilt als dem Mond geweiht. Die Schwangere trägt das Kind sicher in ihrem Beckenraum, sie ist fruchtbar und das Symbol der Mütterlichkeit. Der zunehmende Mond hängt wie eine Schale über dem Meer, das Meerwasser ist salzig wie Fruchtwasser, Blut und Tränen, es ist Ursprung des Lebens, seine Gezeiten sind abhängig vom Mond. Die Muscheln leben im Meer, ihre Schalen umschließen schützend das verletzliche Innere, Muscheln symbolisieren die Weiblichkeit. Blut ist fließendes Leben, im Abendmahlskelch wandelt sich Wein in Blut. Katzen sind geheimnisvoll, anmutig, Jägerinnen der Nacht, Begleiterinnen der Hexen, sie trinken die mondweiße Milch aus der Schale. Weiblichkeit, Fruchtbarkeit, Wasser, Schale – so etwa sieht das gemeinsame Muster aus. Das Symbol, das alle vier in sich vereint, ist der Kessel, der Kelch, der Gral. Sind Sie darauf gekommen?

Symbole umgeben uns überall, und wir sollten uns viel aufmerksamer mit ihnen auseinander setzen. Denn sie beeinflussen unser Unbewusstes häufig, ohne dass wir es bemerken, beispielsweise in der Werbung!

Der Aufbruch – Besinnung auf das keltische Naturverständnis

Die Welt der Kelten war sehr eng verbunden mit der Natur, in der sie lebten. Auch wenn wir in der materialistischen Zeit den Kontakt zu natürlichen Gegebenheiten und Rhythmen verloren haben, können wir uns zurückbesinnen auf unsere immer noch vorhandene innere Verbindung zum Dasein in all seinen Erscheinungsformen. In diesem Netzwerk greifen wir verborgene Fäden wieder auf und verweben uns mit ihnen.

Plätze in der Natur – wie hier ein heiliger Hain – waren im Naturverständnis der Kelten fest verankert. Die Natur ist eine ihrer Wurzeln.

Zeiten im Jahreskreis

Das erste Kapitel hat Sie allgemein mit der Geschichte der Kelten, ihren Göttern, ihrem Wissen und ihrer Gesellschaftsstruktur bekannt gemacht. Außerdem haben Sie im Hinblick auf Ihre Queste Helfer kennen gelernt, erste Versuche des ganzheitlichen Wissenserwerbs unternommen und Ihren persönlichen Standort in der Gesellschaft bestimmt. In diesem Kapitel geht es um Ihren Bezug zur Zeit. Auch hier können die keltischen Vorstellungen einen erfrischend neuen Aspekt in den täglichen Terminkampf einbringen.

Alte Bauernkalender beziehen sich auch bei uns auf den Rhythmus der Natur, und ein paar Bauernregeln fallen Ihnen bestimmt auch zum Thema »Termine« ein.

Natur und Kalender

Die Kelten lebten in enger Verbindung mit der Natur. Das Wachsen, Blühen und Reifen der Pflanzen war eng verwoben mit dem Rhythmus ihres Lebens, ihrer Arbeit und ihrem Glauben. Insbesondere zu Bäumen hatten die Kelten ein ausgesprochen inniges Verhältnis – nicht zuletzt deswegen, weil zu ihrer Zeit große Teile Europas noch weitgehend von riesigen Wäldern bedeckt waren. Bäume und Sträucher dienten als Brenn- und Baumaterial, wurden zur Herstellung der verschiedensten Geräte verwendet und boten Schutz und Nahrung. Was also lag näher, als sich auch an ihnen zu orientieren, wenn es um die Bestimmung der Zeit ging?

Der Rhythmus der Natur bestimmte das gesamte bäuerliche Leben. Die Aussaat, die Ernte, das Eintreiben der Herden, die Vorratsbeschaffung – alles musste geplant und zum rechten Zeitpunkt in Angriff genommen werden. Zwei zuverlässige Zeitgeber waren hierbei die beiden Himmelskörper Sonne und Mond. Vor allem unser Trabant ist, wenn man seine Phasen beobachtet, recht gut geeignet, um die Zeiten einzuteilen und in eine sinnvolle Abfolge zu bringen.

Der keltische Mondkalender

Der Mond durchläuft durchschnittlich alle 29,5 Tage seine Phasen von Vollmond, abnehmendem Mond, Neumond und zunehmendem Mond. Die keltischen Monate richten sich an diesen 29 bis 30 Tagen aus. Ende des 19. Jahrhunderts fand man im französischen Coligny (nördlich von Bourg-en-Bresse) Teile einer Bronzetafel, die römische Buchstaben und Zahlen aufwies, jedoch in gallischer Sprache abgefasst war. Man fand heraus, dass es sich um ein Kalenderwerk handelte, das etwa im 1. Jahrhundert vor der Zeitenwende aufgestellt wurde. Darin war das Jahr in 12 Mondmonate aufgeteilt. Da aber 30 mal 6 plus 29 mal 6 nur 354 Tage ergab, schob man alle drei Jahre einen Schaltmonat von 30 Tagen ein. Bemerkenswert ist vor allem, dass die Monate mit »günstig« und »nicht günstig« beurteilt wurden, wobei es in jedem Monat wiederum gute und schlechte Tage gab. Leider ist uns nicht überliefert, worauf sich diese Wertung bezieht. Aber die Druiden wussten es und hatten damit natürlich ein ausgezeichnetes Steuerungsinstrument in der Hand, wenn es um Fragen des Gemeinwohls ging.

Das astronomische Wissen der Druiden

Der Kalender von Coligny besteht aus 62 aufeinander folgenden Monaten, also aus fünf Jahren. Interessanterweise werden die Monate nicht in Tagen, sondern in Nächten gerechnet. Das mag eine Erklärung dafür liefern, warum im englischsprachigen Raum heute noch der Begriff »fortnight« für einen Zeitraum von 14 Tagen verwendet wird.

Der Monatskalender der Kelten ist ein beweglicher Kalender, denn nicht jedes Sonnenjahr beginnt mit dem gleichen Mondstand. Nur alle 19 Jahre sind Mond- und Sonnenzyklus gleich. Dies wussten die Druiden, und auch wenn bestimmte Anlagen wie Stonehenge nicht von den Kelten erbaut wurden, so verbirgt dieser Steinkreis genau dieses astronomische Wissen. Man darf also vermuten, dass die Kelten den Gebrauch des »steinernen Computers« gekannt haben.

⮑ Wegweiser Naturrhythmen

Zurück zur Gegenwart: Wie ermitteln Sie das Datum? Ein Blick in das Terminbuch, auf die Datumsanzeige der Uhr, auf den Bildschirm Ihres PCs? Wir sind daran gewöhnt, dass uns jede Menge Hilfsmittel zur Verfügung stehen, was ungemein praktisch ist, wenn man unter Termindruck steht. Aber es gibt auch andere Rhythmen im Leben, die nicht von Bürostunden, Ladenöffnungszeiten, Schulferien und Finanzamtterminen abhängig sind. Auf dem Weg, den Sie inzwischen beschritten

Der Mythos sagt insbesondere dem Druiden Cathbad profunde Kenntnisse eines Kalenders nach, mit dessen Hilfe er glückliche und unglückliche Tage bestimmen konnte.

47

haben, ist ein anderes Zeitgefühl notwendig. Vergessen Sie also einmal Ihren Wand-, Taschen- oder Schreibtischkalender, und versuchen Sie die Zeit vom Mond, von der Sonne, den Vögeln, den Blumen und den Bäumen abzulesen.

Es gibt ausgezeichnete Mondkalender, die Sie zurate ziehen können, wichtiger ist es aber, selbst ein Gefühl für die eigenen Phasen zu bekommen, und dazu ist der Blick in den Himmel unumgänglich.

Kontakt zur Natur kann jeder aufnehmen

Wenn Sie einen Garten haben und diesen liebevoll bearbeiten, verrate ich Ihnen hier natürlich nichts Neues. Aber nicht jedem ist ein Stück Natur um sein Haus vergönnt. In die Natur hinausgehen kann allerdings jeder, ob in Parks oder durch Felder, an Flüssen entlang oder durch Wälder. Gehen Sie spazieren, und achten Sie auf die Veränderungen in der Natur. Wann treiben die Bäume die ersten Blattknospen, wann blühen sie, welche Früchte tragen sie? Welche Vögel ziehen von dannen, wann kommen sie wieder? Wann singt die Nachtigall, wann ruft der Kuckuck? Beobachten Sie jeden Tag den Mond. Wann geht er auf, in welcher Phase befindet er sich? Können Sie ein abweichendes Verhalten feststellen, das mit dem Mondstand in Verbindung steht, etwa bei Voll- oder Neumond? Benimmt sich Ihr Hund, Ihre Katze dann absonderlich? Oder gar Sie selbst?

Man braucht eine Weile, um wieder Kontakt zu den natürlichen Rhythmen zu finden. Nehmen Sie sich Zeit dafür. Eine kleine Ermunterung: Im Lauf des Jahres gibt es viele Höhepunkte in der Natur, die gebührend gefeiert sein wollen. Mit ihnen beschäftigt sich der nächste Abschnitt.

Lernen Sie wieder, in Kontakt mit der Natur zu treten. Gehen Sie ganz bewusst spazieren, schauen Sie sich Wälder und Lichtungen an, und achten Sie auf die Geräusche, die Sie hören.

Jahreskreismythologie

Da der keltische Kalender auf den Mondumläufen aufgebaut ist, spielen die Sonnenfeste keine entscheidende Rolle. Das Jahr wurde in eine Winterhälfte vom 1. November bis 30. April und eine Sommerhälfte vom 1. Mai bis 31. Oktober geteilt. Jahreswechsel war an Samhain, zu Beginn der dunklen Zeit, nicht zur Wintersonnenwende, wie in anderen Kulturkreisen üblich.

Vielleicht haben Sie aus esoterischen Kreisen gehört, dass die Kelten das achtfache Rad des Jahres feierten, die Äquinoktien, die Solstitien und die vier ursprünglichen Feste. Dies ist allerdings eine neuere Erfindung, doch es spricht nichts dagegen, alle sechs Wochen ein kleines Fest zu feiern oder innere Einkehr zu halten. In diesem Buch möchte ich mich an die Einteilung des keltischen Jahres halten, wie sie historisch nachgewiesen ist.

Die Äquinoktien sind die Tag- und Nachtgleichen am 21. März und 23. September, die Solstitien sind die Sonnenwenden am 21. Juni und 21. Dezember.

Spuren der keltischen Feiertage

Nicht nur viele Götter der Kelten sind von den christlichen Missionaren zu Heiligen umstilisiert worden, auch die Feiertage der bekehrten Völker haben Eingang in den Kirchenkalender gefunden. In vielen Gegenden hat sich das Brauchtum in der Folklore bis heute erhalten. Wenn man sich auf die Suche nach alten und neuen Werten begibt, sollte man hier nach den Wurzeln forschen. Unsere heutigen Feste im Jahreskreis sind leider in vielen Fällen zu Konsumorgien herabgesunken, ihr innerer Wert, die Verbindung mit dem Netz des Lebens und den Kreisläufen der Natur sind nahezu in Vergessenheit geraten. Versuchen Sie sich am Ablauf des keltischen Jahres zu orientieren. Halten Sie an den im Folgenden genannten vier Tagen inne, um der Natur-, Licht- und Stimmungsveränderungen gewahr zu werden, und denken Sie daran: Die Kelten waren ein feierfreudiges Volk, wie Diodor von Sizilien (nach S. James) berichtet:

> *Sie speisen alle sitzend, aber nicht auf Stühlen, sondern auf dem Boden, wobei sie Wolfs- oder Hundefelle benutzen. Die Aufwärter bei Tische sind Knaben und Mädchen, die eben aus den Kinderjahren treten. Neben dem Tisch stehen die Herde, wo ein starkes Feuer brennt zwischen den Kesseln und Bratspießen, die mit großen Stücken Fleisch vollgesteckt sind. (…) Sie laden auch Freunde zu ihren Gastmählern, und nach dem Essen fragen sie, wer sie seien und was ihr Begehr ist.*

49

Imbolc – Licht und Reinigung

Als Lichtmess oder Mariä Reinigung ist Imbolc in den christlichen Kalender eingegangen. Dieser Tag ist mit einer Lichterweihe und -prozession verbunden.

Das erste Fest im neuen Jahr, drei Monate nach Samhain, war Imbolc oder Oimelc. Es wurde am 1. Februar begangen und wird heute in der Kirche – der Jungfrau und Gottesmutter Maria zugeordnet – als Lichtmess gefeiert. »Oimelc« bedeutet »Milch des Mutterschafes« – ein Hinweis darauf, dass in den südlichen Gebieten die ersten Lämmer zur Welt kamen und damit wieder Milch zur Verfügung stand.

Dieses Fest kennzeichnete die Mitte des Winterhalbjahres, und man kann sich die Szenerie mit Fackeln, Kerzen und Kamin- oder Herdfeuer lebhaft vorstellen, denn noch sind die Tage kurz und kalt. Die Sonne geht erst um 8 Uhr morgens auf, und sie verschwindet schon wieder um 5 Uhr nachmittags. Frost herrscht in den Nächten, oft auch an den Tagen, tief hängen die dunklen Wolken, Schneematsch und Schmuddelwetter fördern Depressionen und Niedergeschlagenheit. Den Luxus frischen Obstes und Gemüses, den wir uns heute leisten können, kannten die Kelten nicht; sie mussten sich mit den zur Neige gehenden Vorräten des vorherigen Jahres begnügen.

Die Flucht vor dem Winter in die Helligkeit

Viele fliehen heute vor der kalten Jahreszeit in südliche Länder, um sich der prallen Sonne hinzugeben, andere versuchen die Winterblässe durch künstliche Bestrahlung in »gesundes« Braun zu verwandeln – beides nicht ohne Gefahr für die Gesundheit. Klimaanlagen und helle Lampen mögen zwar die trübe Außenwelt vergessen lassen – trotzdem fühlen wir uns in diesen Tagen anders als im Frühling und im Sommer. Wir sind Menschen, die Erben der Lebewesen, die über Tausende von Jahren im Rhythmus der Natur gelebt haben. Wir können noch so viele Ausflüchte suchen, diesem Kreislauf können wir nicht entrinnen. Es wäre viel besser, sich ihm zu stellen und die positiven Seiten darin wahrzunehmen.

Feiern Sie ein Fest der Lichter, verbringen Sie einen gemütlichen, lauschigen Abend vor dem Kaminfeuer oder bei Kerzenlicht, mit Spielen für die Kinder, mit Geschichten zum Vorlesen oder zum Erzählen, mit einem Essen aus den Vorräten zubereitet, die der Jahreszeit entsprechen. Mehl, Eier, Milch, Marmeladen, eingemachte Früchte, Backäpfel und Nüsse – laden sie nicht zu einer phantastischen Pfannkuchenparty geradezu ein?

Der Aspekt der Reinigung

Ein zweiter Aspekt liegt dem Fest Imbolc zugrunde: die Reinigung. In den frühen Siedlungen waren die Menschen in der Winterzeit gezwungen, auf sehr engem Raum miteinander zu leben und auszukommen – unter hygienischen Bedingungen, die für uns nur schwer vorstellbar sind. Vor einem Fest wurde sicher ein Großputz in den Hütten und Häusern durchgeführt, und aus diesem Grund ist der Reinigungsgedanke nicht von ungefähr mit Imbolc verknüpft.

Als symbolische Handlungen hinterlassen Rituale einen tiefen Eindruck auf das Unbewusste, wenn sie wachsam und mit ganzem Herzen durchgeführt werden.

Durch Reinigung wird aber nicht nur die materielle Welt wieder in Ordnung gebracht, auch die innere Welt kann von einer Säuberung profitieren – Läuterungs- und Reinigungsriten finden sich in allen Religionen. Wir haben heute jede Mcnge Möbel, Kleider, Geräte, Bücher, Ziergegenstände usw. um uns herum. Ein gründliches Aufräumen ist also dann und wann nötig – warum nicht auch mit rituellem Charakter? Sie werden erstaunt sein, wie viele Probleme sich von allein lösen, wenn man um sich eine bewusste Ordnung schafft und nicht nur die alten Zeitungen in eine Schublade stopft.

⊃ Wegweiser innere Bilder

Zwei Techniken, die man auf dem Weg zu einem tieferen Verständnis der Welt – und sich selbst – lernen muss, sind die geistige Entspannung und die Visualisierung. Beide sind sehr nützliche Fähigkeiten, die auch den Alltag erleichtern. Visualisieren heißt sich etwas vorstellen können, Bilder betrachten, die aus Ihrem Inneren aufsteigen, oder Bilder schaffen, die Sie in Ihr Inneres einspeisen wollen. Voraussetzung dafür ist, dass Sie die oberflächlichen Gedanken verscheuchen, die sich ständig plappernd in den Vordergrund drängen.

Es gibt verschiedene Methoden, wie man den gewünschten Zustand erreichen kann. Am einfachsten funktioniert es über die körperliche Entspannung. Wenn Sie das Gefühl haben, Sie sind kurz vor dem Einschlafen – nicht mehr ganz wach, aber noch aufnahmefähig für die Umwelt –, dann ist das genau die richtige Verfassung, um die inneren Bilder aufsteigen lassen zu können. Diese Bilder können anfangs schemenhaft sein, leicht flüchtig, sich wie in Nebeln auflösen, doch mit etwas Übung werden sie klarer und deutlicher werden. Es ist schwierig zu sagen, woher sie kommen, manche sind vielleicht Erinnerungen an vergangene Erlebnisse, Situationen aus dem eigenen Leben, manche scheinen fremden Ursprungs zu sein, aus einer Zeit vor dem jetzigen Leben zu stammen. Sie sind wie Traumbilder, und so ähnlich sollten Sie sie auch deuten. Es sind Hinweise und Antworten auf Ihre Fragen.

Hier nun ein Vorschlag, wie Sie Ihr persönliches Fest zu Imbolc gestalten können und dabei mit einer keltischen Helferin, der Göttin Brigid, deren Tag die Kelten zu Imbolc feierten, geistig in Kontakt treten.

Versuchen Sie nie krampfhaft, die Bilder und Szenen mit dem Verstand zu deuten. Manche erschließen sich sofort, für andere brauchen Sie einige Zeit, um ihre Aussage für sich zu erkennen.

Ihr Ritual zu Imbolc:
Auf Antworten der inneren Bilder lauschen

- Nehmen Sie sich einen Tag frei nur für sich. Reinigen Sie Ihre Wohnung, und räumen Sie auf. Bereiten Sie für abends ein leichtes Essen vor, und schmücken Sie den Tisch mit vielen Kerzen.
- Nehmen Sie anschließend ein langes Bad, oder gehen Sie in die Sauna. Wickeln Sie sich nach dem Bad oder Saunagang in ein weiches, warmes Tuch oder einen Bademantel, und legen Sie sich in eine ruhige Ecke.
- Schließen Sie die Augen, und versuchen Sie, Kontakt mit der Göttin Brigid aufzunehmen, indem Sie sie anrufen. Die Anrufung kann aus mehrfachen Wiederholungen kurzer Sätze bestehen. Geeignet sind beispielsweise die Anfangszeilen des Gebetes »Brigid vom Mantel, umgib uns« (siehe Seite 37).
- Wenn Sie nach kurzer Zeit in eine entspannte, beinahe schläfrige Stimmung kommen, tragen Sie ihr Ihre Probleme vor. Bitten Sie sie um Beistand, wenn Sie Kreativität benötigen, sich Heilung und Gesundheit wünschen, Ihre Kraft und Ihr Durchsetzungsvermögen stärken wollen oder wenn Sie nach Weisheit und Erkenntnis streben.
- Warten Sie auf die Bilder, die dann vor Ihrem inneren Auge erscheinen, oder auf die Worte, die Ihr Bewusstsein erreichen. Das sind die Antworten, die Ihre Helferin Ihnen schickt. Manchmal mögen sie etwas unverständlich erscheinen, aber in jedem Fall sollten Sie darüber nachdenken.
- Machen Sie an diesem Tag auch einen Spaziergang, egal, wie das Wetter ist, und betrachten Sie die Natur. Suchen Sie nach einem Vogelbeerbaum, und sehen Sie, ob Sie schon Blattknospen erkennen. Halten Sie auch Ausschau nach dem ersten Grün – Schneeglöckchen, Krokusspitzen, Winterheide. Wenn Sie mit Freunden feiern wollen, treffen Sie sich anschließend zum Essen, Erzählen, Lachen und Spielen bei Kerzenlicht.

Beltane – Liebe und Fruchtbarkeit

Der zweite Höhepunkt des keltischen Jahres war Beltane: Gefeiert wurde das Ende des Winters, der Beginn des Sommers. Der Name des Festes am 1. Mai bedeutet wörtlich übersetzt »die Feuer des Bel«. Bel oder Belenus war ein Sonnengott der im Süden beheimateten Kelten, man kannte ihn aber auch auf den Britischen Inseln.

Der Mai war für die Kelten sicher einer der schönsten Monate im Jahr: Die Sonne hatte an Kraft gewonnen, die Tage waren lang und hell, die Natur hatte ihre lichtgrünen Schleier angelegt, die Vögel sangen ihre Revier- und Paarungslieder, die Obstbäume blühten, und das erste frische Obst und Gemüse reifte heran. Das Vieh wurde auf die Weiden getrieben, die Arbeiten im Freien wurden aufgenommen.

Beltane gehört zu den so genannten Feuerfesten: Große Holzstapel wurden aufgeschichtet und angezündet, nicht nur um im Schein der Flammen zu feiern, sondern auch, um die Herden hindurchzutreiben, damit sie rituell gereinigt wurden.

In Irland war es das Vorrecht des Königs, die Feuer anzuzünden. Wer es vor ihm wagte, soll zum Tode verurteilt worden sein.

Brauchtum zum Monat Mai

Viel Brauchtum hat sich aus der Zeit der Kelten bis heute erhalten; der Schmuck der Häuser oder Ställe mit frischem Grün, der Maibaum, mancherorts die Maifeuer und vor allem der Tanz in den Mai erinnern daran. In der Wahl der Maikönigin ist ein letzter Hauch der heidnischen Verehrung einer Göttin zu spüren, die dem Land die Fruchtbarkeit schenkte.

Wer kann sich schon der erwachten Frühlingsstimmung entziehen? Schlimm genug, wenn man an einem herrlich leuchtenden Maitag im Büro sitzen, stundenlange Autofahrten hinter sich bringen muss und das Grün nur vom Straßenrand kennt. Der Frühling ist die Zeit der langen Spaziergänge, der Bergwanderungen, der ausgedehnten Fahrradtouren, der sportlichen Betätigung im Freien. Und wer kann es leugnen – der Frühling ist auch die Zeit, die besonders zum Flirten, zu Liebeleien, zur Suche nach einem Partner verlockt.

Feiern Sie den Beginn des Sommerhalbjahres, wenn das Wetter es gestattet, draußen. Machen Sie ein Picknick mit frischen Salaten, Erdbeeren und Rhabarberkuchen. Versuchen Sie sich an die alten Tanzspiele oder Volkstänze zu erinnern, und bringen Sie sie Ihren Kindern bei.

Eine bedeutsame Nacht ...

Aber nicht nur der 1. Mai ist ein Feiertag, auch die Nacht zuvor hat ihre Bedeutung. Sie ist in unseren Breitengraden als Walpurgisnacht bekannt, zu der sich die Hexen versammeln. Was man im christlichen Mittelalter als Hexen und Hexenmeister bezeichnete, waren Menschen, die noch dem alten heidnischen Glauben und den mit ihm verbundenen Bräuchen anhingen. Im Gebiet der Kelten waren das natürlich die keltischen Riten. Es ist beispielsweise überliefert, dass sich die irischen Druiden, die später Hexenmeister genannt wurden, an diesem Tag in Uisnech versammelten, wo sie über Verträge verhandelten und offene Streitfragen beilegten.

In dem irischen Schöpfungsmythos der Thuata Dé Danann wird Beltane als der Tag angegeben, an dem die Schiffe der Kinder Danas an der Küste Irlands landeten.

... und ein fröhliches Fest

Beltane, die Nacht zum 1. Mai und der 1. Mai selbst, ist von seinem Charakter her ein fröhliches Fest. Es steht im Zeichen der Liebe, der Fruchtbarkeit und des Wachstums. Es zeigt eine Zeit spannungsvoller Unruhe, einer untergründigen Sehnsucht, des Aufwachens, der Aufbruchstimmung und des Tätigwerdens an. Vergleicht man die Stationen des Jahres mit denen des Lebens, so ist dieses Fest mit dem aufblühenden Jugendalter gleichzusetzen. Das heißt aber nicht, dass nur junge Menschen ausgelassen feiern oder zu neuen Ufern aufbrechen dürfen. Für jedes Alter gibt es einen 1. Mai, und Fruchtbarkeit heißt nicht nur im wörtlichen Sinn Kinder zeugen und gebären, sondern auch Ideen, Projekte, Kunstwerke hervorbringen oder Beziehungen »in die Welt setzen«.

⮎ Wegweiser Maibaum

Der 1. Mai ist in einigen europäischen Ländern gesetzlicher Feiertag, der Tag der Arbeit. Diesen Sinn, der mit der Geschichte der Arbeiterbewegung eng verknüpft ist, hat er inzwischen – außer für einige traditionsbewusste Gewerkschaftler – weitgehend verloren. Er gerät nachgerade immer mehr zum alten keltischen Maifeiertag.

Schön ist es natürlich, wenn sie ihn mit Familie und Freunden verbringen und ausgelassen feiern. Aber Sie sollten sich auch Zeit nehmen, über die mit ihm verbundenen Themen nachzudenken, vielleicht bei einem Spaziergang.

Wieder können Sie sich einen Helfer suchen, dem Sie in einem entspannten Zustand Ihre Fragen stellen: den Maibaum. In den aufsteigenden Bildern oder Worten werden Sie wie in der zuvor beschriebenen Art und Weise (siehe Seite 51f.) Antworten finden. Die Kelten verehrten die Bäume aus gutem Grund, denn Bäume sind gute Ratgeber.

Kontakt zum Lebewesen Baum gewinnen

● Treten Sie respektvoll an einen Baum heran, und begrüßen Sie ihn mit einigen freundlichen Worten. Dann lehnen Sie sich mit dem Rücken an den Stamm und schließen die Augen.

● Atmen Sie langsam 20-mal tief in den Bauch ein, und konzentrieren Sie sich dabei nur auf Ihren Atem. Normalerweise setzt nach 20 Atemzügen eine tiefe Entspannung ein. Sollten Sie sich trotzdem noch unruhig fühlen, atmen Sie noch ein paar Atemzüge lang bewusst weiter.

● Spüren Sie dann, wie Sie sich mit dem Baum verbinden, wie er die Kraft aus den Wurzeln nach oben zieht, wie sie ausströmt ins Gezweig und in die äußersten Spitzen, wie diese Kraft Sie schützend umhüllt wie ein Mantel. Lauschen Sie dem Wispern in den Blättern, dem Knarren und Knirschen alter Äste, den hellen Stimmen der Vögel.

● Wenn Sie mögen, drehen Sie sich um und umarmen den Stamm. Lehnen Sie die Stirn gegen die Rinde, und fühlen Sie, wie tröstlich seine Gegenwart ist. Jetzt sind Sie offen für die Bilder, die Ihnen der Baum sendet.

Mit seinen Wurzeln tief in der Erde, im Irdischen verankert und mit seinem Geäst hoch in den Himmel strebend, war der Baum für die Kelten das Sinnbild des Lebens.

Ein alter Baum ist ein Lebewesen, das schon sehr viel erlebt und gesehen hat. Manche Wurzelformationen haben eindeutig menschliche Züge.

Ihr Ritual zu Beltane: Den Maibaum erwählen

● Stehen Sie noch vor Sonnenaufgang auf, und begrüßen Sie den Morgen bei einem Spaziergang. Gerade die frühen Morgenstunden des 1. Mai sind von großer magischer Kraft. Außerdem werden Sie vermutlich vollkommen ungestört sein. Sie können die Nacht zuvor durchwachen, natürlich auch feiern, aber Sie sollten dann unbedingt auf Alkohol verzichten – Rituale führt man nüchtern durch.

● Nehmen Sie sich ein leichtes Frühstück, ein heißes Getränk und eine Decke mit. Während Sie durch die frühlingsgrüne Natur wandern, sammeln Sie alle Fragen, die im Zusammenhang mit Ihrer persönlichen Fruchtbarkeit stehen. Manche davon sind sicher unbequem, einige mögen unlösbar erscheinen.

● Wenn Sie sich über Ihre Fragen im Klaren sind, suchen Sie sich einen Baum – Ihren eigenen »Maibaum«. Betrachten Sie ihn als Ihren Freund und Berater. Wählen Sie den Baum, der Ihre Fragen am besten beantworten kann, aber denken Sie nicht zu lange darüber nach. Ihre Wahl ist rein gefühlsmäßig: Es gibt knorrige, vom Alter gebeugte, mit runzeliger Rinde, die geduldig zuhören und bedächtigen Rat erteilen; andere sind fest und aufstrebend, glatt und grün, voller Saft und Kraft, sie wissen rasche Antwort auf die Fragen; wieder andere sind sanft und biegsam, beugen sich vertraulich über einen und flüstern Trost aus den Zweigen.

● Nehmen Sie nun den Kontakt mit dem Baum auf, und warten Sie auf seine Antworten. Wenn Sie Bilder oder Worte empfangen haben, bedanken Sie sich bei ihm.

● Lassen Sie sich auf Ihrer Decke nieder, und frühstücken Sie unter dem Baum, aber vergessen Sie nicht, ein kleines Dankeschön zu hinterlassen: eine Erdbeere, ein paar Tropfen Tee, einen Keks. Oder summen Sie ein kleines Lied – Bäume lieben Musik und Gesang.

Sollten Sie keine Möglichkeit haben, im Freien zu einem Baum zu gelangen, lassen Sie sich ein paar junge Zweige mitbringen, die den Baum symbolisch repräsentieren.

Lugnasad – Ernte und Opfer

Das dritte Fest im Jahreskreis findet am 1. August statt. Es wurde zu Ehren von Taillte, der Amme Lugs, begangen. Diese Göttin ist eine der ältesten in der keltischen Mythologie und kann mit großer Wahrscheinlichkeit auf eine der steinzeitlichen Muttergöttinnen zurückgeführt werden. Ihr Mythos sagt, dass Taillte das Land unter größten Mühen kultivierte, sich dabei völlig verausgabte und schließlich an Erschöpfung starb. Lug errichtete zu ihrem Andenken einen gewaltigen Grabhügel und weihte ihr das Fest Lugnasad.

Wandel des bäuerlichen Lebens

Am 1. August ist noch Hochsommer, die Bäume des Waldes stehen im vollen Grün, die ersten Beeren an den Büschen sind voller Süße, das Getreide ist reif, die Erntearbeiten beginnen. Die bäuerlichen Kelten dachten jetzt sicher nicht in erster Linie ans Feiern, denn Gewitter und Hagel konnten jederzeit das Korn niederschlagen und damit die Ernte vernichten. Fiel sie aus, auch nur zum Teil, dann gab es zu wenig Vorräte für die kommende dunkle Zeit.

Der Grabhügel Lugs existiert heute noch im irischen Teltown. Hier ist ein Ringwall erhalten, an dem bis 1770 große keltische Versammlungen durchgeführt wurden.

Heute ist die Situation für die Landwirte entspannter, wenn auch sie mit Unvorhergesehenem rechnen müssen. Mähdrescher sind im Einsatz, riesige Maschinen, die viele Arbeitsschritte, die die Kelten noch einzeln ausführen mussten, bündeln. Und ob in den großen landwirtschaftlichen Gebieten noch irgendjemand hingeht und aus dem handgepflückten ersten Korn ein Brötchen backt und es der Mutter Erde weiht, ist zu bezweifeln – es sei denn, es handelt sich um einen Menschen mit einem ausgeprägten Sinn für Traditionen.

Ferien und Feiern

Für uns ist heute der Sommer Ferienzeit. Die Arbeit ruht, Strände, Schwimmbäder und Erholungsgebiete sind übervölkert. Überall wird gefeiert, auf Balkonen und Terrassen wird im Kreis der Familie und Freunde gegrillt bis spät in die lauen Nächte, kaum ein Örtchen, das nicht sein eigenes Straßenfest hat. Manchmal werden dabei die Grenzen des zivilisierten Verhaltens überschritten. Erholung, Spaß, Abenteuer – das sind die Dinge, die wir in dieser Jahreszeit suchen. Aber das geht in eine völlig andere Richtung als das, was die Kelten mit der Zeit um den 1. August verbanden.

Fröhliche Feiern gibt es also genug. Besinnen Sie sich deshalb am 1. August einmal auf die ursprüngliche Bedeutung des keltischen Festes. Es ist die Kornmutter, der es geweiht ist. Dies könnte Sie anregen, sich Gedanken über die Verwendung von Nahrung und Lebensmitteln zu machen. Wie bewusst essen Sie? Und noch viel wichtiger – wie bewusst kaufen Sie ein? Es gibt, wie wir in den letzten Jahren anhand von Untersuchungen immer wieder erfahren haben, erhebliche Unterschiede zwischen Fertiggerichten aus dem Supermarkt und den Erzeugnissen, die frisch von einem Bauernhof kommen.

Hoch-Zeit für Paare

Lugnasad hat auch noch einen zweiten Aspekt, nämlich die »Hochzeit des Lug«. Dieser steht in Zusammenhang mit der Heiligen Hochzeit, der Verbindung des Königs mit dem Land, der Vereinigung von Gott und Göttin, welche die Fruchtbarkeit für das nächste Jahr gewährleisten soll. Deshalb verwundert es nicht, dass im bäuerlichen Irland das Lugnasadfest als Gelegenheit wahrgenommen wurde, Hochzeiten zu arrangieren – und Kinder zu zeugen, denn diese kamen dann im Frühjahr zur Welt und fanden bessere Lebensbedingungen vor als Kinder, die in den kargen Wintermonaten geboren wurden.

Ein interessanter Brauch der Kelten war die Ehe auf ein Jahr. Das heißt, die Partner versprachen einander für zwölf Monate, danach konnten sie in allen Ehren wieder auseinander gehen – oder zusammenbleiben, wenn sich die Beziehung bewährt hatte. Heirat und Ehe haben in unserer Zeit die absolute Bedeutung eingebüßt, die ihnen in der streng patriarchalisch-christlichen Vergangenheit beigemessen wurde. Wenn Sie vor der Entscheidung stehen, ob Sie sich an einen Partner binden wollen, kann die keltische Praxis, eine Ehe auf ein Jahr und einen Tag, also von August bis August zu schließen, vielleicht eine überlegenswerte Variante sein.

Sie können es Magie oder auch Zauberei nennen – diese Form der Wunscherfüllung ist eine der Möglichkeiten, die nicht nachweisbaren, unsichtbaren Kräfte für sich zu nutzen.

⮑ Wegweiser Wunscherfüllung

Die Techniken Entspannung und Visualisierung haben Sie bereits kennen gelernt. Im Folgenden möchte ich Sie mit einem weiteren wichtigen Element der Suche nach dem Selbst bekannt machen – der rituellen Wunscherfüllung.

Ein Ritual ist eine symbolische Handlung, bei der das, was innerlich erreicht werden soll, im Äußeren durchgeführt wird. So wie ein Pilger seinen Pilgerrock anlegt, seinen Stab zur Hand nimmt und sich auf den Weg zu einem Heiligtum macht, sollten Sie auf der Queste ebenfalls Ihre Wünsche, Absichten und Ziele in Form eines Rituals für sich selbst darstellen. Das können Sie mit großartigen Theatereffekten samt Publikum bewerkstelligen oder in ganz kleinen, privaten Handlungen zum Ausdruck bringen, je nachdem, was Ihnen mehr liegt.

Ihr Ritual zu Lugnasad:
Kontakt zur Erdmutter suchen

● Zu einem Ritual gehört als Erstes die Vorbereitung. Dabei müssen Sie ganz klar definieren, was Sie erreichen wollen, und es deutlich, kurz und bündig formulieren, beispielsweise: »Ich will mich gesund und natürlich ernähren und damit mein Idealgewicht erreichen/halten.« Machen Sie dann ein Gedicht daraus. Verwenden Sie dabei vor allem sprechende Bilder und Analogien, wie es die Barden machten – ob es sich allerdings richtig reimt oder rhythmisch bis zur Vollkommenheit ist, ist völlig gleichgültig, nur einprägsam muss es sein.

● Suchen Sie anschließend Unterstützung im spirituellen Bereich. Wo und in welcher Form, bleibt Ihnen und Ihrem Glauben überlassen. Sie finden in diesem Buch genügend Anregungen. Ich könnte mir aber vorstellen, dass ein Kelte beim Thema »Nahrung« Taillte als Helferin gewählt hätte. Aber die Madonna im Ährenkleid oder Mutter Erde selbst hört Ihnen sicher auch zu – sie sind nur andere Formen der Darstellung der alten Kornmutter.

● Um in rituellen Kontakt mit der nährenden Göttin zu kommen, sollten Sie einige Gegenstände in Ihr Ritual mit einbeziehen, die ihr entsprechen, also beispielsweise eine reife Ähre, grüne oder goldene Kerzen, ein selbst gebackenes Brötchen (keinen Fertigteig!) und Sonnenblumen. Arrangieren Sie alles auf einem Steingutteller. Schön wäre es, wenn Sie diesen tragbaren Altar mit nach draußen nehmen könnten, entweder in den Garten oder in die Felder (Kerzen dann aber nur als Windlichter).

● Zünden Sie die Kerzen an, und führen Sie Ihre Anrufung durch, in eigenen, wenn möglich poetischen Worten. Dann konzentrieren Sie sich auf die Kerzenflamme und versetzen sich mit 20 Atemzügen in einen Zustand der Entspannung. Wenn Sie ruhig geworden sind, stellen Sie sich vor, wie Sie schlank oder fülliger (je nachdem, welche Vorstellung Sie von Ihrer Idealfigur haben) aussehen. Lassen Sie frisches Obst, knusprige Körner, kühle Milchspeisen und knackiges Gemüse vor Ihrem geistigen Auge erstehen, so dass Sie die Nahrung beinahe schmecken können. Dann sagen Sie Ihr Wunschgedicht auf.

● Zum Abschluss dieses kleinen Rituals danken Sie der angerufenen göttlichen Kraft und bringen das zerkrümelte Brötchen der Erde als Opfer dar.

● Anschließend können Sie mit einer gesunden, vielleicht vegetarischen Diät beginnen. Sie werden feststellen, dass sie erfolgreicher ist als alle anderen zuvor.

Nähere Hinweise, Analogietabellen und Vorschläge, wie man Rituale zur Wunscherfüllung durchführt, finden Sie in meinem »Praxisbuch der weißen Magie«, das ebenfalls im Ludwig Verlag erschienen ist.

Samhain – Besinnung und Einkehr

In unserer Kultur, die von der Angst vor dem Tod geprägt ist, müssen die Geister der Verstorbenen Grauen erregen. Bei den Kelten jedoch gingen die Welten der Lebenden und der Toten ineinander über.

Samhain vom 31. Oktober bis zum 2. November war das wichtigste Fest der Kelten. Es beschließt das Jahr, und zu diesem Anlass wurden alle wirtschaftlichen, politischen und religiösen Angelegenheiten der Gemeinschaft besprochen. Das ging nicht ohne Gelage und Jahrmärkte ab. Doch neben den offiziellen Veranstaltungen hatte dieser Tag auch einen spirituellen Sinn.

Am Vorabend zu Samhain, dem Ende des Sommers, wurden alle Feuer gelöscht; damit wollte man symbolisch darstellen, dass das alte Jahr gestorben war. Das neue Jahr begann mit dem Entzünden der Feuer erst am nächsten Tag, und die Nacht zwischen dem alten und dem neuen Jahr war von tiefen Geheimnissen durchwoben. Die Grenze zwischen sichtbarer Wirklichkeit und dem Übernatürlichen war aufgehoben, Kontakt zur Anderwelt möglich. Die Mythen erzählen vom rituellen Tod des Königs und der Geburt des Mac Oc, des Sohns des Dagda und der Muttergöttin, des Sohns des Lichtes.

Eigene Mysterien beschwören

Wir haben ein solches geheimnisumwittertes Fest nicht mehr. Allerheiligen ist meist ein trüber Sonntag, der pietätvollen Friedhofsbesuchen vorbehalten ist. Die Geburt des Lichtgottes und der Jahreswechsel sind terminlich auseinander gerissen in Weihnachten und Silvester. Nur die aus dem angloamerikanischen Raum zu uns gelangten Halloween-Bräuche mit Gruselmasken und Spuk erinnern noch von fern an das Samhainfest.

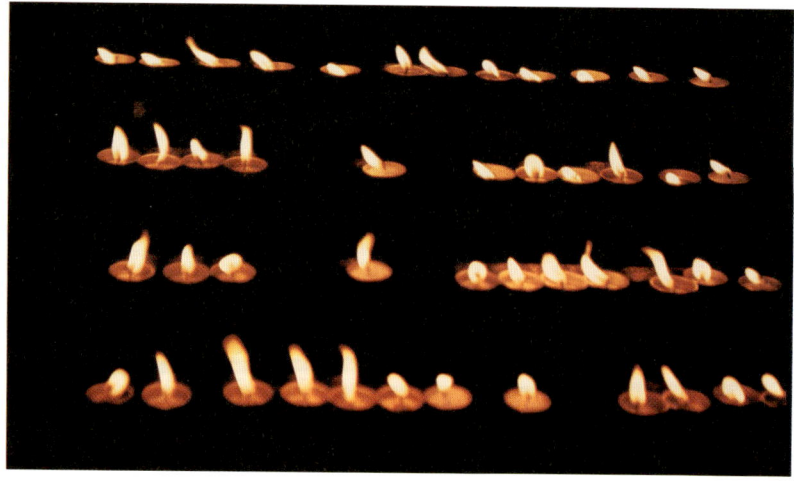

Kerzen bringen ein wenig Licht in die dunkle Zeit, die zu Samhain herrscht. Sie erhellen die Gemüter und unterstützen die Erinnerung an die Ahnen.

Wir haben so wenige Mysterien in unserer Kultur, und das bedeutet eine große Verarmung – der Kreativität, des Gemeinschaftssinnes, der Spiritualität. Versuchen Sie daher, an diesem Tag die rationale Weltanschauung einmal beiseite zu schieben, nehmen Sie ihn zum Anlass, eine andere Wirklichkeit zu besuchen. Spüren Sie Geheimnisse auf, erzeugen Sie eine geheimnisvolle Stimmung mit Kerzen, Räucherwerk, Musik und Raumschmuck. Löschen Sie das künstliche Licht, schalten Sie alle elektrischen Geräte aus. Durchwachen Sie mit Freunden diese Nacht, und erzählen Sie sich von mysteriösen, aber nicht unbedingt gruseligen Begebenheiten, seltsamen Zufällen, die sich im vergangenen Jahr ereignet haben, und versuchen Sie sie zu deuten. Sprechen Sie auch über die Toten, die Freunde und Verwandten, die Ihnen viel bedeutet haben. Wenn Sie sich stark genug fühlen, machen Sie eine Trancereise zu den Ahnen. Erst am Morgen schalten Sie ganz bewusst die Lichter wieder ein.

Ballast abwerfen

Wenn Ihnen nicht nach Mysterien zumute ist, können Sie sich mit dem zweiten Aspekt dieses Festes befassen: Der Tag kennzeichnet den Übergang in die dunkle Zeit, die mit ihren wolkenverhangenen Tagen, ihren langen Nächten und der sterbenden Natur die Neigung zu gedrückter Stimmung verstärkt. In solchen Zeiten sollte man sich von all dem Ballast lösen, der diese Stimmung fördert. Werden Sie sich klar darüber, welche Probleme besonders stark an Ihren Nerven zerren, welche Beziehungen Sie belasten, welche Gefühle Ihre Handlungsfähigkeit beeinträchtigen und welche Ängste Sie niederdrücken.

Wenn Sie den Verstorbenen und Ahnen eine traditionelle Freude machen wollen, dann bringen Sie ihnen ein kleines Speiseopfer dar. Auch das gehörte zu den Samhainbräuchen.

⤷ Wegweiser Abschied nehmen

Loslassenkönnen ist entscheidend, wenn man auf die Reise geht. Manches Gepäckstück ist zu schwer, man muss es zurücklassen, manch Vertrautes muss aufgegeben werden. Auf diese Weise wird Platz geschaffen für die Dinge, die man unterwegs findet und die plötzlich wichtig werden. Andenken, Erinnerungen, neue Erfahrungen gewinnen Raum, wenn man unbehindert durch Ballast ausschreiten kann.

Aber manche Gepäckstücke wird man nicht so leicht los, der »Sondermüll« der Seele neigt dazu, anhänglich zu sein. Versuchen Sie an Samhain, der besten Nacht für diese Tat, mit einer äußeren Handlung die innere »Entsorgung« zu unterstützen.

Die wichtigste und schönste Aufgabe bei diesem Ritual ist es, sich vorzustellen, was man alles tun könnte, wenn man seine besonders einengende Angst losgeworden ist.

Ihr Ritual zu Samhain:
Sorgen in einen Knoten knüpfen

- Nicht anders als bei der Erfüllung eines Wunsches gehen Sie auch bei dem Loswerden von Sorgen und Ängsten vor. Bereiten Sie das Ritual vor, indem Sie sich über Ihre derzeit drückendsten Probleme klar werden. Bleiben Sie dabei nicht an der Oberfläche, sondern versuchen Sie auch zurückzuverfolgen, aus welchen Fäden des Lebensgewebes sich diese Ängste entwickelt haben. Dann stellen Sie sich die Frage, wie sich Ihre Situation gestalten würde, wenn die nagenden Probleme nicht vorhanden wären. Was könnten Sie besser, schöner, einfacher machen?
- Eine symbolische Handlung wird Ihnen helfen, die Angstknoten zu lösen, die Sie fesseln. Dazu benötigen Sie einen schwarzen Leinenfaden (oder Baumwolle, Wolle, Seide, keine Synthetik), eine weiße Kerze, eine feuerfeste Schale mit getrockneten Kräutern, Salbei- oder Lavendelblätter, und eine Schere.
- Bereiten Sie diese Hilfsmittel in einem stillen, dunklen Raum vor, zünden Sie die Kerze an, und setzen Sie sich vor ihr nieder. Rufen Sie einen Helfer aus der Götterwelt an, wenn Sie mögen, etwa Mac Oc, das keltische Lichtkind, oder eine andere Lichtgestalt, die Ihnen beistehen soll, wenn Sie das Ritual durchführen.
- Nehmen Sie den Faden in die Hand, und vergegenwärtigen Sie sich, was Sie loswerden wollen. Machen Sie für jede Sorge, jede Angst einen festen Knoten in den Faden – es darf ruhig ein bisschen Wut dabei sein. Wenn Sie alles fest eingeknotet haben, holen Sie einmal tief Luft und schneiden dann mit der Schere die Knoten einen nach dem andern ab. Lassen Sie sie in die Räucherschale fallen, und zünden Sie die getrockneten Kräuter vorsichtig an. Beobachten Sie, wie der duftende Rauch aufsteigt: Mit ihm verflüchtigen sich die Sorgen in den Knoten – jetzt ist Platz für neue, helle, positive Gefühle. Malen Sie sich aus, wie wunderbar es ist, wenn man von Ängsten befreit ist.
- Wenn die Glut erloschen ist, danken Sie Ihrem göttlichen Beistand für seine Gegenwart mit einigen stillen Worten und löschen die Kerze.
- Achten Sie vor allem in dieser Nacht auf Ihre Träume. Es kann sein, dass Sie ganz unerwartet eine Lösung finden. Achten Sie auch auf seltsame Zufälle in den nächsten Tagen, und nutzen Sie die Chancen, die sich vielleicht plötzlich auftun. Denn im Gewebe des Lebens ist nichts endgültig – die Fädchen gehen immer neue Verbindungen ein, und andere Muster entstehen.

Die Gezeiten des Lebens

So, wie sich der keltische Jahreskreis darstellt, kann man ihn auch auf die Phasen des menschlichen Lebens beziehen. Es entwickelt sich zwar kontinuierlich, doch es gibt ganz bestimmte Augenblicke, da wechselt der Mensch von einer Phase in die nächste, und solche Übergänge können mit den keltischen Festen verglichen werden.

● **Imbolc**, das erste Fest des Jahres, entspricht der Kindheit, dem Erwachen des Bewusstseins, der Hoffnung auf Gedeihen und Wachstum. Mit ihr verbunden ist das verspielte Lachen, das behütete Dasein am mütterlichen Herd. Die Kindheit ist eine Zeit, in der die ersten großen Entdeckungen gemacht werden, in der der kleine Mensch seine eigenen Kräfte und Fähigkeiten kennen lernt – und natürlich auch seine Grenzen, die ihm durch die Natur und das soziale Umfeld gesetzt werden. Die allmähliche Loslösung von den träumerischen Welten der Phantasie beginnt, und die Realitäten des Lebens bestimmen zunehmend das Handeln und das Denken.

Wir feiern mit Inbrunst unsere jährlichen Geburtstage, doch sehr viel wichtiger wäre es, die persönlichen Reifestufen zu erkennen und nicht nur die Jahre zu zählen.

● **Beltane** entspricht der Jugendzeit, dem Aufbruch in eine Welt voller Abenteuer und Möglichkeiten, der Übernahme von Verantwortung und natürlich der Partnersuche. Was im ersten Lebensabschnitt erlernt wurde, muss sich jetzt in der Praxis bewähren. So, wie die Natur mit verschwenderischer Fruchtbarkeit im Frühling reagiert, entwickelt auch der Mensch seine schöpferischen Kräfte: Er gründet eine Familie, legt beruflich den Grundstein für eine gesicherte Existenz – so wie die Aussaat im Frühling die Ernte des Sommers bestimmt. Mit dem Übergang in die nächste Phase beginnt die Loslösung von Überschwang und Abenteuerlust, von zornigem Streben und manchmal auch von einer ungeliebten Rolle.

● **Lugnasad** steht für die Zeit der Reife und Ernte – die materielle Seite des Lebens sollte jetzt gesichert sein. Die Verantwortung für das nachwachsende Leben kann schrittweise abgegeben werden. Bedächtiger, vorausschauender wird die Planung für das Alter in Angriff genommen, ähnlich wie die Vorräte im Herbst gesammelt und eingelagert werden. Wer in der materiellen Welt seine Ordnung gefunden hat, sollte spätestens jetzt den Aufbruch in die spirituellen Welten wagen.

● **Samhain** stellt im Leben eines Menschen die Zeit zwischen Sterben und Geborenwerden dar. Die ganz Alten, deren Geist schon in der Anderwelt wandert, für die sich Gegenwart und Vergangenheit vermischen und die Zeit nur noch wenig Bedeutung hat, sind den kleinen Kindern ähnlich, die mit einem Teil ihrer Seele in der vorgeburtlichen Anderwelt leben und in deren Bewusstsein die Grenzen von Raum und Zeit auch durchlässig sind. So schließt sich der Kreis des Lebens wieder.

Wenn auch für Sie vielleicht bisher noch kein »Übergangsritus« gefeiert wurde, für Ihre Kinder, junge Verwandte und Freunde können Sie es zumindest anregen.

⊃ Wegweiser Übergänge

Es gibt keine feste Regel, welches Alter nun konkret dem einen oder anderen Fest entspricht, es ist bei jedem Menschen anders. Leider achten wir heute viel zu wenig darauf, wann solche Übergänge im Leben stattfinden. Genauso leben wir oft gegen die Gezeiten der Jahre.

In allen alten Kulturen hingegen gab es Übergangsriten, Einweihungsfeiern und Initiationen, die als Meilensteine der Entwicklung angesehen wurden und die die gebührende Wertschätzung erhielten. Sie dienten vor allem dazu, die Loslösung von den Dingen und Werten zu erleichtern, die auf der neuen Stufe der Reife keine so wesentliche Bedeutung mehr hatten. Leider haben wir heute keine weisen Druiden und Priesterinnen mehr, die gerade auf diese sensiblen Zeiten achten und die Menschen bei dem Übergang von einem Stadium in das nächste führen und betreuen. Aber die Natur hat ihre Weisheit in uns gelegt, und wir können, wenn wir ganz genau in uns hineinhorchen, auch selbst die Gezeiten des Lebens erspüren.

Einen persönlichen Lebenslauf anlegen

Um diese Betrachtungen zu unterstützen und ihnen einen augenscheinlichen Ausdruck zu verleihen, schreiben Sie am besten Ihren Lebenslauf nieder. Natürlich nicht so, wie Sie es für ein Bewerbungsschreiben machen würden, sondern auf Ihre ganz persönlichen Daten bezogen. Nehmen Sie alte Tagebücher und Fotoalben zu Hilfe, die Kruschelkiste mit den persönlichen Erinnerungen voller Briefe, Postkarten, Urlaubsandenken, Eintrittskarten und mit all jenen Dingen, die man nie wegwirft, weil sie einen an irgendetwas Bedeutsames erinnern. Bringen Sie Ihren privaten Schatz in eine zeitliche Reihenfolge, zusammen mit den »offiziellen Daten«, wie beispielsweise Schulabschluss, Jobwechsel oder Hochzeit. Legen Sie dann das Netz der natürlichen Rhythmen über sämtliche Ereignisse, so wie sie dem zuvor genannten Kreislauf entsprechen.

Wann war Ihr Übergang von der Kindheit in die Jugend? Haben Sie all das zurückgelassen, wovon Sie sich lösen mussten, oder haben Sie an kindlichen Ängsten, unfertigen Vorstellungen, Verantwortungslosigkeit und anderen unreifen Verhaltensweisen bis heute festgehalten?

Wann war Ihr Übergang in das Erwachsenenalter? Wie steht es mit der Befreiung von Oberflächlichkeiten, mit der Korrektur von Fehlentwicklungen und der Überwindung starren Rollenverhaltens? Unser heutiger Jugendkult macht diesen Übergang besonders schwierig, denn ständig wird uns eingehämmert, dass jugendliches und modisches Aussehen trendy ist und mit allen Mitteln der Chemie und medizinischen Technik erhalten werden muss, damit man im Leben etwas darstellt.

Und wie planen Sie den Übergang in die letzte Phase des Lebens? Selbstverständlich kann man gegen die Rhythmen des Lebens arbeiten, aber die Gefahr, dass höhere Gewalten dann zu Problemen oder gar Katastrophen führen, ist größer, als wenn man sich in sie einschwingt.

Einflüsse der Sonne und des Mondes

Nicht nur der Verlauf der biologischen und geistigen Entwicklung bestimmt das menschliche Leben, auch die Energien von Sonne und Mond verlangen eine Anpassung an ihre Wirkung. Der große Kreis der Sonne beispielsweise lässt die Energien zur Erntezeit im Herbst ansteigen, zieht sie in den dunklen Wintermonaten zusammen mit der ganzen Natur zurück, treibt sie im Frühjahr wieder aus und lässt sie in den warmen Sommermonaten träge werden.

Der kleinere Rhythmus ist der des Mondes, den natürlich Frauen besonders stark wahrnehmen. Vollmond und Neumond sind Wendepunkte, die die ganze Natur spürt. Nach dem Neumond wachsen die Energien mit dem zunehmenden Mond. Der Einfluss des Vollmondes kann so stark sein, dass wir uns nervös fühlen und unruhig schlafen. Zum Neumond hin nimmt die Energie wieder ab und zieht sich zurück.

Mit der Natur verbunden zu leben bedeutet nicht, die Zeit um 2000 Jahre zurückzudrehen, sondern sich darauf zu besinnen, welchen Einfluss die Natur heute auf uns hat. Wir können sie uns nicht unterwerfen – das sollten wir allmählich gelernt haben –, aber wir können uns mit ihr in Übereinstimmung und in Einklang bringen, zu unser aller Bestem.

Neben dem Beziehungsdiagramm, in dem Sie Ihre Beziehungen zu Familienmitgliedern und Freunden aufzeichnen (siehe Seite 28f.), ist eine schriftliche Bilanz des bisherigen Lebens eine gute Grundlage, um den eigenen Standort zu bestimmen.

65

Das Gewebe der Zeit

Jahreskreisfeste feiern ist eine erfreuliche Beschäftigung, doch auch ein stilles Innehalten zu den entsprechenden Zeitpunkten kann das Verständnis für die natürlichen Rhythmen fördern.

Sie haben jetzt die Struktur des keltischen Jahres mit seinen vier großen Wendepunkten Imbolc, Beltane, Lugnasad und Samhain kennen gelernt sowie die feineren auf Sonne, Mond und die Natur bezogenen Rhythmen. Vielleicht schütteln Sie jetzt etwas ratlos den Kopf und bringen den berechtigten Einwand vor: »Danach kann ich mich nicht auch noch richten!«

Es ist nicht unbedingt erforderlich, dass Sie nun Ihr ganzes Leben umstellen, andere Menschen vor den Kopf stoßen und sagen: »Weihnachten feiere ich nicht mehr!« Vielmehr kommt es darauf an, dass Sie sich aus dem alltäglichen Trott lösen und ein anderes Gefühl für die Zeit bekommen. Nehmen Sie sich hin und wieder wirklich die Zeit, über den Lauf der Zeit zu meditieren. Warum rast sie manchmal davon, warum zieht sie sich manchmal wie Leim? Der Zeitbegriff ist immer subjektiv, und Uhren zeigen eher selten die gefühlte Dauer an. Angst, Erwartung, Glück oder Schmerz verändern die Zeit, und oft werden Stunden zu Sekunden oder Minuten zu Jahren. Darum ist die Terminplanung auch eine so komplizierte Angelegenheit!

Exkursion Terminplanung

Wichtige Termine und festgesetzte Daten sind unsere ständigen Begleiter. Ob familiäre Feiertage, berufliche Verpflichtungen, private Verabredungen oder öffentlich festgelegte Fristen für Steuererklärungen oder Wahlen – das Leben ist eingebunden in ein enges Geflecht von Terminen.

Eine der effizientesten Methoden aus dem Management ist die Terminplanung, die Tätigkeiten, ihre Dauer und ihre Verknüpfung in Form eines Netzwerkes umfasst. Sie ist eine recht komplexe Form der Berechnung und wird heute weitgehend DV-technisch ermittelt. Wird das daraus resultierende Zahlenwerk grafisch dargestellt, erhält man ein verknüpftes Netz, in dem die Knoten die Ereignisse mit ihren Daten darstellen und die Verbindungen dazwischen den logischen Zusammenhang.

Als Planungsinstrument hat sich diese Technik bewährt, doch stößt auch sie an Grenzen, denn manche Ereignisse kann selbst der geübteste Planer nicht vorhersehen. Bezeichnenderweise wird ein unerwarteter Vorfall dann als »höhere Gewalt« bezeichnet, und in der amerikanisierten Vertragssprache gibt es sogar den Begriff »Acts of God«.

Wie die »Götter« in die Planung eingreifen

Ein Beispiel aus dem täglichen Leben mag Ihnen zeigen, wie Planung gründlich danebengehen kann. Sie sind um 19 Uhr zu einem Abendessen bei Ihrer Mutter eingeladen und beabsichtigen, pünktlich um 17 Uhr Feierabend zu machen, um noch einen Blumenstrauß zu kaufen und sich umzuziehen. Sehr einfach, nicht wahr? Das Unheil verkündende Krächzen des Raben im Geäst des Baumes vor dem Fenster stimmt Sie zwar irgendwie nachdenklich, aber Sie ignorieren Ihr zwiespältiges Gefühl und rufen dem Vogel nur lässig zu: »Ach, halt doch den Schnabel, du Unglücksrabe!«

Und dann kommen die verschiedenen nicht eingeplanten Kräfte zum Einsatz: der Chef, der noch ein paar Informationen haben will, der Computer, der im letzten Moment die Daten frisst, das Blumengeschäft, das Betriebsferien hat, die Kaffeetasse, die sich aufgrund magischer Anziehungskraft auf die frisch gebügelte Bluse entleert. Und schließlich waltet Teutates mit Donner und Blitz, so dass Ihnen der Himmel auf den Kopf fällt, weshalb Sie völlig durchweicht, mit brüllenden Kopfschmerzen und entsetzlich schlecht gelaunt eine Stunde zu spät bei Ihrer Mutter vor der Tür stehen und auch noch angemufft werden, weil das Essen verdorben ist.

Die Einwirkungen der höheren Gewalt

Götter, höhere Gewalten, unsichtbare, aber wirkungsvolle Kräfte, Zufälle greifen ständig in unser Leben ein und verändern das Netzwerk aus geplanten Vorhaben, bestehenden Beziehungen und eingegangenen Abhängigkeiten. Sie sind nicht kalkulierbar, aber mit etwas Gespür und einem offenen Geist kann man oft Anzeichen – Omen – erkennen, die warnend auf die kommenden Schwierigkeiten hinweisen.

Betrachten Sie Ihr Leben einmal unter dem Gesichtspunkt, dass Sie sich inmitten eines fein gesponnenen Netzes aus Beziehungen und Terminen befinden, und versuchen Sie herauszufinden, welche davon Sie beeinflussen können und welche Ihnen von außen vorgegeben werden. Richten Sie Ihr Augenmerk aber nicht nur auf die Gegenwart und die Zukunft, sondern gehen Sie auch einmal der Frage nach, wann »höhere Gewalten« in der Vergangenheit Ihre Planungen über den Haufen geworfen oder Sie in eine völlig andere, unter Umständen fruchtbarere Richtung geschubst haben.

Netzplantechnik wurde Ende der fünfziger Jahre in Amerika entwickelt und diente zunächst der Ablaufplanung militärischer Projekte, wurde dann aber von der Industrie übernommen.

Irrwegweiser

Ein Unternehmen wie die spirituelle Suche braucht auch das »planerische Sicherheitsnetz«, aber es muss dehnbar sein und die Möglichkeit offen lassen, Nebenwege zu gehen oder Fehler zu machen. Setzen Sie sich also Ziele, aber lassen Sie sich nicht einengen und auf eine bestimmte Route unwiderruflich festlegen. Ganz schnell mal eben ein Ritual durchführen, um sich einen Wunsch erfüllen zu lassen – das wird nicht funktionieren. Zwischendurch mal ein Orakel, um einen Blick auf die Zukunft zu werfen, womöglich noch anhand einer banalen Frage – die Antworten können nur enttäuschend ausfallen. Planen Sie Geduld mit ein, wenn Sie für sich und an sich selbst arbeiten.

Menschen, die in einem sehr dichten Gefüge von Vorgaben leben, laufen natürlich nicht Gefahr, sich zu verirren; sie haben Stützen und Hinweise, was wann zu tun ist. Doch wenn die Grenzen, die dadurch gesetzt werden, zu eng werden, schränken sie den Freiraum für die eigene Gestaltung und Kreativität ein.

Völlig planlos sollte man sich natürlich auch nicht dahintreiben lassen; es ist schon notwendig, mit Fingerspitzengefühl für die eigene Entwicklung Ziele und Teilziele zu setzen.

Zeit sparen oder Zeit verlieren

Beständig wird mit der ungemein Zeit sparenden digitalen Technik geworben, durch die alles viel schneller wird, beispielsweise mit dem Einsatz von Computern und ihrem Netzwerk. Insbesondere im privaten Bereich wird dies oft als Grund angegeben, warum sich jemand ein solches Gerät anschafft. Richtig und effizient eingesetzt erleichtert die moderne Informationstechnik das Leben durchaus, und ich hätte dieses Buch wirklich nicht mit der Schreibmaschine schreiben wollen. Aber zwei Faktoren können die DV-Technik zum zeitlichen Bumerang machen. Der eine ist der nicht optimal genutzte Einsatz der hoch komplexen Technik, was zu zeitaufwändigen Fehlern führt (Wo ist die Datei von gestern geblieben???); der andere ist die Versuchung, Spielen und Spielchen oder dem belanglosen Surfen nachzugeben. Und das sind echte Zeitfresser, genau wie das unkontrollierte Fernsehen.

Sie sollten anstreben, selbst Herr Ihrer Zeit zu werden; das bedeutet aber keineswegs, dass Sie künftig einfach in den Tag hineinleben. Verantwortung für Zeiten, Termine und Dauer schließt nicht aus, dass Sie sich gelegentlich selbst unter Druck setzen müssen. Nur – den Druck, den man selbst erzeugt, kann man in den meisten Fällen leichter ertragen als den, der einem von außen auferlegt wird.

Heilige Stätten

Im vorherigen Abschnitt habe ich Sie mit dem keltischen Jahr vertraut gemacht. Dabei haben Sie Feste und Wendepunkte kennen gelernt, an denen spirituelle Erfahrungen erleichtert werden. Doch nicht nur bestimmte Zeiten unterstützen die Entwicklung des Bewusstseins, sondern auch bestimmte Orte.

Wenn man sich mit einer alten, hoch stehenden Kultur beschäftigt und deren tiefe Weisheit aufspüren möchte, ist es höchst interessant und lehrreich, wenn man sich an die Orte begibt, an denen die Menschen von damals Spuren hinterlassen haben. Einerseits gewährt Ihnen das einen Einblick in den Stand der Technik, der Kunst und der Gewohnheiten, zum anderen kann man mit etwas Vorstellungsgabe und Einfühlungsvermögen auch den Geist des Ortes einfangen. Da die Kelten ein sehr religiöses Volk waren, sind Spuren ihrer Verehrung, ihrer heiligen Riten und Handlungen, ihrer Opfer und Bitten an manchen Plätzen noch immer spürbar.

Heilige Bäume, heilige Haine

Sowenig die Kelten schriftliche Zeugnisse ihrer Kultur hinterlassen haben, sowenig haben sie auch Abbilder ihrer Götter hergestellt, und auch feste Tempel haben sie nur selten errichtet. Als überaus naturnahe Menschen haben sie ihre heiligen Handlungen größtenteils im Freien durchgeführt. Waldlichtungen, Berggipfel oder Inseln boten ihnen die Möglichkeit, sich mit dem Heiligen in Verbindung zu setzen. Erst nachdem die Kelten mit den Griechen und Römern in Kontakt gekommen waren, übernahmen sie die Gepflogenheit, Figuren ihrer Götter herzustellen und kleine Heiligtümer zu errichten.

Von den heiligen Hainen ist nicht mehr übrig geblieben als die Erinnerung. Wir kennen nur die relativ spärlichen Hinweise der klassischen Berichterstatter, die schildern, wie sich die Druiden in den Wäldern trafen, um die heiligen Riten zu vollziehen. Je nach Veranlagung und Wahrnehmung haben diese Autoren von entsetzlichen und bluttriefenden Veranstaltungen gesprochen, für die es aber keine gesicherten Erkenntnisse gibt. Trotzdem

Ortsnamen, die von dem Begriff »Nemeton«, also »Heiligtum«, abgeleitet sind, findet man in ganz Europa: von Britannien über Spanien bis zum Balkan.

lieferte der Schauder, der mit den angeblich grausigen Opferriten im tiefen, unheimlichen Wald verbunden war, viele Jahrhunderte lang den Nährboden für Romanciers und Historiker.

Tiefe Beziehung zu Bäumen

Gesichert ist aber, dass die Kelten die Bäume verehrt haben; sie waren für sie Bindeglieder zwischen Himmel (Krone) und Erde (Wurzeln), und ihre Hölzer wurden zu magischen und heiligen Zwecken verwendet. Zudem bedeckten zur Bronze- und Eisenzeit dichte Urwälder das Siedlungsgebiet der Kelten. So lag es nahe, dass sie ihre Heiligtümer auf Lichtungen unter uralten, geheimnisvollen Bäumen einrichteten.

Die Kelten glaubten, dass man die Götter nicht an einem Ort festhalten könne, sondern dass sich deren Welt an bestimmten Plätzen für die Menschen öffne.

Wann immer Sie Gelegenheit haben, einen naturbelassenen Wald zu besuchen und dort unter dem grünen Dämmerlicht eines dichten Laubdaches zu verweilen, in einem alten Wald also, in dem die Bäume noch Gesichter haben, werden Sie dem Gefühl ein wenig näher kommen, das die Kelten bewegt hat, hier zu ihren Göttern zu beten.

➲ Wegweiser Kaminholz

An dieser Stelle möchte ich Ihnen anhand eines Gedichtes keltischen Ursprungs ein paar praktische Hinweise zu der Frage geben, welches Holz man im Kamin verfeuern soll und welches nicht (nach R. von Ranke-Graves).

Eichenscheiter wärmen gut, sind sie alt und trocken,
Fichtenscheiter duften süß, aber die Funken fliegen;
Birkenscheiter brennen zu rasch, Kastanienholz ist rar;
Weißdornscheiter halten lange warm – schneide sie im Herbst;
Scheiter der Stechpalme brennen wie Wachs,
man kann sie grün verfeuern;
Ulmenscheiter schwelen in Schwaden, keine Flammen zu sehen.
Buchenscheiter für den Winter, auch die Scheiter der Eibe.
Grüne Holunderscheiter zu verkaufen ist stets ein Verbrechen.
Scheiter vom Birnbaum und vom Apfelbaum
bringen Duft in den Raum.
Scheiter vom Kirschbaum auf dem Rost
riechen nach Ginsterblüten.
Eschenscheiter, glatt und grau,
magst du grün oder trocken brennen.
Kaufe davon, was du findest, sie sind ihr Gewicht in Gold wert.

Das Geheimnis der Quellen

Etwas besser zu rekonstruieren als die Baumheiligtümer ist die keltische Verehrung von Quellen, Brunnen, Seen und Flüssen, wenngleich auch dort keine Bauwerke errichtet wurden. Aber man hat eine Unzahl von Votivgaben gefunden, die in den Gewässern versenkt wurden. Manchmal waren es Münzen und kleine Figürchen, aber auch Waffen, ganze Streitwagen und Goldschmuck hat man geborgen. Dem reinen Quellwasser haben die Kelten Heilkräfte zugesprochen und Abbildungen der erkrankten Gliedmaßen oder Organe dort versenkt. Einige der Quellen haben noch heute nachgewiesenermaßen Heilkräfte.

Aus zahlreichen Mythen kann ebenfalls der Glaube der Kelten an Hüterinnen der Gewässer abgeleitet werden: Göttinnen oder Feen lebten an den Quellen und reichten dem durstigen Wanderer Kelche mit Leben spendendem Wasser.

Heilige Quellen als Heilquellen

Noch heute bekannte Quellen, die einst keltische Heiligtümer waren, sind z. B. die Thermalquelle von Bath in England, die Seinequellen in der Nähe von Dijon und die Quellen von Vichy. Auch auf deutschem Gebiet gibt es einige Quellheiligtümer, beispielsweise die Apenteichquelle in Niedersachsen, die Quellheiligtümer Wallenborn, Hochscheid, Heideborn bei Trier, Möhn, Heidenfels bei Kindsbach in Nordrhein-Westfalen und der Sudelfels bei Ihn im Saarland.

Besonders ergiebig für die Archäologen sind Sumpfgebiete und Moore, in denen ebenfalls Opfergaben versenkt wurden. Aus den Mooren, wo kein Sauerstoff an die Gegenstände kommen konnte, wurden viele gut erhaltene Votiv- und Opfergaben sogar aus organischem Material geborgen.

Die Kelten sprachen reinem Quellwasser ganz besondere Heilkräfte zu. Sie versenkten dort häufig Opfergaben.

71

Viereckschanzen

Einige wenige Tempelanlagen oder befestigte Ritualbezirke gab es jedoch auch schon in vorrömischer Zeit. Sie befinden sich etwa in dem Dreieck Zürich – Salzburg – Frankfurt. Ein irreführender, ungemein deutscher Begriff, der sich sogar in die internationale Fachsprache eingeschlichen hat, ist die Bezeichnung »Viereckschanzen«. Man ging zunächst davon aus, dass man hier auf Befestigungsanlagen gestoßen sei; in Wirklichkeit handelt es sich aber um ummauerte Kultbezirke, deren auffälligste Eigenart die tiefen Opferschächte sind, die in einigen von ihnen entdeckt wurden. Es ist zu vermuten, dass die Kelten über diese bis zu 40 Meter tiefen Schächte Kontakt zur Erde aufnehmen wollten. Die Archäologen, die Ritualschächte dieser Art gefunden haben, können sich glücklich schätzen, denn sie bargen zahlreiche Figuren, Keramiken, Knochenfunde und Metallarbeiten. Auch ganze Bäume sind darin gefunden worden.

Trotz dieser Funde wissen wir nichts darüber, welcher Art die Rituale in diesen Tempelbezirken waren, und es ist müßig, darüber Vermutungen anzustellen.

Die Stimmung eines Heiligtums aufnehmen

Der Besuch einer solchen Stätte kann Sie durchaus dem keltischen Denken näher bringen, indem Sie die Stimmung aufnehmen, die dort herrscht, die Umgebung auf sich wirken lassen und versuchen, sich gefühlsmäßig mit dem Geist des Ortes zu verbinden. Wenn es denn wirklich so ist, dass die Kelten die Orte kannten, an denen sich die Welt der Götter den Menschen öffnet, dann werden Sie auch heute noch davon berührt werden. Unterstützend können Sie sich bildlich vorstellen, wie ein Kelte früher in Erwartung einer heiligen Handlung diese Stätte aufsuchte. Er betrat eine solche »Viereckschanze« von einem rechteckigen Wall aus durch ein hölzernes Torhaus. Dort erblickte er die von einigen alten, hoch gewachsenen Bäumen umsäumte Fläche für Versammlungen und fand ein kleines hölzernes Kultgebäude vor. Unter ihm verbarg sich der geheimnisvolle Ritualschacht, der die Welt der Lebenden mit den Mächten der Unterwelt verband.

Nähern Sie sich einer solchen alten Stätte mit offenen Sinnen, und lassen Sie sie eine Weile einfach auf sich wirken, ohne alles gleich zu analysieren, was Sie sehen und fühlen. Rituale und Feste hinterlassen zwar keine materiellen Spuren, doch im Gewebe der Welt geht nichts verloren, und vielleicht erhaschen Sie ein Zipfelchen der Erinnerung aus alter Zeit.

Wo gibt es Viereckschanzen?

Viereckschanzen gibt es in Deutschland einige, insbesondere in Baden-Württemberg: in Altheim-Heiligenkreuztal, Aldigen-Aixheim, Hardheim-Gerischtstetten, Königheim-Brehmen, Heidenheim-Schnaitheim, Nattheim-Fleinheim, Kirchheim, Lienfelden, Echterdingen, Nürtingen, Pliezhausen-Rübgarten, Rottweil-Neukirch. In Bayern liegen zwölf Viereckschanzen südlich von München sowie in Poign, Laibstadt und Custenlohr. Rheinland-Pfalz hat eine Viereckschanze auf dem Donnersberg, im Saarland findet man bei Bliesbrücken etliche Opferschächte, und in Franken sind das Walberla bei Forchheim und die Bärenburg bei Spalt bekannte Stätten.

Nemetons und Matronenheiligtümer

Nach dem Kontakt mit der römischen Kultur kamen auch die Kelten auf den Geschmack, ihre Götter und Göttinnen in Stein abzubilden und diese Statuen an ihren heiligen Stätten aufzustellen.

Aber nicht nur aufwändig befestigte Viereckschanzen sind in der spätkeltischen Zeit entstanden, auch einige Waldheiligtümer sind mit so genannten Umgangstempeln versehen worden. Diese Tempel, die ein umlaufender Wandelgang um eine festgebaute Cella kennzeichnet, finden sich in England; dort hat man u.a. beim Bau des Flughafens Heathrow einen solchen entdeckt. Da ich dieses Buch am Rande eines urkeltischen Waldes, nämlich am Kottenforst (»coat« = keltisch »Wald« wurde zu »Kotten«), schreibe, habe ich zu meinem Glück eines dieser Heiligtümer quasi vor der Haustür. Vor allem im Rheinland wurden in diesen Nemetons (»nemed« = »der Heilige«) die Matronae verehrt. Die gefundenen Weihesteine zeigen eine Gruppe von drei Göttinnen: Zwei ältere, die hohe runde Hauben tragen, sitzen rechts und links von einem jungen Mädchen. Alle drei halten Körbe mit Früchten oder Ähren, die auf ihren Bezug zu Fruchtbarkeit und Fülle aufmerksam machen. Oft befinden sich Quellen oder Brunnen nahe ihrem Heiligtum.

Besuch eines Matronenheiligtums

Das Matronenheiligtum von Pesch liegt in der nördlichen Eifel auf einer kleinen Anhöhe. Es ist sehr einsam und unwegsam dort; eine kaum befahrene Landstraße verbindet die kleinen Dörfer, und nur wenige Spaziergänger hatten sich an diesem Tag dorthin verirrt. Der Pfad zum Hügel hinauf, der bezeichnenderweise mit »Zum Heidentempel« ausgeschildert ist, führt durch Wiesen vorbei an Weiden den Waldrand entlang. Als ich das Heiligtum im Frühjahr besuchte, säumten blühender Ginster und Weißdorn den Pfad auf der einen, Eichen und Buchen auf der anderen Seite. Es war sehr still bis auf das vielstimmige Vogelgezwitscher, und der Blick über die frühlingsgrüne Hügellandschaft bezauberte mich. Weiter oben schloss sich der Wald um die Reste dreier Kultbauten. Lediglich ihre Grundmauern stehen noch, moosüberwachsen die Steine, weiches Gras in den Umfriedungen, in denen Veilchen, Buschwindröschen und Gänseblümchen blühen. Über allem verweben sich Kronen hoher, alter Bäume zu einem lichten Dach.

Wenn Sie ein altes Heiligtum in Ihrer Nähe haben und es bei Festen nutzen wollen, achten Sie bitte darauf, dass Sie keine Spuren in Form von Abfall hinterlassen.

Vor einem der Tempel steht ein Matronenstein. Er ist heute wieder geschmückt mit kleinen Blumengaben, und in den Körbchen der Matronae liegen Geldstücke. An einer Stelle ist das Gras kreisförmig niedergetreten, und hinter einem der Tempel sind sorgfältig einige halb verbrannte Scheiter zusammengelegt – wenige Tage zuvor war Beltane!

Folgt man den Buchenhecken des Umgangs, findet man einen alten Brunnen unter hohen Eichen. Dies ist ein wunderschöner Ort, um auszuruhen, Gedanken nachzuhängen, dem Wispern der Blätter oder den flüsternden Ratschlägen der Matronae zu lauschen. Die Atmosphäre ist, wenn man sich auf sie einlässt, ungemein beruhigend.

Weitere Matronenheiligtümer

In Zingsheim, Nideggen-Abenden und bei Aachen-Kornelimünster in Nordrhein-Westfalen gibt es ebenfalls Matronentempel. Die Göttin Rosmerta wurde in einem Heiligtum bei Neuhausen in Baden-Württemberg verehrt, und auch im Bierbacher Klosterwald im Saarland hat Rosmerta einen Tempelbezirk. Ein weiteres Matronenheiligtum befindet sich am Bellberg in Rheinland-Pfalz. Vielleicht besuchen Sie eine dieser Stätten, wenn Sie in der Nähe sind. Versuchen Sie, die Stimmung mit allen Sinnen aufzunehmen; vor allem nehmen Sie sich Zeit.

Dolmen und Menhire

In düsteren Wäldern opfern weiß gewandete, langbärtige Druiden, die mit goldenen Sicheln bewaffnet sind, über blutverschmierten Dolmen reihenweise Menschen – so schaurlich es klingt, ist es doch nur ein gepflegtes Vorurteil. Aber es führt dazu, dass harmlose Findlinge zu »Opfersteinen«, »Schlachtaltären«, »Teufelssteinen« und vielen anderen grausigen Namen mehr gekommen sind. Auch die Schalensteine, die künstlich ausgehöhlten Decksteine der Megalithgräber, dienten nicht zum Auffangen des Opferblutes.

Die Überreste der uralten Steinzeitkultur unterliegen vielen Spekulationen, sowohl »wissenschaftlichen« wie auch esoterischen. Die Zeugnisse, die die frühen Siedler hinterlassen haben, sind ohne Zweifel gigantisch und mysteriös, und ganz genau werden wir vermutlich niemals herausfinden, was mit ihnen bezweckt worden ist.

Doch eines ist sicher: So gerne es eingefleischte Neudruiden glauben möchten – die Steinsetzungen haben leider nichts mit den Kelten zu tun. Auch Stonehenge nicht. Neolithische Steinsetzungen – Menhire, Dolmen, Steinkreise und -alleen – wurden von den Völkern errichtet, die lange vor den Kelten das Land besiedelten. Andererseits kann man nicht ausschließen, dass die einwandernden Keltenstämme durchaus von den Ureinwohnern die Geheimnisse der neolithischen Bauten erfahren und sie zu ihren Zwecken mitbenutzt haben. Nicht alle Neubesiedlungen sind kriegerisch erfolgt und bedeuteten automatisch die Auslöschung ganzer Kulturen. Vermutlich haben die alten Völker und die neu zugewanderten Kelten geraume Zeit nebeneinander gelebt, sich wohl auch miteinander vermischt und voneinander gelernt.

Das keltisch-bretonische Wort »Dol-men« bedeutet »Tisch-Stein«, »Men-hir« heißt »langer« oder »hoher Stein«.

Dolmen wie dieser hier findet man fast überall, wo die Kelten ansässig gewesen sind. Ihr Zweck ist bis heute nicht ganz geklärt.

Die Kelten kannten das Geheimnis der Steine

Eine schlichte Geschichtsfälschung hat Geoffrey of Monmouth betrieben, als er in seiner »Geschichte der britischen Könige« behauptete, der Druide Merlin habe den Steinkreis von Stonehenge errichtet. Solche fehlerhaften Darstellungen sind langlebig, wahrscheinlich, weil man sie gerne glauben möchte. Diese uralten Kultstätten sind von einem noch immer nicht gelüfteten Geheimnis umgeben, das die Druiden vielleicht gekannt haben. In Verruf sind sie allerdings weitgehend erst im Zuge der Christianisierung geraten, in einer Zeit, als die Missionare jegliche Form der Religion, der Kulte oder des Glaubens anderer mit dem Bösen in Verbindung brachten und hierzu tief in die Kiste der Angst machenden Horrorvorstellungen griffen, um den Besuch heidnischer Heiligtümer zu unterbinden.

Der Kleriker Geoffrey of Monmouth war der Erste, der sich um 1135 an der britischen Geschichtsschreibung versuchte und dabei Historie mit Mythologie verband.

⊃ Wegweiser Heiligtum

Die Begegnung mit historischen und heiligen Stätten ist eine bereichernde Erfahrung auf dem Weg zu einem höheren und erweiterten Bewusstsein. Sie weckt Toleranz und Aufgeschlossenheit gegenüber denen, auf deren kulturellem Erbe unsere Welt aufgebaut ist, und kann zu tiefen Einsichten führen.

Wenn Sie Gelegenheit haben, suchen Sie einen solchen alten heiligen Platz auf – aber bitte nicht als »Kultplatz-Tourist«. Völlig absurd ist es, mit dem Auto vor einen solchen Ort zu fahren, die Tür aufzureißen, ein paar Erinnerungsfotos »Moni mit Matrone« zu schießen, die Zigarettenkippe in den Brunnen zu schnippen und unter Hinterlassung einiger unappetitlicher Picknickreste wieder von dannen zu brausen. Lachen Sie nicht, es gibt Heerscharen von solchen Zeitgenossen.

Man kann es anders machen: Besorgen Sie sich eine gute Wanderkarte von der Gegend, in der das von Ihnen gewählte Heiligtum liegt, und richten Sie es so ein, dass Sie, je nach Ihrem körperlichen Vermögen, einen ausgedehnten Spaziergang dorthin machen müssen. Wählen Sie, wenn irgend möglich, einen Tag aus, an dem Sie sicher sein können, dass weder Schulklassen noch andere Besuchergruppen gerade Besichtigungstouren machen. Wenn Sie herausgefunden haben, wem das Heiligtum einst geweiht war, setzen Sie sich mit dieser Göttin oder dem Gott auseinander. Oft ist das leider nicht mehr möglich, da wir wenig über den keltischen Glauben wissen. Es ist vor allem der Geist des Ortes, der auf Sie wirken soll.

Dem Heiligen begegnen

● Machen Sie sich allein oder mit Begleitern auf den Weg. Wenn Sie Begleiter haben, sollten diese von Ihrer Absicht wissen und entweder im gleichen Sinne den Pilgerpfad beschreiten oder zumindest Ihre Handlungen verstehen und akzeptieren.

● Schweigen Sie während Ihrer Wanderung weitestgehend, und versuchen Sie sich in die Welt der Kelten zu versetzen, die einst während ihrer Feiern diesen Weg beschritten haben – voller Vorfreude, Hoffnung, mit Beklommenheit, Ehrfurcht, aufgeregt oder hingabebereit. Diese dem Raum noch anhaftenden Gefühle versetzen Sie ebenfalls in erwartungsvolle Stimmung.

● Achten Sie auf Ihrem Weg auf kleine Besonderheiten, z. B. einen blinkenden Kieselstein, eine besondere Blume, eine Feder, eine Schnecke oder Muschel, ein Stück seltsam geformte Rinde, ein leuchtendes Blatt in Herbstfarben. Nehmen Sie es mit als Gabe für das Heiligtum.

● Wenn Sie den Platz gefunden haben, den Sie besuchen wollen, halten Sie eine Weile inne und sammeln sich. Dann betreten Sie ihn mit Achtung und legen an der Stelle, die Ihnen angemessen erscheint, Ihre Gabe nieder.

● Nach einer alten Sitte der irischen Kelten, die noch heute befolgt wird, umschreitet man den zu verehrenden Gegenstand oder Ort dreimal in Richtung des Sonnenlaufes, also im Uhrzeigersinn. Wahrscheinlich dienten auch die alten Umgangstempel diesem Ritual. Führen Sie es ebenfalls durch, und lassen Sie sich dann an der Stelle nieder, die Sie besonders anspricht.

● Entspannen Sie sich, und lassen Sie den Ort auf sich wirken. Vielleicht verspüren Sie den Wunsch, mit der verborgenen göttlichen Kraft ein Zwiegespräch zu halten, ihr ein Problem vorzutragen oder eine Bitte zu äußern. Fordern Sie aber nichts, sondern sprechen Sie einfach Ihren Wunsch aus. Wenn man einige Zeit so versunken verweilt, weiß man ganz plötzlich, dass man gehört worden ist, und manche Last ist von der Seele gefallen.

● Verabschieden Sie sich von dem Geist des Ortes, und danken Sie für die Ruhe oder Anregung, die er Ihnen geschenkt hat. Sie können jetzt den Platz eingehend untersuchen, Fotos machen, sich mit Ihren Begleitern austauschen oder essen und trinken. Achten Sie aber darauf, dass Sie andere, die vielleicht mit ähnlichen Absichten wie Sie zum Heiligtum gekommen sind, nicht stören. In den folgenden Nächten sollten Sie Ihre Träume notieren; sie werden Ihnen vieles verraten.

»Deisiol« nennt man noch heute in Irland das Umgehen eines zu verehrenden Gegenstandes von links nach rechts – mit der Sonne. Die entgegengesetzte Richtung bedeutet, einen Zauber mit böser Absicht durchzuführen.

Heilige Tiere

Tierhaltung und Jagd brachten die Kelten naturgemäß in engen Kontakt mit Tieren. Sie kannten ihre Verhaltensweisen, ihre Eigenschaften und ihren Nutzen. Aber anders als in späteren Zeiten, als Tiere nur mehr als seelenloses Nutzvieh oder gar als Feinde des Menschen betrachtet wurden, bewunderten sie die Fähigkeiten, die die Tiere dem Menschen überlegen machen: das Fliegen, das Schwimmen, das lange Tauchen, der schnelle Lauf, die Nachtsichtigkeit, feines Gehör und Geruchssinn. Bei der Jagd waren die Tiere gleichwertige Gegner, die durchaus auch den Kampf gewinnen konnten. Und niemanden achteten die Kelten mehr als einen ebenbürtigen Gegner, denn umso größeren Ruhm bedeutete der eigene Sieg.

Wilde Tiere – wilde Götter

Weil sich manche Tiere mit großem Geschick den Jägern entzogen, mussten sie verwandelte Götter sein. Die keltische Mythologie ist überreich an Göttinnen und Göttern, die ihre Gestalt wechseln konnten und dem Menschen als Tiere begegneten. Darum stehen die meisten von ihnen in enger Beziehung zur Anderwelt und zum Feenland.

Die keltischen Namen sind häufig aus Tiernamen zusammengesetzt, wie z. B. Oscar (»der Hirschliebende«) oder Oisin (»kleiner Hirsch«) und Cúchulainn (»der Hund des Chulan«).

Hirsch: Majestät, Führer in die Anderwelt

Das waldreiche Gebiet, das die Kelten bewohnten, bot vielem Jagdwild Lebensraum. Eines der am höchsten geachteten Tiere war der **Hirsch**, der Herr des Waldes. Ein Hirsch mit ausgewachsenem Geweih hat eine majestätische Ausstrahlung. Der weiße, der Albinohirsch, ist sehr selten und muss die Jäger tief beeindruckt haben – ein Feentier, halb in den Nebeln der Anderwelt verschwimmend. Abbildungen von Hirschen gab es schon in der Steinzeit. Auch bei den Kelten genossen sie höchste Wertschätzung, und im Rahmen der Heiligenverehrung fand der Hirsch sogar Eingang ins christliche Brauchtum. Hier erhielt der weiße Hirsch allerdings ein Kreuz zwischen das Gestänge seines Geweihs; er ist mit Hubertus, dem Patron der Jäger und Förster, eng verknüpft.

Um den Tieren die Ehre zu erweisen, wurden sie vielfach abgebildet – hier als Reliefplatte eines Silberkessels.

Für die Kelten war der Hirsch mit dem Geweih tragenden Gott **Cernunnos**, dem Gott des Waldes, der Wildheit und Fruchtbarkeit, verbunden. Das Hirschmotiv setzt sich in den Artussagen fort; hier fordert der weiße Hirsch zu Prüfungen auf.

Eber: Krieg, Kampf und Verwüstung

Das **Wildschwein** genoss ebenfalls hohe Verehrung, und nicht nur das gebratene von Obelix. Eber mit ihrer gewaltigen Körperkraft und ihrer blinden Kampfeswut gleichen den Kriegern in ihrer heiligen Raserei – die gemeinsame Ekstase stellte die Verbindung zur Anderwelt und zu den Göttern her. Eber trugen die Kämpfer als talismanische Abzeichen auf ihren Helmen und Schilden, und die Kriegstrompeten dröhnten aus bronzenen Eberköpfen über die Reihen der Kämpfer hinweg. Die Jagd auf den wütenden Eber war eine der größten Mutproben, bei denen so mancher Jäger die Grenze zur Anderwelt endgültig überschritt.

Twrch Trwyth ist der walisische Eber, der tödlichen Schrecken verbreitet und vermutlich ein alter Ebergott war. Natürlich wird er von Artus gejagt und schließlich ins Meer getrieben. Wo er sich derzeit aufhält, ist allerdings unbekannt. Auch **Teutates** wurde in der späteren keltischen Zeit mit dem Eber in Verbindung gebracht. Mal wird er abgebildet, wie ihm siegreiche Krieger einen Eber als Opfer darbringen, ein anderes Mal wird er auf Münzen ebergestaltig dargestellt.

Bär: Mütterlichkeit, Fürsorge und Schutz

Den **Bär**, ebenfalls ein Waldbewohner, verehrten schon die vorkeltischen Völker. Besonders sein Verschwinden im Herbst und sein gähnendes Wiedererscheinen nach dem Winterschlaf mögen die Verbindung zu den Mysterien von Tod und Wiedergeburt hergestellt haben. Zudem bewohnt er tiefe, dunkle Höhlen, die von jeher als Eingänge zur Anderwelt galten. Bärentalismane und Bärenzähne wurden den Toten als Amulette auf ihre lange Reise in die Anderwelt mitgegeben.

Artio, eine tierfreundliche Göttin, wird dargestellt, wie sie eine um Leckerchen bettelnde Bärin mit Früchten füttert – ein reizendes Standbild, das Mütterlichkeit, Fürsorge und Vertrauen ausstrahlt. Heute steht Artio als Sternbild am Himmel – die Große Bärin, die auf den Nordstern weist.

Hase: Fruchtbarkeit und Sanftheit

Hasen stehen auch mit dem Mond in Verbindung – wenn man richtig hinguckt, kann man am Rand des Vollmondes ein solches Langohr erkennen.

Sanfter als die vorherigen Vertreter der Wildtiere ist der **Hase**. Die nachtaktiven Langohren mit den großen Augen standen im Ruf, Feenblut in den Adern zu haben, und deshalb war es in manchen Gegenden verboten, sie zu jagen.

Hasen werden aber auch mit der Göttin **Cailleach** in Verbindung gebracht; in Folge der Dämonisierung aller weiblichen keltischen Gottheiten wurde er später der Begleiter der Hexen.

Adler: Scharfblick, Spiritualität und zukünftiges Wissen

Unter den Vögeln war der **Adler** ein bedeutsames Tier. Seine Fähigkeit, in höchste Höhen aufzusteigen und »an den Sternen zu picken«, prädestinierte ihn geradezu zum Götterboten und -begleiter. Dank seines Scharfblicks kann er nicht nur aus weiter Entfernung seine Beute erspähen, sondern ist auch in der Lage, in die Zukunft zu schauen.

Kein Geringerer als **Artus** findet die Insel der 60 Adler, die sich einmal im Jahr versammeln, um über all die Wunder zu beraten, die in Britannien geschehen werden. Der strahlende walisische Held **Llew** verwandelt sich nach dem tödlichen Lanzenstich in einen Adler und kann aus dieser Gestalt wieder erlöst werden. Den Adler tragen heute noch viele Staaten in ihrem Wappen, einschließlich der Bundesrepublik Deutschland.

Rabe: Prophezeiung, Kontakt zu den Toten

Die schwarzen **Raben** mit ihrem warnenden Krächzen können einem schon Schauder über den Rücken jagen. In der alten Buche in unserem Garten lebt ein Rabenpärchen, und wenn die beiden in der Morgendämmerung ihr Frühstücksschwätzchen beginnen, dann bleibt kein Auge geschlossen. Im Halbschlaf allerdings kommt es mir so vor, als ob sie menschliche Stimmen hätten, und ihre Worte fließen in Träume mit ein. Das mag ihnen – zu Recht – den Ruf eingetragen haben, sie könnten die Zukunft vorhersagen.

Die Göttin **Morrigan** unter ihrem Todesaspekt verwandelt sich in einen Raben, und die Kriegsgöttinnen begleiten die Raben auf die Schlachtfelder. Wenn Sie einmal echte Gänsehaut bekommen möchten, dann empfehle ich Ihnen zur Anregung E. A. Poes Raben Nevermore in dessen Gedicht »The Raven«.

Auch bei uns gilt der Rabe nicht gerade als »positives« Tier: Wir kennen »Unglücksraben«, die »Rabeneltern« hatten und mit einem »Rabenaas« verheiratet sind.

Eule: Weisheit, Schutz, auch Einsamkeit

Der Nachtvogel mit den großen, schimmernden Augen und dem schaurigen Ruf, die **Eule** oder auch das Käuzchen, gleitet lautlos durch den dämmerigen Schatten der Bäume. Warum die Eule mit der Anderwelt in Verbindung gebracht wird, verstehen Sie, wenn Sie einmal nachts durch einen einsamen Wald gehen. Die Eule hat die Fähigkeit, im Dunkeln zu sehen, und weiß deshalb, was im Verborgenen geschieht.

Die wachende Augengöttin ist seit der Steinzeit ein bekanntes Motiv. Doch in den walisischen Mythen um das Blütenmädchen **Blodeuwedd**, das zur Strafe für seinen Verrat in eine Eule verwandelt wird, haftet ihr auch der dunkle Aspekt der Einsamkeit und Strafe an.

Kranich: Geiz, Ungastlichkeit und Entmutigung

Nette Vögel, die **Kraniche**. Sie sitzen auf dem **Midirs** Dach und begrüßen Ankömmlinge mit den Worten: »Komm nicht!«, »Geh weg!« und »Vorbei am Haus!«. Wer diese Kraniche ansah, konnte an diesem Tag keinen Kampf mehr gewinnen – ein Grund, warum einige keltische Krieger Kranichmotive auf ihren Waffen führten, denn wenn die *Feinde* die Vögel sahen, konnten *sie* nicht siegen.

Kraniche wurden schon in der Urnenfeldzeit bildlich dargestellt, wahrscheinlich weniger wegen ihrer Eigenschaften als wegen ihrer eleganten Figur mit dem gebogenen Hals.

Lachs: Wissen, Weisheit und Hellsichtigkeit

Den umherziehenden Kelten lag natürlich der Wanderer unter
den Fischen besonders am Herzen: der **Lachs**, der über Tausende von Kilometern zu seinen Laichstellen zurückkehrt. Viele
anderweltliche Reiche liegen unter Wasser, hier hat der Lachs
Zutritt. Auch zu den so genannten heiligen Brunnen gehört der
Lachs sehr oft.

Der Lachs bezieht seine Weisheit u. a. von den Früchten der Weisheit, den Haselnüssen. Es heißt, dass er die Nüsse schluckt, die von den Büschen in seine Quelle fallen.

Eine Legende erzählt von **Fionn Mac Cumhaill**, der als Junge bei
einem Dichter diente. Er bekam die Aufgabe, für seinen Herrn
den Lachs des Wissens zuzubereiten, er durfte allerdings nicht
selbst davon essen. Als beim Braten die Haut auf einer Seite auf-
zuplatzen drohte, drückte Fionn sie mit dem Daumen wieder zu.
Anschließend leckte er den Finger ab. Damit war es bereits geschehen – er hatte die Fähigkeit der Weissagung erworben,
denn wann immer er den Daumen nun in den Mund steckte,
konnte er in die Zukunft sehen. Auf das Daumenlutschen kommen wir noch zurück.

Gezähmte Tiere – zahme Götter?

Auch zu den Nutz- und Haustieren hatten die Kelten ein völlig
anderes Verhältnis, als es heute »Hühner-KZs« und Mastfutter
aus Abfall und Hormonen in beschämender Weise zum Ausdruck bringen. Sie bewunderten die Stärke und Geschicklich-
keit, die Treue und Wachsamkeit ihrer Lebensgenossen. Auch
unter diesen Aspekten werden manche Tiere mit Göttern oder
anderweltlichen Lebewesen gleichgesetzt.

Rind: Reichtum, Nahrung und Mütterlichkeit

Eine der uns überlieferten großen Mythen ist der Rinderraub
von Cooley. Rinderzucht (und Rinderraub!) war einer der wichtigsten Erwerbszweige der Inselkelten, und Reichtum wurde
nach der Zahl der **Rinder** bemessen. Sehr starke und schöne
Tiere stammen aus der Anderwelt und haben dann rote Ohren.
Die irische Heilige **Brigid** wurde der Legende nach mit der
Milch einer rotohrigen Kuh großgezogen, was ein bezeichnen-

des Licht auf diese christliche Dame wirft. **Boann** schließlich, die weiße Kuhgöttin, ist eine Gestalt der großen nährenden Muttergöttin.

Schwein: Nahrung, Genuss und Verwüstung

Nicht nur in seiner wilden Form wurde das **Schwein** von den Kelten verehrt, auch das gezähmte Hausschwein genoss hohe Wertschätzung. Schweinehirten waren in der Gemeinschaft sehr geachtet. Einerseits schätzte man die Schweine natürlich als Nahrungsquelle in der sichtbaren Welt, aber die unzähligen Schweinebraten, die den Verstorbenen mitgegeben wurden, zeigen auch, dass in der Anderwelt Fleisch beliebt war. Selbst die Götter taten sich an Schweinernem gütlich. Anders als unsere zu maximaler Fleischproduktion herangezüchteten lethargischen Hausschweine wurden die keltischen Schweine in frei herumstreunenden Herden gehalten und waren durchaus gefährlich. Die uralte Sau **Henwen** (»die alte Weiße«) gebar den Walisern den Weizen, die Honigbienen, die Gerste, einen Wolf, ein Adlerjunges und ein getüpfeltes Kätzchen. Die ersten drei Geschenke brachten Wohlstand, die letzten drei Unheil.

Beeindruckend sind die in die britischen Kalkhügel eingeschnittenen riesigen Pferdezeichnungen, etwa die von Uffington, die weiß schimmernd das Landschaftsbild bestimmen.

Pferd: Herrschaft, Stärke und Aufopferung

Die Kelten liebten **Pferde**. Sie züchteten sie seit dem 8. Jahrhundert vor unserer Zeitrechnung als Reit- und Zugtiere, und man darf annehmen, dass ein schönes Pferd seinem Reiter etwa so viel bedeutete wie ein teurer Sportwagen seinem Fahrer heute. Pferde ziehen den Sonnenwagen über den Himmel und die Barke in die Anderwelt. Dort wirkte das Pferd auch als Seelenführer der Menschen. Doch nicht Männer hatten die besten Beziehungen zu den Pferden, es waren die Pferdegöttinnen, die mit ihnen zusammen verehrt wurden.

Epona ist ohne Pferd undenkbar. Die lächelnde Göttin reitet im Damensitz, jedoch ohne Sattel und Zaumzeug. Oft wird sie auch dargestellt, wie sie Äpfel an die bettelnden Pferde verfüttert oder sie an den Ohren krault. **Macha** und **Rhiannon**, zwei weitere anderweltliche Frauen, sind ebenfalls für ihre enge Verbindung und Liebe zu den Pferden bekannt.

Widder: Stoßkraft, Fruchtbarkeit und Sexualität

Aus der Urnenfeldkultur kam der Widdergott zu den Kelten. Die Hörner des **Widders** sind spiralförmig gebogen, und die Spirale ist eines der wichtigsten Symbole für den Kreislauf des Lebens (siehe Abschnitt »Die Spiralen der Wiederkehr« Seite 198ff.).

Kriegsgötter tragen diese Hörner, vor allem der frühe **Teutates**, bis er später den Eber als Abzeichen wählt. Seltsamerweise verschwinden die Widdermotive nach und nach aus der keltischen Kunst, und auch in der Mythologie gibt es – abgesehen von ihrem Bezug zur Anderwelt – kaum Hinweise auf diese Tiere.

Hund: Führung, Schutz und Freundschaft

Auch als Begleiter der Jäger trat der Hund auf – Arawn, der graugewandete Reiter und Fürst der Unterwelt, wird von einer Meute rotohriger Hunde begleitet.

Großer Beliebtheit erfreute sich bei den Kelten der **Hund**: als Hirte, Wächter, Jäger, Begleiter und Freund. Kinder und Hunde sind und waren wohl schon immer einander zugetan, denn vor allem in Kindergräbern fanden sich viele Hundefigürchen. Es gibt aber auch Gräber, in denen Hunde bestattet oder mit einem Menschen gemeinsam beigesetzt wurden, so dass man von einer besonders engen Freundschaft ausgehen darf.

Cúchulainn, der irische Held, ist den Hunden eng verbunden. Sein Name bedeutet »Hund des Chulann«, denn er leistete dem Schmied Chulann sieben Jahre Hundedienst ab. Ihr außerordentlich guter Orientierungssinn machte die Hunde in den Augen der Kelten auch nach dem Leben zu Führern der Menschen in der Anderwelt. Die Hunde, die dort leben, haben rote Ohren.

Hahn: Wachsamkeit, Streitlust und Aktivität

Der gallische **Hahn** ist das Wappentier Frankreichs. Als heiliges Tier wurde der Hahn von den Kelten nicht verzehrt. Der Künder des Morgens ist aber auch streitlustig, wenn es um seine Hennen geht. Manche Krieger führten sein Bild als Abzeichen mit sich.

Als Begleiter wird er dem Gott **Merkur** zugeordnet, der in gallisch-römischer Zeit aus dem alten keltischen Gott **Lug** hervorgegangen ist. Da Merkur/Lug ständig auf Reisen weilt, in allen Künsten bewandert ist und auch den Handel betreut, mag ihn der Hahn bei seinen vielfältigen Beschäftigungen laut krähend unterstützt haben.

Ente: Heilung und Magie

Wasservögel waren den Kelten schon deshalb heilig, weil der Lebensraum dieser Tiere Verbindung mit der Anderwelt hat. Die **Enten**, die unter die Oberfläche der Seen und Flüsse tauchen und oft mit einem seltsamen oder magischen Gegenstand im Schnabel wieder hochkommen, besuchen mit Sicherheit die Feenpaläste unter Wasser. So werden denn die Enten meist mit einer Perle im Schnabel dargestellt.

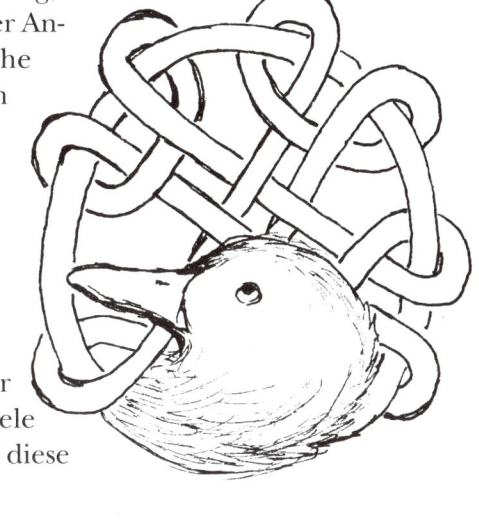

Den Bug des Bootes, auf dem die Flussgöttin **Sequana**, nach der die Seine benannt ist, steht, ziert ein solcher Entenkopf. Sequana mit der Ente war vor allem als Heilerin beliebt, und viele Votivgaben an ihren Heiligtümern weisen auf diese Tätigkeit hin.

⟲ Wegweiser Kontakt zu Tieren

Haben Tiere eine Seele? Wenn Sie mit einem Haustier zusammenleben, brauchen Sie diesen Abschnitt wahrscheinlich nur zu überfliegen, denn dann wissen Sie bereits, dass Ihr Hund oder Ihre Katze mehr ist als ein Fellbündel mit Krallen. Wenn Sie aber zu denjenigen gehören, die in Tieren bestenfalls Schädlingsvertilger und eine Nahrungsquelle, schlimmstenfalls Bazillenträger und Flohbeutel sehen, dann wäre es an der Zeit, dass Sie sich einmal mit jemandem unterhalten, der ein freundschaftliches Verhältnis zu einem oder mehreren Tieren hat.

Wie nicht nur die Kelten richtig erkannt haben, sind uns Tiere dank bestimmter Eigenschaften in mancherlei Hinsicht weit voraus. Das Einzige, womit wir Menschen uns brüsten können, ist, dass wir vernunftbegabte Wesen sind. Aber woher wollen wir eigentlich wissen, ob die blöde Kuh oder der dumme Esel nicht auf ihre Weise »denken«? Ich finde es immer wieder beeindruckend und amüsant zugleich, in Artikeln zu lesen, die darüber berichten, wie viel Mühe man sich macht, »Kontakt zu außerirdischen Intelligenzen« herzustellen, und wie wenig Aufmerksamkeit man darauf verwendet, Kontakt mit irdischen Lebewesen aufzunehmen. Dabei ist das gar nicht so schwer und verlangt im Grunde genommen nur ein klein wenig erweitertes Bewusstsein und guten Willen. Tiere verstehen zwar keine Worte, aber sie können Gedankenbilder lesen.

Ein hübsches bronzenes Torques aus dem Marnegebiet zeigt vier Entchen, die ebenfalls runde Objekte in ihren Schnäbeln halten.

85

Kommunikation mit Tieren

An dieser Stelle möchte ich Sie zu einer Übung anregen, mit deren Hilfe Sie Kontakt zu Tieren aufnehmen können. Ich habe sie erfolgreich durchgeführt.

● Wenn Sie einem fremden Haustier oder einem wild lebenden Tier (das kann etwas schwieriger sein) begegnen, dann verhalten Sie sich ganz still. Versuchen Sie, Augenkontakt herzustellen. (Aber starren Sie es nicht an, das könnte als Bedrohung aufgefasst werden.)

● Versetzen Sie sich in einen entspannten, ruhigen Zustand (wie zuvor bei der Kontaktaufnahme zu Bäumen beschrieben; siehe Seite 55).

● Stellen Sie sich dann vor, dass von Ihrem Herzen aus ein feiner silberner Faden zu dem Tier hinwächst.

● Wenn Sie das sichere Gefühl haben, dass er Ihr Gegenüber erreicht hat, lassen sie den Faden bildlich zu einem silbernen Gewebe werden.

● Schicken Sie dem Tier Bilder des Vertrauens, streichen Sie ihm in Gedanken über den Kopf, oder kraulen Sie es.

● Wenn Sie glauben, dass es seine Angst verloren hat, ziehen Sie den Faden ein wenig näher zu sich hin.

● Das Tier wird nach einiger Zeit auf Sie zugehen.

Besuchen Sie bei Gelegenheit einen gut geführten Zoo, in dem die Tiere artgerecht gehalten werden, und betrachten Sie sie einmal mit anderen Augen: als gleichwertige Mitbewohner dieses Planeten!

Auf diese Weise habe ich z. B. meine Katze überreden können, mich auf langen Spaziergängen zu begleiten, was allenthalben zu kopfschüttelndem Erstaunen führt. Aber es gelingt mir auch, sie aus Hecken und fremden Gärten zurückzulocken, ohne dass ich schrill rufend die Straße entlanglaufen muss. Ich habe diese Methode auch bei fremden Hunden und Katzen mit Erfolg ausprobiert, sogar bei Eichhörnchen und Hasen; dazu braucht man freilich sehr viel Geduld. Die Übung versagt allerdings, wenn man selbst Angst vor dem Tier hat oder es verschreckt.

Totemismus bei den Kelten

Derzeit wird viel von schamanischen Krafttieren geredet, deren Eigenschaften man sich zu Eigen machen könne. Stimmt, das ist möglich. Man kann nicht nur die Götter anrufen und die menschlichen Archetypen aktivieren, man kann auch die viel älteren und ursprünglichen tierischen Kräfte für sich nutzen. Aber bevor Sie die »Krafttiere« herbeirufen, sollten Sie erst die echten Tiere genau beobachten und ihnen Achtung, Liebe und Respekt entgegenbringen.

Unter Totemismus versteht man die religiöse Beziehung zwischen einzelnen Menschen oder einer Gruppe zu bestimmten Tieren. In gewissem Maß war diese Erscheinung auch bei den Kelten ausgeprägt, wenn auch nicht so stark wie beispielsweise bei den Indianern.

Sie haben im Vorhergehenden eine Reihe von Tieren und Eigenschaften, die die Kelten ihnen zuordneten, kennen gelernt. Wenn Sie wissen wollen, mit welchem Geschöpf Sie verbunden sind, sollten Sie Ihr persönliches Tier mit Hilfe der folgenden Übung suchen. Sollte sie Ihnen nicht auf Anhieb gelingen, lesen Sie zunächst weiter. In dem Kapitel über die Reisen in die Anderwelt (siehe Seite 128ff.) werden Sie weitere Techniken finden, wie man Kontakt zu nichtmenschlichen Wesen aufnimmt, mit ihnen ins Gespräch kommt und wie man ihre Weisheit für sich nutzen kann.Wenn Sie Ihr persönliches Krafttier gefunden haben, können Sie sich, wenn Sie wollen, auch den Eigenschaften anderer Tiere zuwenden, um diese in sich selbst wachzurufen und in Ihr Leben zu integrieren.

Ihr Vorwegweiser: Das persönliche Krafttier suchen

● Nehmen Sie sich zunächst fest vor, das Tier zu finden, das Ihnen persönlich verbunden ist und das Ihre Eigenschaften verkörpert.
Führen Sie eine Ihnen vertraute Entspannungsübung durch, und stellen Sie sich dann den Eingang zu einer Tierbehausung vor: eine Höhle, einen Tunnel, den Gang eines Tierbaus o. Ä.
● Gehen Sie durch den Eingang hindurch, und nehmen Sie die Umgebung in Augenschein: Es wird mit Sicherheit eine unberührte Landschaft sein.
● Rufen Sie die Tiere herbei. Einige werden erscheinen. Wenn Ihnen irgendeines nicht gefällt, können Sie es kraft Ihres Willens fortschicken.Das Tier, das mit Ihnen verbunden ist, wird sich mehrmals zu erkennen geben. Fürchten Sie es nicht, auch wenn es ein bedrohlich wirkendes Tier ist. Es wird Ihnen nicht schaden.
● Wenn sich Ihr persönliches Tier zu erkennen gegeben hat, können Sie versuchen, mit ihm zu sprechen. Wundern Sie sich aber nicht, wenn es vielleicht einsilbig ist.
● Wenn Sie die Begegnung beenden wollen, bitten Sie das Tier darum, dass es Sie zu Ihrem Ausgangsort zurückbegleitet. Verabschieden Sie sich, und kommen Sie langsam wieder in den Wachzustand.

Dieses Ritual ist die Vorwegnahme einer kleinen Reise in die Anderwelt. Wenn Sie zu den systematischen Lesern gehören, finden Sie hierzu in den folgenden Kapiteln mehr.

Die mythologische Welt der Kelten war voller Wunder und Magie. Mit deren Hilfe stellten die Druiden und Priesterinnen die Verbindung zu den Göttern und den Wesen der beseelten Natur her. In einer vom technischen Fortschritt entzauberten Welt können wir von dem alten Wissen profitieren und unser Leben wieder farbenprächtig erstehen lassen.

Bewusstseinserweiterung – die keltische Magie

Druiden und Barden waren sehr wichtige Personen in der keltischen Kultur. Die Barden überlieferten musikalisch das alte Wissen von Generation zu Generation.

Wortmagie und schamanische Techniken

Die Kenntnisse der Magie können auf der Suche nach dem wahren Selbst eine wichtige Unterstützung sein. Der Magie geht es heute ein bisschen so wie den übel beleumundeten »Teufelssteinen«, die ursprünglich Heiligtümer waren. Auch die magischen Fähigkeiten waren einst heilige Begabungen, die Druiden, Seher und Priesterinnen auf der Grundlage von tiefem Wissen und Verständnis sowie natürlicher Veranlagung zum Wohle der Gemeinschaft einsetzten. Es ist nicht verkehrt, sich damit auseinander zu setzen, die eigenen Fähigkeiten zu testen und auszuloten. Sie müssen es nicht, aber Sie dürfen es.

Magie ist die Fähigkeit, willentlich das Bewusstsein zu erweitern. Vorher aber müssen Sie die Grenzen Ihres Bewusstseins kennen lernen.

Erwarten Sie jetzt aber keine billigen magischen Tricks, Rezepte für Zaubertränke oder -sprüche. Magie wirkt hintergründiger, als Sie denken!

Beschwörungen und Flüche

In späterer Zeit sah man in den Druiden nur noch Hexenmeister und Dorfzauberer; man fürchtete sie und ihre Verfluchungen und Beschwörungen – sicher nicht ganz zu Unrecht, denn die Meister des Wortes hatten recht große Macht in ihrem Volk. Die Druiden, besonders die Barden, pflegten so genannte Satiren (Spottgedichte) zu verfassen, die denjenigen, gegen die sie gerichtet waren, durchaus Schaden zufügen konnten.

Versetzen Sie sich wieder in die keltische Zeit: Es gab keine Medien mit laufenden Nachrichtensendungen, noch nicht einmal das geschriebene Wort. Die Nachrichtenübermittlung erfolgte mündlich durch die zu diesem Zweck ausgebildeten Barden. Jedes Ereignis wurde von ihnen in handliche Verse verpackt und bei den Versammlungen vorgetragen.

Wie ein Barde den König entthronte

König Bres von Irland, ein Mann von wenig königlicher Lebensart, beging z. B. den entscheidenden Fehler, dass er den Barden Corpry äußerst schäbig bewirtete. Er wurde in einer engen, kalten Kammer untergebracht, musste lange auf das Essen warten und erhielt dann nur ein paar trockene Kuchen; zu trinken bekam er gar nichts. Wütend dichtete Corpry daraufhin:

Ohne Mahlzeit, die schnell gereicht wäre,
ohne Kuhmilch, mit der das Kalb wachsen kann,
ohne bequeme Wohnstatt für einen Mann,
der unter düsterem Licht weilen muss,
ohne Mittel, um sich die Gesellschaft eines Barden zu leisten,
so soll Bres fortan leben.

Das Spottgedicht *(glam dictin)* verbreitete sich in Windeseile und führte letztlich zur Entthronung des geizigen Königs. Dass die Macht des Wortes durchaus Schaden anrichten kann, ist erwiesen: Üble Nachrede, Rufmord, Mobbing, Demütigungen und Beleidigungen sind nur einige Spielarten. Die weit gereisten und gelehrten Barden hatten deshalb einen nicht zu unterschätzenden Einfluss auf die Stimmung des Volkes. Aber genauso wie Schaden konnten sie mit ihren Worten auch Gutes bewirken: Ruhmestaten wurden verbreitet, Gesänge über Tapferkeit, Loyalität und Mut konnten einen Menschen zum Helden küren – und in späteren Zeiten sogar zu einem Gott erheben.

»Du bist Herr deiner Worte, aber einmal ausgesprochen, beherrschen sie dich«, heißt es in einem schottischen Sprichwort.

Ein Verstoß gegen die Ehre

Eine zweite Form, mit der die Kelten – offenbar nicht nur die Druiden, sondern auch andere Personen – Wort-Macht ausübten, war der *geis*, eine magische Formel. Sie scheint eine Art Tabu gewesen zu sein, gegen das zu verstoßen die unterschiedlichsten Strafen nach sich zog.

Einen hübschen *geis* verwendete Deidre, die eigentlich den König Conchobar heiraten sollte, sich aber in den jüngeren und besser aussehenden Naoise verliebte. Als dieser sie jedoch wegen gesellschaftlicher Bedenken zurückwies, packte sie ihn vor den versammelten Leuten an den Ohren und fauchte: »Dies sind zwei Ohren der Schande und des Spotts, wenn du mich nicht zu dir nimmst!« Alle Anwesenden nickten und bestätigten dem jungen Mann, dass er jetzt wirklich nicht anders könne, als mit Deidre zu fliehen. Die Ehre, bei der Deidre Naoise buchstäblich gepackt hatte, bedeutete den Kelten so viel, dass Naoise es vorzog, Heimat und Familie aufzugeben, um nicht dem Spott und der Schande ausgeliefert zu sein.

Nützliche und schädliche Tabus

Tabus gibt es in allen Gesellschaften – auch in unserer heutigen. Manchmal nennt man sie auch »gesellschaftliche Formen«. Es gibt Dinge, über die man nicht redet, die man nicht tut, da man ansonsten gesellschaftlich geächtet wird. »Was sollen denn die Nachbarn sagen?« ist eine typische Einleitung zu einem Tabuthema. Tabus festzulegen beinhaltet eine Form der Machtausübung, vor allem dann, wenn diejenigen, die sie zu beachten haben, nicht genau wissen, warum strikte Regeln eingehalten werden müssen, und wenn die Strafen, die bei Verletzung drohen, aus dem Reich der Religion und des Glaubens stammen. Böse Mädchen kommen schließlich nicht in den Himmel. Andererseits können Tabus auch positive Wirkung haben, da sie, ohne dass es umfangreicher Erklärungen bedarf, Schaden verhindern. Das Tabu, eine Kreuzung bei roter Ampel zu überqueren, ist hilfreicher als tausend Erklärungen.

Zurück zu den Kelten: Satire und Tabu, *glam dictin* und *geis*, galten bei ihnen als magisch wirksam. Im Übrigen konnte allen gesprochenen Worten, also den Beschwörungen und Flüchen, noch ein besonderes Gewicht verliehen werden, wenn sie auf einem Fuß stehend, mit ausgestrecktem Arm und ein Auge verdeckt, möglichst in einem Atemzug ausgestoßen wurden. Üben Sie schon mal!

Bevor du sprichst, bedenke: erstens, was du sagst; zweitens, warum du es sagst; drittens, zu wem du es sagst; viertens, von wem du es sagst; fünftens, was du mit deinen Worten bewirkst; sechstens, welchen Vorteil das Gesagte bringen wird; siebtens, wer deine Worte hören wird.

↪ Wegweiser Wortmagie

Auch Sie bedienen sich der Wortmagie, und es ist an der Zeit, dass Sie einen Moment innehalten und sich selbst ein wenig darüber klar werden.

● Nutzen Sie die Macht des Wortes im Sinne der weißen oder der schwarzen Magie?

● Wie oft kommen Ihnen bissige, ätzende Bemerkungen über die Lippen, die für Ihr Gegenüber mit einem Gesichtsverlust verbunden sind?

● Sind Sie ganz frei davon, Gerüchte über andere auszustreuen, Tatsachen zu verbiegen, Vermutungen in den Rang von Wahrheiten zu erheben?

● Wen haben Sie in der letzten Zeit lächerlich gemacht und dem Spott ausgesetzt? Und was hat das bewirkt?

● Oder umgekehrt: Wie fühlen Sie sich, wenn Sie bissigen, ätzenden Bemerkungen ausgesetzt sind oder der Lächerlichkeit preisgegeben werden? Beeinflusst das nicht Ihr Handeln?

● Über welche Themen scheuen Sie sich zu sprechen, welche Handlungen unterlassen Sie lieber, weil sie damit ein gesellschaftliches Tabu verletzen?
● Wer hat dieses Tabu ausgesprochen? Und warum?
● Haben Sie selbst auch schon Tabus aufgestellt? Ihren Kindern gegenüber beispielsweise? Können Sie das Tabu guten Gewissens aufrechterhalten, oder dient es Ihrer Bequemlichkeit, weil Sie nichts erklären müssen, sondern mit Strafe drohen können?
● Welche Tabus haben Sie sich selbst auferlegt?
Tabus und Spott sind Mittel der Manipulation und dürfen nur mit äußerster Bedachtsamkeit angewendet werden. Die Kelten wussten das sehr wohl und erhoben sie zu magischen – heiligen – Gesten von großer Wirkung.

Schamanisches Wissen

In den Mythen – nicht in den historischen Berichten – wird oft vom Gestaltwandel der Druiden, der keltischen Helden und natürlich der Götter gesprochen. Dies ist ein beliebtes Thema der Barden, und viele Gedichte sind nach dem Prinzip aufgebaut: »Ich bin…«; so etwa Amergins Lied (nach P. B. Ellis):

Mehr über schamanische Techniken und schamanisches Wissen finden Sie in Felix Paturis »Heilbuch der Schamanen«, ebenfalls erschienen im Ludwig Verlag.

> *Ich bin der Wind, der über die See bläst;*
> *ich bin die Woge des Ozeans;*
> *ich bin das Murmeln der Nebelschwaden;*
> *ich bin der Stier der Sieben Kämpfe;*
> *ich bin der Geier auf dem Felsen;*
> *ich bin ein Strahl der Sonne;*
> *ich bin die schönste aller Blumen …*

Bei den Göttern können wir nicht ganz sicher sein, ob sie all diese Wandlungen durchführen können, bei den Menschen ist es durchaus möglich. Allerdings nicht in der Weise, dass man plötzlich im Federkleid dasteht oder als Stier durch sieben Kämpfe tobt. Es spielt sich auf einer anderen Ebene ab. Die Vermutung liegt sehr nahe, dass die Druiden – wie viele Priester, Weise und spirituelle Führer der Vorzeit – über ein umfangreiches schamanisches Wissen verfügten.
Als Schamanen bezeichnet man einen Menschen, der in der Lage ist, mit den Wesen anderer Welten in Kontakt zu treten, sie

93

zu kontrollieren und mit diesem Wissen zum Wohle der Gemeinschaft beizutragen. Um in Kontakt mit diesen »Geistern« zu kommen, verwendet der Schamane verschiedene Trance- und Ekstasetechniken, unter deren Einfluss er tatsächlich die Gestalt wechseln kann. Der immer wieder beschriebene Kontakt der Kelten zur Anderwelt ist ein zweiter Hinweis darauf, dass sie schamanische Techniken einsetzten.

Ekstase und Trance

Schamanisches Wissen, Trance- und Ekstasetechniken sind in den letzten Jahren verstärkt untersucht und auch eingesetzt worden. Anders als früher sehen Anthropologen und Ethnologen die Schamanen der Naturvölker heute nicht mehr als abergläubische Quacksalber oder gar als Psychopathen, sondern erkennen deren spirituelle Fähigkeiten an. Dadurch erscheinen auch die Berichte der Völker der Vergangenheit in einem völlig neuen Licht. Viele der Mythen gleichen den Erlebnissen, die Menschen auf dem »schamanischen Flug« haben: mit Tieren oder Pflanzen zu verschmelzen, die Welt aus deren Sicht zu erleben, mit Geistwesen Kontakt zu haben und vor allem ungehindert weite Strecken durch Raum und Zeit zurücklegen zu können.

Wie man Trance herbeiführt

Amergin war ein berühmter Dichter aus dem Volk der Milesier, die mit seiner Hilfe und seinen magischen Worten Irland besiedelten und eine Einigung mit den Tuatha Dé Danann erreichten.

In den Zustand der Trance gelangt man auf verschiedenen Wegen. Der gefährlichste wird mit der Einnahme psychoaktiver Pflanzen beschritten. Den kräuterkundigen Druiden waren diese mit Sicherheit bekannt. Andere Methoden arbeiten mit monotonen Geräuschen wie Rasseln, Trommeln und bestimmten Tönen sowie ekstatischem Tanz.

Von den Kelten wissen wir, dass sie die Musik liebten. Von Dagda heißt es, dass er eine Zauberharfe besaß, die bei den Zuhörern Lachen, Trauer oder Schlaf hervorrief. Daneben gab es noch ein paar besondere bronzezeitliche Musikinstrumente, die offensichtlich zu Ritualzwecken verwendet wurden, die Luren, bronzene Blasinstrumente, die ein langes, gewundenes, bis zu zweieinhalb Meter langes Rohr mit Mundstück und eine meist aufwändig verzierte Schallöffnung haben. An dem Rohr waren Metallstückchen befestigt, die gleichzeitig Rasselgeräusche erzeugten. Man hat Luren immer paarweise gefunden, eine mit Rechts-, die andere mit Linkswindung. Ich hatte das große Glück, diese Luren anlässlich einer Ausstellung zur Bronzezeit gespielt zu hören – der Klang ist durchaus dazu angetan, als Einleitung zu einer Trance bis hin zur Ekstase zu dienen. In Ekstase versetzten sich die Kelten auch, wenn sie in den Kampf zogen: Zum einen mit berauschenden Getränken, zum anderen wurden den Luren ähnliche Kriegshörner, die Carnyces, geblasen. Die Schotten verwendeten später zum gleichen Zweck die Dudelsäcke, und wenn Sie das Geheul dieses Instrumentes zusammen mit den dröhnenden Trommeln hören, können Sie erahnen, von welchem Kampfesmut die Kelten beseelt waren.

⮩ Wegweiser Musikmagie

Musik ist seit der Erfindung des Radios und der Tonträger für uns zum Hintergrundgeräusch geworden. Ob im Auto oder Supermarkt, am Arbeitsplatz oder im Wartezimmer – es dröhnt, säuselt ständig um uns herum. Entsprechend ist die Qualität der Unterhaltungsmusik: ohne Tiefe, ohne Anspruch, austauschbare Konsumware. Dabei kann Musik wahrhaft magisch wirken. Vor 2000 Jahren gab es keine Dauerberieselung. Musik war ein Ereignis, und diejenigen, die sie spielten, wussten wohl, was sie erreichen konnten. Die Zauberharfe des Dagda ist ein reales Instrument, denn der Musiker kann gewaltige Emotionen wecken: Heiterkeit, Melancholie, Raserei, Schlummer, Trance.

Wie Musik die Stimmung beeinflusst

Machen Sie sich einmal ernsthafte Gedanken über Ihren Musikkonsum. Gehören Sie auch zu den Menschen, die ohne dieses Hintergrundgeräusch nicht mehr leben können? Ein Radiowecker holt Sie aus dem Schlaf, im Badezimmer geht gleichzeitig mit dem Licht die Musik an, wenn das Auto gestartet wird, läuft die Kassette oder CD … Es ist schade, dass wir uns der Wirkung nicht mehr bewusst sind, die Musik erzeugen kann, nur die Werbefachleute und die Filmemacher setzen sie gezielt ein, um uns zu manipulieren.

Eine Aufgabe, die Sie auf Ihrem Weg meistern sollten, ist die, sich der Beeinflussungen von außen bewusst zu werden und sich von ihnen frei zu machen. Erst wenn Sie sich von der Gewohnheitsberieselung gelöst haben, können Sie Musik genießen und sie sogar gezielt zu Heilzwecken einsetzen. Gehen Sie einmal Ihre Lieblingsstücke durch, und sortieren Sie sie nicht nach Stilrichtung oder nach Interpreten, sondern nach den Gefühlen, die sie in Ihnen wecken.

Nicht jede moderne Musik ist oberflächlich, es gibt auch anspruchsvolle Stücke. Abgesehen davon ist der Musikgeschmack immer eine ganz persönliche Angelegenheit.

Nicht von ungefähr gibt es die so genannte Stimmungsmusik, die mit ihrem gleichförmigen Marschrhythmus und den eingängigen Melodien die Menschen in Festtagslaune versetzen soll.

Ihre Auswahl: Musik nach Stimmungen

● Welche Art von Musik hilft Ihnen, wenn Sie traurig sind? Manchmal braucht man Stücke, die die Melancholie vertiefen, wie z. B. die schwermütigen argentinischen Tangos oder die Pavane für eine tote Prinzessin. Es tut gut, diese Stücke zu hören und den Tränen freien Lauf zu lassen. In einem anderen Fall hilft aufheiternde Musik mehr, etwa das Forellenquintett oder ein irischer Reel.

● Welche Stücke setzen Sie ein, um Stress und innere Unruhe zu bewältigen? Hier eignen sich sehr sanfte Stücke wie ein Adagio (z. B. das berühmte von Albinoni) oder das zarte Tongewebe der indischen Meditationsmusik. Manchmal aber ist es besser, nicht das sanfte Mäntelchen aus schwebenden Tönen über die Unruhe zu decken, sondern ganz im Gegenteil wirklich aufpeitschende Musik zu hören, zu der man sich gleichzeitig tanzend bewegt. Versuchen Sie es mit Wagnerchören, die sozusagen mit dem Schwert dirigiert werden, oder mit afrikanischen oder indianischen Trommeln.

● Fehlt es Ihnen an Antriebskraft, sind Sie verzagt, mutlos? Dann hilft ebenfalls dynamische Musik, beispielsweise Jacques Offenbachs CanCan, der ein oder andere fetzige Rock 'n' Roll oder Frank Sinatras »New York«.

● Welche Musik setzen Sie ein, wenn Sie wirkliche Erhebung brauchen? Verlieren Sie Ihre Erdenschwere beim Halleluja von Händel oder bei allen alten und modernen Kompositionen, die Ihnen einen »heiligen Schauer« über den Rücken jagen!

Keltische Musik in Auswahl

Überreste keltischer Musik finden Sie heute noch in der irischen, schottischen, walisischen und bretonischen Folklore. Vielleicht spricht Sie die irische Harfenmusik an oder die schottischen Balladen, vielleicht eher die schottischen Kneipenlieder und Reels. Es gibt auch einige lokale Komponisten und Interpreten, die versuchen, die alten Formen der keltischen Musik wieder aufleben zu lassen. Wenn Sie auf die Britischen Inseln oder in die Bretagne kommen, durchstöbern Sie dort einmal in aller Ruhe die CD-Läden. Auf jeden Fall sollten Sie für den Einfluss von Musik sensibel werden: Wehren Sie sich gegen schädlichen (durch Ausschalten von Radio und Fernseher), öffnen Sie sich hingegen bewusst dem heilenden.

Gaben an die Götter und druidische Nebel

In allen Religionen und magischen Systemen gibt es Opferriten. Die Kelten hatten eine für ihre Zeit durchaus übliche Opferpraxis, wovon die Schächte in den Viereckschanzen und die Horte an Gewässern und in Mooren lebhaft Zeugnis ablegen: Gefunden wurden Tierknochen und Geweihe, Pflanzenteile und Blüten, Votivgaben in Form von Körperteilen und Organen, Münzen, Schmuck und Waffen. Sie sind Zeichen des ewig menschlichen Bittens um Gesundheit, Fruchtbarkeit, Wachstum und Erfolg. Außerdem wurden Opfer dargebracht, wenn Weissagungen durchgeführt werden sollten.

Opfersitten

Jeder konnte etwas opfern, doch es war üblich, dass bei wichtigen Zeremonien ein Druide anwesend war. Zu den Jahresfesten opferte die Gemeinschaft als Ganzes Feldfrüchte, Getreide oder Tiere, wobei das Fleisch größtenteils verzehrt wurde. Bei der Inthronisation von Königen wurden Stier- oder Pferdeopfer dargebracht oder auch der rituell gejagte Hirsch. Nach erfolgreichen Kämpfen wurde die Kriegsbeute an heiligen Stätten niedergelegt und durfte nicht verwendet werden.

Was das Thema der keltischen Opferriten so interessant gemacht hat, sind Hinweise, die blutrünstige Historiker mit Begeisterung ausgeschlachtet haben: Es geht um die Menschenopfer. Die Römer und dann die christlichen Missionare berichteten mit Vorliebe über die barbarischen Bräuche, die sie bei den Kelten vorgefunden hatten. Verständlich, denn für die Römer, die zur gleichen Zeit skrupellos Gladiatoren von wilden Tieren zur Volksbelustigung zerfleischen ließen, waren die Kelten Feinde, denen man viel Übles nachsagen musste, um einen Grund zu haben, sie zu bekämpfen. Die Missionare hingegen, die sich ihrerseits nicht scheuten, mit dem Schwert zu taufen, mussten alle heidnischen Bräuche als Grauen erregend darstellen, um ihre Botschaft in einem umso milderen Licht erscheinen zu lassen.

Waffen oder Schmuck, die die Kelten als Opfer darbrachten, wurden häufig rituell zerbrochen, damit sie für die Gebenden keinen Wert mehr hatten.

Es wird vermutet, dass dieses Schiff eine Votivgabe an den walisischen Meergott Manannan mac Lir war.

Was der Lindlow-Mann erzählt

In den Mythen gibt es einige wenige Hinweise darauf, dass Könige in bestimmten Fällen rituell getötet wurden.

Doch die »grausigen Menschenopfer«, die den Berichterstattern zufolge in großer Zahl vollzogen wurden, lassen sich archäologisch nicht nachweisen. Andererseits gibt es eindeutige Belege dafür, dass Menschen geopfert wurden.

Den vermutlich spektakulärsten Fall in diesem Zusammenhang stellt der Lindlow-Mann dar, eine fast 2000 Jahre alte mumifizierte Leiche, die 1984 beim Torfstechen in der Nähe von Manchester entdeckt wurde. Sie wurde eingehend untersucht und ist als Informationsquelle ersten Ranges zu bewerten. Es handelt sich bei der Leiche um einen jungen bärtigen, ungefähr 25-jährigen Mann, gesund, gut ernährt und kräftig. Zu Tode kam er durch drei Arten: Er wurde erschlagen, erdrosselt, und ihm wurde die Kehle durchschnitten. Danach wurde er im Moor versenkt. Diese dreifache Tötung lässt darauf schließen, dass hier kein brutaler Mord geschah, sondern dass es sich um ein – vermutlich freiwilliges – Opfer handelte, denn es gibt keinerlei Hinweise darauf, dass er Widerstand geleistet hätte, und in seinem Magen fanden sich die Reste einer Ritualmahlzeit.

Ein Opfer für die Gemeinschaft

»Menschenopfer« ist ein Reizwort, an dem sich furchtbare Phantasien entzündet haben und noch immer entzünden. Doch es lohnt sich, unsere Einstellung dazu einmal zu überprüfen.

Für die Kelten war das Leben ein Kreislauf. Wer in dieser Welt starb, wurde in der Anderwelt wieder geboren; wer in der Anderwelt starb, erblickte das Licht dieser Welt. Der Übergang von der einen zur anderen Welt war möglich, der Tod nichts Endgültiges. Diejenigen, die freiwillig den Weg nahmen, um mit den Göttern über das Wohl der Gemeinschaft zu befinden, taten dem Volk einen großen Dienst und wurden dafür geehrt. Und mit Sicherheit gebärdeten sich die Druiden, die das Ritual vollzogen, nicht als rohe Henker, sondern waren sich der bewundernswerten Hingabe des Opfers bewusst.

Freiwillige Menschenopfer, Menschen, die für ihren Glauben, eine Idee oder zum Wohle der Gemeinschaft ihr Leben gaben, hat es zu allen Zeiten – bis in unsere – gegeben. Wie weit wir ihrer Hingabebereitschaft folgen können, ist eine andere Frage. Doch bedenken wir eines: Die christliche Religion beruht ebenfalls auf einem solchen Opfer, denn Jesus Christus starb am Kreuz für die Menschen.

➲ Wegweiser Opfern

»Sacre facere«, so bezeichneten die Römer das Opfern; wörtlich übersetzt bedeutet es »heilig machen«. Ein Opfer wird immer einer höheren Macht dargeboten, manchmal, um sie geneigt zu machen oder sie zu besänftigen, ein andermal, um ihr zu danken. In beiden Fällen spielt der Geist des Opferns, nicht die rituelle Handlung als solche die wesentliche Rolle. Was geopfert wird, steht in einem direkten oder symbolischen Zusammenhang mit dem Anlass der Darreichung.

Unsere moderne Haltung zum Opfergedanken ist eine völlig andere. »Ich musste eine ganze Stunde opfern, um dies und jenes zu erledigen!«, »Er hat viel Geld geopfert, um dies oder jenes zu erwerben!«, »Meine ganze Freizeit habe ich für dich geopfert!« – so oder so ähnlich behandeln wir das Thema »Opfer«. Nicht den höheren Mächten opfern wir, sondern der Materie und der Bequemlichkeit huldigen wir, und immer schwingt ungewollter Verzicht, unwilliges Geben oder selbstgerechtes Martyrium mit in den Formulierungen.

Verkleidete Formen der Selbstsucht

Eine Gabe wird dann zu einem wertvollen Opfer, wenn sie für den Opfernden einen persönlichen Wert hat. Darum sind Altkleiderspenden keine Opfer, und Kinder dazu zu veranlassen,

Im wahren Opfer schwingt ein großes emotionales Moment mit, das Bedürfnis, etwas wirklich Wertvolles hinzugeben, um die Götter zu rühren und den Verzicht anzuerkennen.

ausrangiertes Spielzeug für Kriegsflüchtlinge zu »opfern«, ist selbstsüchtig. Geld auf Konten karitativer Organisationen zu überweisen und dann darauf zu warten, dass man namentlich auf der Spenderliste aufgeführt wird, ist zwar manchmal hilfreich, hat aber kaum noch Opfercharakter, sondern dient hauptsächlich der Gewissensberuhigung.

Einer höheren Macht etwas *freiwillig* darbringen, was einem *persönlich* am Herzen liegt – beide Kriterien stimmen hier nicht mehr. Kein Wunder, dass die Opfergaben von den Göttern kaum noch mit Wohlwollen aufgenommen und die Bitten selten erhört werden. Eigentlich schade, denn ein wirkliches, von Herzen und aufrichtig dargebrachtes Opfer zeitigt immer ein positives Ergebnis. Probieren Sie es aus.

Wir leben in einer Überflussgesellschaft, in der alle genug zu essen haben und dafür auch keine großen Anstrengungen mehr unternehmen müssen. Ein Speise- oder Trankopfer hat also nur dann einen Wert, wenn wenigstens in der Zubereitung etwas Mühe steckt.

Was man alles opfern kann

Achten Sie in der nächsten Zeit auf Zufälle, unerwartete Begegnungen, seltsame Träume oder plötzliche Eingebungen. Damit Sie aber nicht auf die Idee kommen, einem unschuldigen Huhn den Hals umzudrehen, hier ein paar Anregungen, was man alles opfern kann.

● Die Lieblingsfernsehsendung: Zerreißen Sie symbolisch eine Seite aus der Fernsehzeitung, und verzichten Sie anschließend auf die Sendung.

● Ein bisschen Eitelkeit: Das Symbol könnten ein kleiner Spiegel, ein Lippenstift oder ein ähnliches Mittel der eitlen Selbstdarstellung sein.

● Alle lästigen kleinen Süchte vom Rauchen bis zum Naschen: Vergraben Sie symbolisch eine Zigarette, und hören Sie dann für eine bestimmte Zeit mit dem Rauchen auf. Das Gleiche gilt für Naschwerk und Alkohol.

● Eine Eigenschaft, von der Sie wissen, dass andere sie als störend empfinden: Schreiben Sie sie auf einem Stückchen Papier auf, und verbrennen Sie es in einer Kerzenflamme.

● Ihr ganz spezielles Können: Backen Sie den Göttern einen Kuchen, malen Sie ein Bild, tanzen Sie für sie – was immer Sie besonders gut können, weihen Sie etwas davon ausschließlich den höheren Mächten.

Natürlich können Sie diese Liste nach Belieben ergänzen und variieren. Opfern ist ein schöpferischer Akt, und je intensiver Sie sich mit der Opfergabe verbinden, desto dankbarer wird sie angenommen werden.

Wie Sie richtig opfern

Ein Opfer ist eine symbolische Handlung, eine Verpflichtung ihrerseits, etwas zu geben. Machen Sie ein Ritual daraus, indem Sie die höhere Macht anrufen, die Sie geneigt machen wollen, und dann die Opfergabe oder das, was die Gabe symbolisiert, auf einen dafür ausersehenen Platz legen. Äußern Sie Ihre Bitte, und weihen Sie die Gabe der angerufenen Macht. Bedenken Sie dabei grundsätzlich Folgendes:

- Es gibt höhere Mächte, göttliche Kräfte oder wie immer Sie diese Energien nennen mögen, und sie wirken in unser Leben.
- Mit dem richtigen Bewusstsein kann man mit ihnen innerlich in Kontakt treten.
- Ein Opfer ist kein Handel im Sinne von »Gibst du mir, geb ich dir!«. Sie bekommen keine Garantie für die Erfüllung Ihrer Bitte, Sie müssen einfach vertrauen.
- Die Gabe muss Ihnen etwas wert sein: Je größer die Bitte, desto wertvoller das Opfer. Materieller Wert ist damit nicht gemeint, sondern der persönliche.
- Ein Opfer ist immer freiwillig!

Das Dankopfer

Häufig wissen wir jede Menge Bitten und Wünsche vorzutragen, vergessen darüber aber meist, uns für empfangene Wohltaten zu bedanken. Wenn Ihnen einmal ein sehr großes Glück widerfahren ist, dann ist ein Dankopfer angebracht. Es kann ein symbolisches Zeichen dessen sein, was dieses Glück darstellt, beispielsweise ein glänzend polierter Pfennig bei unerwarteten materiellen Gaben, ein Blumenherz bei großer Liebe, eine Votivgabe bei unerwarteter Heilung. Die Götter werden sich über jede von ganzem Herzen kommende Gabe mit Ihnen freuen.

Was man nicht opfern darf

Kurz noch ein paar Worte zum Opfern von Lebewesen. Tieropfer wurden von den Kelten größtenteils verspeist, nur ein ganz bestimmter Anteil war für die Götter bestimmt. Auf heutige Verhältnisse übertragen würde das bedeuten, dass Sie etwa von Ihrem Brathähnchen einen Flügel den Göttern weihen. Da aber die wenigsten von uns noch Nutzvieh halten, entfallen das eigene Schlachten und das damit verbundene Schlachtopfer. Aber viele Menschen haben Haustiere als Begleiter und Freunde

Ein alter keltischer Opferbrauch, der sich bis heute erhalten hat, ist das Werfen einer Münze in einen Brunnen oder eine Quelle – und sich dabei etwas zu wünschen.

gefunden: Hunde, Katzen, Meerschweinchen, Hasen, Vögel, Fische, Schildkröten, Hamster und manchmal sogar sonderbare Exoten. Zu diesen Tieren steht man in einem völlig anderen Kontakt als zu einer Kuh oder einem Schaf auf der Weide. Die Beziehung ist persönlicher, meist ausgesprochen liebevoll, Mensch und Tier hängen aneinander. Darum ist es ausgeschlossen, auch nur in die Nähe der Vorstellung zu kommen, sein Kätzchen oder seinen Wellensittich zu töten. Das ist genauso wenig denkbar wie einen Familienangehörigen zu opfern.

Wetterzauber

Den druidischen Nebel zu erzeugen scheint zu den beliebtesten Anwendungen keltischen Wetterzaubers zu gehören, um sich unsichtbar zu machen oder etwas vor den Blicken Unberechtigter zu verhüllen. Wenn man das Klima auf den Britischen Inseln oder in der Bretagne kennt, darf man guten Gewissens annehmen, dass dieser Zauber noch heute nachhaltig wirkt.

Wetterzauber – Beeinflussung des Klimas – haben wir leider in den vergangenen Jahrzehnten nur zu intensiv betrieben. Hier ist heute jeder Einzelne gefordert, an der großen Magie mitzuwirken, damit es nicht zu einer Katastrophe kommt!

Auch die Winde beherrschten die mythologischen Druiden. Sie setzten sie ein, um ihren Forderungen Nachdruck zu verleihen. Sie ließen Wirbelstürme und Unwetter toben, um feindliche Kriegstruppen in Verwirrung zu stürzen; andererseits vermochten sie auch Stürme und das Meer zu besänftigen.
Insbesondere die Götter und Helden der Tuatha Dé Danann bedienten sich der Wettermagie, und Dana, die heute als Ste. Anne weiter verehrt wird, gilt auch als Schutzpatronin der Seefahrer und beruhigt die Winde. In England bringt sie – dort »Gentle Anni« genannt – das schöne Wetter.

Was ist »schönes Wetter«?

Was »schönes Wetter« ist, hängt meist vom persönlichen Geschmack ab: Der eine liebt klirrenden Frost, der andere brütend heiße Sommertage, mal passt ein trüber Herbsttag besser zur Stimmung als strahlender Sonnenschein, und Gärtner sehnen sich nach Regen, wenn andere ins Schwimmbad wollen.
Es hat also sein Gutes, dass nicht jeder den Wetterzauber beherrscht, denn das Ergebnis wäre genauso chaotisch wie das, was sich ohne Einflussnahme in der Atmosphäre abspielt. Und schließlich ist es eine Frage der Einstellung zum Geschehen, und statt sich übellaunig über tief hängende Wolken oder

drückende Schwüle zu beklagen, kommt es darauf an, sein Verhalten dem Vorgegebenen anzupassen und sich in den natürlichen Rhythmus der Jahreszeiten wieder einzuschwingen (siehe auch das Unterkapitel »Zeiten im Jahreskreis« Seite 46ff.).

Damit Sie aber nicht meinen, Wetterzauber gebe es nicht, möchte ich Ihnen von einem Urlaub berichten, der mich in unmittelbaren Kontakt mit dem Wetter und seinen Verantwortlichen gebracht hat. Es ist also keine erfundene Geschichte, sondern hat sich 1998 wirklich so zugetragen.

Exkursion an das Ende der Welt

Das Wetter ist nicht höflich im Finisterre, dem nordwestlichsten Zipfel der Bretagne (finis terra = Ende der Welt), auch im Juni nicht, wenn offiziell der Sommer beginnt. Die Winde aus dem Westen haben eine freie Strecke über dem Meer zurückgelegt, auf der sie kein Hindernis bremsen kann.

Sturmböen jagten vom Atlantik her über die zerklüfteten Küsten der Bretagne, als wir eintrafen. Dass die Kelten Angst davor hatten, der Himmel könnte ihnen auf den Kopf fallen, schien uns eine völlig berechtigte Befürchtung zu sein. Aber wenn es schon so weit kommen würde, dann sollte uns dieses Schicksal lieber im Freien treffen als im Haus. Wir beschlossen also, einen ausgedehnten Spaziergang zu machen. Überall entlang der Küste gibt es den Sentier Cotier, einen schmalen, ausgetretenen Weg, oft mehr zu ahnen als zu sehen, und wenn man auf ihm wandert, dann ist es, als ob man den Pfaden der Seele auf ihrem Weg zu ihrem Ursprung folgt.

Von den Sturmfeen gejagt

Unser Ausflug führte uns bei einer Windgeschwindigkeit von knapp 80 Stundenkilometern Richtung Camaret; wir wollten erkunden, was es mit dem angeblichen Künstlerdorf auf sich hatte – nichts, wie es schien.

Enttäuscht von einem höchst durchschnittlichen Kleinstädtchen gingen wir ein Stück am Hafen entlang bis zur Mole. Ein stürmisches Unterfangen, bei dem sich unsere Jacken wie Ballons aufblähten. Die Segelboote an ihren Liegeplätzen veranstalteten einen ohrenbetäubenden Lärm, es klapperte, klingelte, krachte und knirschte, und durch die Masten heulte der Sturm wie eine Meute depressiver Feen. Salzige Gischt stäubte über den Kai, und erste dicke Tropfen fielen aus den regen-

Die bretonischen Feen nennen sich »Korriganen« und sind von recht heftigem Temperament. Man sollte sie tunlichst nicht verärgern!

103

schweren Wolken. Wir wurden vorangetrieben von mutwilligen Böen (oder von Feen?). Hinter schmutzigen Lkws und Baumaterial stand weit draußen auf der Mole eine kleine Feldsteinkapelle – Wind und Regen scheuchten uns hinein.

Plötzlich herrschte Stille! Ganz leise noch hörten wir das Klingeln der Masten. Es war dunkel wie in einer Höhle, nur durch die Fenster im Altarraum sickerte ein wenig graue Helligkeit. Doch an beiden Seiten des Altars verbreitete ein Meer aus Kerzenflammen goldenes Licht. Hier hütet Ste. Anne das Feuer.

Ste. Anne gilt als die Mutter Marias und damit als Großmutter Jesu. Sie wird in der Kunst gerne als »Anna selbdritt« dargestellt, zusammen mit Tochter und Enkelsohn.

Zuflucht bei Ste. Anne

»Notre Dame de Roc'h Amadour« (»die Dame auf dem Felsen mitten im Meer«) hieß das Kirchlein. Es war eine alte Seefahrerkapelle, weshalb statt mürrischer Märtyrer Rettungsringe und Ruder die Wände zierten. Und natürlich ist die Dame wichtiger als ihr Enkel, denn die Heilige hat die Macht über die Stürme. Es war ein friedlicher Ort, der Schutz und Stille gewährte und mir eine interessante Zwiesprache mit Großmutter Anne erlaubte, bei der auch das Thema »Wetter« zur Sprache kam.

Etwas später kämpften wir uns zum Cap de Chèvre vor, wo uns beinahe der Flug über den Atlantik gelungen wäre. Der Sturm hatte noch ein paar Geschwindigkeiten zugelegt. Doch der Blick über das graue Meer mit seinen weiß schäumenden Wellen wurde von Minute zu Minute phantastischer, denn der Himmel riss auf. Aus einem Wolkenloch fiel ein einsamer Sonnenstrahl auf das Wasser und malte eine glitzernde Insel darauf. In Fetzen flogen die grauen Wolken auseinander, und immer größere blaue Flecken jagten Lichtkegel über das Meer. Auch uns erreichte schließlich einer, und prompt wurde es warm.

Ste. Anne greift ein

Und dann begegnete sie uns wieder, die Ste. Anne, diesmal in der Kirche von Palud. Sie erfreut sich in der Bretagne wirklich außerordentlich großer Beliebtheit. Dutzende von Blumensträußen und -töpfen stehen als Gaben um ihren Altar. Unzählige Täfelchen liegen zu ihren Füßen. »Bonne Mère, Merci« – »Danke, gütige Mutter« – steht auf ihnen.

Der Strand von Ste. Anne de Palud ist kilometerlang, breit und von feinstem Sand. Als wir aus der Kirche kamen, hatte sich der Himmel völlig aufgeklärt, die Sonne schien. Sollte die nette Heilige meine Bitte etwa erhört haben?

Die Nacht blieb ebenfalls klar. Es war Neumond, und der Himmel glitzerte vor Sternen – so viele, dass einem die Augen übergehen konnten. Es gibt kein störendes Restlicht am Ende der Welt, nur dieses Funkeln aus der Unendlichkeit. Die erste Sternschnuppe huschte vorüber, so schnell, dass sie nur ein flüchtiger Lichtreflex zu sein schien. Aber darf man sich nicht et-

Die heilige Anna gilt als Großmutter Jesu und wird auch in dieser Statue mit ihrer Tochter Maria und dem Enkel Jesus dargestellt.

was wünschen, wenn man eine Sternschnuppe sieht? Hoffentlich kommt noch eine! Und es kam tatsächlich noch eine: Prächtig zog sie einen feurigen Schweif über das ganze Himmelsgewölbe und verglühte irgendwo weit über dem Meer. So ist das nun mal in der Anderwelt.

Ein Alignement ist eine Ansammlung von Menhiren, die in Reihen aufgestellt sind. Ihre Bedeutung ist noch mysteriöser als die der Steinkreise. Das bekannteste Alignement ist Carnac.

Der druidische Nebel über den tanzenden Steinen

Der nächste Tag brachte die Sommersonnenwende. Es heißt, dass in dieser Nacht in der Bretagne die Menhire tanzen. Wir wollten am Abend zum Lagatjar, einem Alignement, um mit ihnen zu tanzen, doch es schien, dass sie keine Begleitung wünschten. Kaum waren wir aus dem Haus getreten, zogen Nebel auf. Und was für Schwaden! Grau, bedrohlich und dicht wallten sie über das Meer, wogten den Strand hinauf, verhüllten die Küste und die Steine. Keine Sterne in dieser Nacht und keine Menhire! So und nicht anders musste druidischer Nebel wirken! Enttäuscht setzten wir uns vor das wärmende Kaminfeuer.

Wir besuchten die Menhire am nächsten Tag bei Sonnenschein, und kein einziger schien sich von seinem Platz bewegt zu haben. Aber das kann auch täuschen.

Orakel und magische Alphabete

Zahlen und Buchstaben haben mehr als nur eine Bedeutung. Für uns geben Zahlen zunächst einen Wert an, eine Menge von Gegenständen oder Personen. Doch schon in einer etwas komplexeren mathematischen Formel sagen sie demjenigen, der sie lesen kann, wesentlich mehr als dem mathematisch ungeschulten Menschen. Die Formeln können Verhältnisse oder Zustände beschreiben, räumliche oder zeitliche Koordinaten und sogar zukünftige Entwicklungen.

Zahlen und Buchstaben

Dass die Kelten die Mathematik beherrschten, kann man an ihren komplexen Kalenderberechnungen erkennen. Darüber hinaus haben Zahlen aber noch einen weiteren, tieferen Sinn. Magische Systeme wie die Kabbala und die Nummerologie arbeiten mit ihnen als Symbolen. Ein derartig ausgefeiltes System ist uns von den Kelten nicht überliefert, aber eines ist zweifelsfrei bewiesen – die Zahl Drei galt ihnen als heilig.

In der Mythologie ist es Ogma, der Bruder Dagdas und Lugs, der die Schrift erfunden hat, und zwar zum Zweck der geheimen Verständigung unter den Wissenden.

Die Zahl Drei

Wir stoßen auf sie in unzähligen Darstellungen und Modellen. Viele Göttinnen und Götter treten unter drei Aspekten auf, manche werden sogar mit drei Köpfen abgebildet. Helden werden dreimal geboren. Und die Triskele, der Dreiwirbel, war eines der beliebtesten Symbole der Kelten. Merksprüche, vermutlich Eselsbrücken für die Barden, wurden als Triaden formuliert. Hier eine Triade, die auch für uns an Bedeutung nicht verloren hat: »Drei Dinge bereichern den Dichter: Mythen, poetische Kraft und ein Vorrat alter Geschichten und Verse.«

Die Ogam-Schrift

Ergiebiger als die Symbolik der Zahlen ist das magische Alphabet. Die Kelten versagten es sich zwar zu schreiben, und doch hatten sie eine Schrift. Wenige allerdings waren ihrer kundig. Es ist die Ogam-Schrift, die aus 20 Zeichen in vier Fünfergruppen besteht. Man nimmt an, dass sie entweder vom griechischen oder römischen Alphabet abgeleitet wurde, wenngleich die Zeichen völlig anders aussehen. Die Konsonanten sind Striche, die entweder nach der einen oder der anderen Seite einer Zeile gehen, und die Vokale werden als Punkte dargestellt. Die Zeichen wurden auf Steinpfeilern angebracht, über die Kante oder über künstlich gezogene Linien. Die gefundenen Inschriften beziehen sich hauptsächlich auf Namen von Verstorbenen oder Notizen zum Grundbesitz. Zu magischen Zwecken wurden die Ogam-Buchstaben entweder in Holz geschnitzt, um so Beschwörungen oder Flüche festzuhalten, oder sie dienten dazu, Orakelstäbe zu verzieren.

Poesie und Dichtung leben vom analogen Denken. Die meisten Gedichte, ob alt oder modern, die wirklich unter die Haut gehen, sind in der Bedeutung ihrer Bilder mehrschichtig.

Magie und die Kunst des analogen Denkens

Bereits in einem früheren Kapitel (siehe Seite 41f.) haben Sie den Unterschied zwischen kausal-logischem und analogem Denken kennen gelernt. Insbesondere bei den Orakeltechniken – ob Tarot oder Kristallkugel, Astrologie oder Nummerologie – ist das Denken in Entsprechungen gefordert. Es stellt Verbindungen her, die rational nicht zu begründen sind; es bezieht Symbole, persönliche und kollektive Erfahrungen, Intuition und Gefühle mit ein. Über diese Form des Denkens erschließen sich Zusammenhänge, die unter der Oberfläche schlummern, die Entwicklungen erahnen lassen oder Verständnis für unerklärliche Vorkommnisse wecken.

Das Ogam-Alphabet, das nur sehr wenige Kelten beherrschten, diente der geheimen Verständigung unter den Wissenden.

Analogien und Metaphern werden aber auch immer dann verwendet, wenn es um die Schilderung von Ereignissen oder die Darstellung von Erkenntnissen geht, die mit Worten nicht zu fassen sind. So ist es fast unmöglich, eine persönliche Erleuchtung in nüchternen Sätzen auszudrücken. Die Beschreibung wird immer poetisch, bildhaft sein und tiefere Bewusstseinsebenen ansprechen als nur das rationale Tagesbewusstsein. Intuition und Gefühle sind die Ratgeber, wenn es um analoge Begriffe geht.

Das Baumalphabet

Zurück zur magischen Bedeutung des Ogam-Alphabets. Jeder Buchstabe dieses Alphabets hat einen Bezug zu einem Baum. Wie der Dichter Robert von Ranke-Graves in seinem inspirierten, wenn auch in manchen Teilen ein wenig wagemutig argumentierenden Werk »Die weiße Göttin« abzuleiten versucht, stehen die Ogam-Buchstaben, die Bäume und die Monate in enger Beziehung zueinander, und die Barden, die für ihre verschlüsselten Botschaften bekannt waren, benutzten diese Analogien, um ihre Rätsel aufzubauen. Die Buchstaben des Ogam stehen daher nicht nur für Laute, sondern auch für die »magischen« Kräfte der Bäume, woraus sich eine Analogie zu der offensichtlichen Bedeutung ergibt. Genau aus solchen Analogieketten werden Orakelsysteme aufgebaut.

Die Befragung eines Orakels bezieht immer den Zufall mit ein. Wenn man erst einmal versteht, dass Zufälle eine Bedeutung haben, kann man mit allen möglichen Mitteln Orakel erstellen.

Orakelbefragung

Die *vates* waren die Seher der Kelten. Sie standen bei ihrem Volk in hohem Ansehen. Zum einen speiste sich ihre Prophetie aus Informationen der Anderwelt, zum anderen aus umfangreichen Ritualen. Auf jeden Fall mussten sie viele Jahre das Deuten der Omen, der symbolischen Vorzeichen, lernen und studieren. Nachgewiesen sind Zukunftsdeutungen aus Vogelflug und Wolkenformen sowie dem Stand der Sterne. Die *vates* lasen aus den Eingeweiden von Opfertieren und Menschenopfern, warfen Orakelstäbe und betrieben Traumdeutung.

Die seltsame Folge des Daumenlutschens

Eine etwas ungewöhnliche Form des Wahrsagens wurde mittels Daumenlutschen betrieben. Sie beruhte auf der folgenden keltischen Mythologie. Der kleine Gwion Bach hatte von Ceridwen die Aufgabe erhalten, den Kessel zu hüten, in dem der Trank der Weisheit brodelte. Wie bei Jungen nicht selten, verspritzte er ein paar Tropfen, die ihm den Daumen verbrannten. Um den Schmerz zu lindern, steckte er den verbrannten Finger in den Mund und stellte zu seiner Überraschung fest, dass er plötzlich übernatürliches Wissen besaß. Wie auch Fionn Mac Cumhaill, der sich den Finger bei der Zubereitung des Lachses der Weisheit verbrannte, musste er künftig nur diese Geste wiederholen, und schon sprudelte sein Zukunftswissen hervor.

Ein irisches Ritual, das *imbas forosnai*, ist als Methode der Zukunftsdeutung belegt. Daneben sind noch zwei weitere Techniken beschrieben: das »Handflächen-Wissen«, bei dem der Seher zuvor rohes Fleisch kaut und dann die Handflächen auf die Wangen legt und meditiert, und eine Art von »Spontanprosa«, bei der ein Barde, ohne vorher über das angesprochene Thema nachzudenken, einfach drauflosrezitierte.

Leider sind uns keine Berichte erhalten geblieben, wie die keltischen Orakel im Einzelnen durchgeführt wurden; doch aus anderen Kulturen gibt es reichhaltige Hinweise. Die Schau auf zukünftige Entwicklungen verläuft im Grunde immer nach ähnlichen Mustern und ist auch von Ihnen erlernbar.

Exkursion über den Atlantik

Im Jahr 1898 schrieb ein Amerikaner namens Morgan Robertson einen Roman, der von einem Schiffsunglück handelt: Das als unsinkbar geltende Luxusschiff mit 3000 Passagieren an Bord rammt bei voller Fahrt einige Meilen vor Neufundland kurz vor Mitternacht einen Eisberg; innerhalb kürzester Zeit versinkt das Schiff in den eisigen Fluten und reißt die meisten Menschen mit in den Tod, denn es sind nicht ausreichend Rettungsboote an Bord. Der Name, den der Autor dem Unglücksschiff gegeben hatte, lautete – »Titan«!

14 Jahre später startet die »Titanic« zu ihrer Jungfernfahrt. Mit 3000 Passagieren an Bord rammt sie bei voller Fahrt einige Meilen vor Neufundland kurz vor Mitternacht einen Eisberg. Innerhalb kürzester Zeit versinkt das Schiff in den eisigen Fluten und reißt die meisten Menschen mit in den Tod, denn es sind nicht ausreichend Rettungsboote an Bord.

War das eine echte Prophezeiung? Der Autor behauptete es. Er habe die Signale von einem Verstorbenen aus dem Weltraum empfangen und nur aufgeschrieben, was der ihm diktiert habe.

Das spontane Zitieren aus Geschichten und Gesängen entspricht etwa dem zufälligen Aufschlagen eines Buches, um in einer willkürlich ausgewählten Zeile die Antwort auf die anliegende Frage zu finden.

Duplizität der Ereignisse

Angesichts dieser Duplizität der Ereignisse mag es einem einen leichten Schauder über den Rücken jagen, doch das Beispiel, das gerne unter die »großen Mysterien der Welt« gezählt wird, stellt wunderbar dar, wie Zukunftsschau funktioniert.

Eine eingehende Kenntnis der Umstände, der Grenzen und der Möglichkeiten unterstützt die Deutung der Omen, der zufälligen Zeichen. Ein guter Wahrsager verfügt immer über ausgezeichnete Kenntnisse und Intuition.

Ende des 19. Jahrhunderts war die Technik – ihre Möglichkeiten wie ihre Grenzen –, die zum Bau der »Titanic« notwendig war, bekannt. Ein Schriftsteller, der also die Idee hatte, seine Figuren auf einem Schiff handeln zu lassen, konnte die technischen Details von jedem Schiffsbauingenieur erfragen: »Wie würde man das derzeit größte Schiff konstruieren?« Die Route zwischen England und Amerika kannte man, man wusste auch um die Gefahr durch Eisberge. Was also lag näher, als ein so riesiges Schiff mit einem Namen zu versehen, der an Riesen oder Götter erinnert: »Gigant/ic«, »Olymp/ic«, »Titan/ic« (oder nach den keltischen Riesen Fomoric)?

Derzeit ist eine Fülle von Katastrophenromanen und -filmen auf dem Markt. Nähme man alle kritisch unter die Lupe, würde man vermutlich jedes Flugzeugunglück, jeden Hochhausbrand oder Dammbruch, der geschehen ist, irgendwo ähnlich schon beschrieben finden.

⮑ Wegweiser Wahrsagen

Künstler, insbesondere die modernen »Barden«, also Dichter und Schriftsteller, verfügen über die Gabe, Handlungen, Fakten und Ereignisse zu einem Gewebe zu verknüpfen, das dem Leser real erscheint. Romane sind keine Tatsachenberichte, aber sie sind wirklichkeitsnah, man erkennt die Welt darin wieder. Beschäftigt man sich also intensiv mit einem Problem und schlüpft dann noch in die Rolle unterschiedlicher Charaktere, die jeweils ein anderes Verhältnis zu diesem Problem haben, dann hat man flugs ein mehrschichtiges Bild gezeichnet.

Die Basis des Wahrsagers: Wissen und Intuition

Die druidischen Seher und Barden mussten viel lernen, das haben wir bereits mehrfach gesehen. Sie lernten nicht nur, wie wir heute, handfestes Faktenwissen, sondern hatten vor allem eine beträchtliche Stofffülle zu bewältigen, die sich mit den »magischen« Kräften befasste. Das magische Wissen aber ist die Kenntnis der Zusammenhänge und Wirkungen von unsichtbaren (nicht bewiesenen) Energien, der Macht der Gefühle und den archetypischen Kräften. Nimmt man ihre gut trainierte Intuition hinzu, waren sie sehr wohl in der Lage, zukünftige Entwicklungen vorauszusagen. Auf die gleiche Art und Weise wie die keltischen Seher sind auch Sie heute in der Lage, einen Blick in die Zukunft zu tun. Die magischen Kräfte haben nie nachgelassen zu wirken, und es gibt eine Reihe von Hilfsmitteln, die sie abbilden. Das können Spielkarten, Runen, das »I Ging«, das Tarot, die Astrologie oder die Kabbala sein, aber genauso gut können Sie sich ein eigenes System entwerfen.

Die Grenzen des Wahrsagens

Wir sprechen hier von Orakelsystemen und Methoden, dank Wissen, Intuition und ganzheitlichem Denken die wahrscheinlichsten Tendenzen der Zukunft zu erkennen. Erkenntnisse mittels dieser Form der Weissagung können dazu führen, dass Unheil abgewendet wird, denn das gegenwärtige Handeln bestimmt die Zukunft. Hätten die Erbauer der »Titanic« das Buch von Morgan Robertson als Warnung verstanden, hätte es vielleicht genügend Rettungsboote an Bord gegeben.

Es gibt aber auch Menschen – einige wenige sicher nur –, die tatsächlich die Grenzen von Zeit und Raum überschreiten und Ereignisse vorhersehen, die unabwendbar sind. Zu beneiden sind sie gewiss nicht: Stellen Sie sich vor, Sie wissen um ein zukünftiges Erdbeben und können nichts tun, um es zu verhindern! Denn wer würde Ihnen schon Glauben schenken? Dieses Problem hat man in früheren Zeiten dadurch gelöst, dass medial veranlagte oder ausgebildete Personen zu Sehern ernannt wurden, deren Glaubwürdigkeit nicht angezweifelt wurde.

Seien Sie also vorsichtig mit der Zukunftsschau. Sie ist kein bloßer Zeitvertreib und darf nicht leichtsinnig oder verantwortungslos eingesetzt werden.

Bei einem Orakel, welcher Art es auch sein mag, bestimmt die Frage die Deutung der Antwort. Auf nicht ernst gemeinte Fragen gibt ein Orakel meist völligen Unsinn zur Antwort.

Die Wirkung der Kräfte im Gewebe des Lebens lernen

Sie werden im folgenden Abschnitt eine Möglichkeit kennen lernen, wie man sich über die Eigenschaften der Bäume, die die verborgenen Kräfte symbolisieren, selbst ein keltisches Baumorakel erstellen kann. Sie werden Gelegenheit haben, sich in die Charaktere und Ereignisse hineinzuversetzen und aus dem neu gewonnenen Verständnis heraus Vergangenheit, Gegenwart und Zukunft zu deuten. Sie werden dadurch in der Lage sein, das fein gesponnene Netzwerk im Ganzen zu sehen, nicht nur die Oberfläche, die offensichtlichen Gegebenheiten. Das Ergebnis ist keine plumpe Wahrsagerei über Lottogewinne und Urlaubsliebeleien, sondern ein tieferes Verstehen der unterschiedlichen Strömungen des Lebens und ihrer Auswirkungen auf Ihre Welt und auf Sie selbst. Doch zuvor gilt es, sich für unterschiedliche Betrachtungsweisen eines Themas zu öffnen und der Intuition zu lauschen. Lernen Sie auf Ihrem Weg, so viel Sie können, vor allem über die verborgenen Dinge, auch wenn Sie von dem ein oder anderen belächelt werden.

Mit manchen Ausführungen von Ranke-Graves muss man vorsichtig umgehen. Sie mögen poetisch tiefsinnig sein, seine botanischen Kenntnisse sind jedoch nicht über jede Kritik erhaben. In dieser Hinsicht wurden kleine Korrekturen am Text vorgenommen.

Baumorakel

Wie zuvor beschrieben (siehe Seite 108), ist das Ogam-Alphabet eng mit der Bedeutung der Bäume verbunden. Man kann es also für ein Orakelsystem nutzen, was die Kelten, wie zu vermuten ist, auch getan haben. Wir wissen leider nicht genau, in welcher Weise, aber eine denkbare Möglichkeit möchte ich Ihnen hier vorstellen. Sie hat den Vorteil, dass Sie sich dieses Orakel selbst zusammenstellen können.

● Zunächst wird die wichtige Verbindung eines Baumes zu seinem Buchstaben genannt.

● Dann beschäftigen wir uns mit der Erscheinung des jeweiligen Baumes und der Bedeutung in der keltischen Mythologie.

● Anschließend wird – in Anlehnung an Robert von Ranke-Graves – auf eines der bardischen Rätselgedichte, das »Câd Goddeu« (»Die Schlacht der Bäume«), zurückgegriffen, das zu jedem Baum einen charakteristischen Vers liefert.

● Mit der »Zeit« wird Bezug auf den von Ranke-Graves aufgestellten Baumkalender genommen.

● Ferner wird der jeweilige Vogel nach dem bardischen Vogelalphabet angeführt.

● Wenngleich die Ableitung für uns nicht ganz einfach ist und vermutlich tiefes »keltisches« Wissen verlangt, wird auch die Farbe zum jeweiligen Baum angegeben.

● »Schlüsselbegriffe« stellen den Baum in größere Zusammenhänge des Seins.

● »Person« stellt den Bezug des Baumes zum Menschentyp her.

● »Qualität« lenkt Ihre Aufmerksamkeit auf für die persönliche Entwicklung und den zwischenmenschlichen Bereich bedeutungsvolle Aspekte.

112

B: Birke (Beth)

Die Birke ist der erste Baum, der versteppte Gebiete besiedelt. Sie ist der Baum des Beginns und des Aufbruchs zu einer blühenden Zukunft. Die weiße, manchmal auch silbrig schimmernde Rinde macht die Birke zum Baum des Lichtes. Der Birkensaft, der im Frühjahr gewonnen wird, bewirkt innere Reinigung, und auch die Verwendung von Birkenreisern, mit denen, zu Besen zusammengebunden, nicht nur handfest gereinigt, sondern auch symbolisch der Geist des alten Jahres aus dem Haus getrieben wurde, lässt die Analogie zu Reinheit zu.

> **Rätselvers:**
> *Die Birke, obwohl edel, bewaffnet sich erst spät:*
> *Ein Zeichen nicht von Feigheit, sondern von hohem Stand.*
> **Zeit:** 24. Dezember bis 20. Januar
> **Vogel:** Fasan
> **Farbe:** Weiß
> **Schlüsselbegriffe:** Anfang, Licht, Reinheit
> **Person:** Ein klarer, heiterer Mensch
> **Qualität:** Neubeginn

L: Eberesche (Luis)

Die Eberesche (Vogelbeerbaum) mit ihren roten Beeren ist ein Paradies für Vögel. Die Beeren sind sehr Vitamin-C-haltig und belebend, wenn auch roh genossen für Menschen nicht gerade bekömmlich. Aber man kann Gelee oder Saft (und auch anregende alkoholische Getränke) daraus herstellen. Aus den Zweigen wurden früher die Wünschelruten geschnitten, und die Druiden pflanzten sie als Schutzwall um die heiligen Stätten.

Im Februar sind die Blattknospen der Eberesche bereits ungewöhnlich dick und auffällig.

> **Rätselvers:**
> *Weide und Eberesche traten verspätet in die Schlachtreihe.*
> **Zeit:** 21. Januar bis 17. Februar
> **Vogel:** Ente
> **Farbe:** Grau
> **Schlüsselbegriffe:** Erweckung, Belebung, Schutz
> **Person:** Eine mütterliche Person
> **Qualität:** Lebenskraft

N: Esche (Nion)

Die Esche ist mytholo-gisch eng mit dem Ele-ment Wasser verbun-den und steht deshalb für den Überschwem-mungsmonat März.

Aus dem elastischen Eschenholz wurden Speere, Bögen und Pfeile hergestellt, aber auch andere Gerätschaften, die biegsames Material verlangten. Die Druiden schnitzten ihre (Zauber-)Stäbe aus Eschenholz. Die mythologisch einprägsamste Analogie stammt aus dem germanischen Kulturkreis: Dort ist die Esche als Weltenbaum Yggdrasil bekannt, dessen Wurzeln zur Quelle der Weisheit reichen. Die Esche liebt feuchte Plätze, ihr Holz ist widerstandsfähig gegen Wasser.

Rätselvers:
Ungeschlacht und wild war die Tanne, grausam der Eschenbaum – weicht keinen Fußbreit zur Seite, direkt aufs Herz zielt er.
Zeit: 18. Februar bis 17. März:
Vogel: Schnepfe
Farbe: Klar
Schlüsselbegriffe: Intuition, verborgene Weisheit, Schöpfung
Person: Ein einfühlsamer Mensch
Qualität: Kreativität

F: Erle (Fearn)

Die Erle ergibt die beste Holzkohle; deswegen war sie früher ein geschätztes Brennmaterial. Außerdem ist ihr Holz gegen Wasser unempfindlich, weshalb es sich für Pfahlbauten eignete.

Der Erle wurde eine ganz besondere mythologische Bedeutung zuteil, da ihr weißes Holz, wenn es gefällt wird, rot zu bluten beginnt; die Rinde liefert einen roten Farbstoff, mit dem sich die keltischen Krieger das Gesicht bemalten, um noch schrecklicher und imposanter auszusehen.

Rätselvers:
Die Erlen in der ersten Reihe begannen mit dem Gemetzel.
Zeit: 18. März bis 14. April
Vogel: Möwe
Farbe: Zinnoberrot
Schlüsselbegriffe: Feuer, Wildheit, Widerstandskraft
Person: Ein starker Führer (Führerin)
Qualität: Energie

S: Weide (Saille)

Die Weide verkörpert die Weiblichkeit: Eine mit dem hellen Grün belaubte Weide schwenkt ihre Zweige im Frühlingswind graziös wie ein junges Mädchen die weiten Röcke. Weidenzweige bleiben biegsam und geschmeidig, daher ihre anmutigen Bewegungen. Weiden haben einen engen Bezug zum Wasser und damit zum Unbewussten. Die Silberweide wird mit silber-

---

Rätselvers:
Weide und Eberesche traten verspätet in die Schlachtreihe.
Zeit: 15. April bis 12. Mai
Vogel: Falke
Farbe: Schönfarben
Schlüsselbegriffe: Weiblichkeit, Verzauberung, Heilung
Person: Ein anpassungsfähiger Diplomat
Qualität: Das Unbewusste

---

nem Mondlicht und verzauberten Nächten assoziiert. Aber auch Flexibilität wird ihr zugeordnet, denn die langen, geschmeidigen Zweige dienten für vielerlei Flechtwerk. Zudem ist sie überaus heilkräftig: Aus der Rinde wird beispielsweise das Glykosid Salizin gewonnen, das im Körper zu Salizylsäure oxidiert – Aspirin basiert auf diesem Wirkstoff.

In der germanischen Mythologie ist der Weltenbaum Yggdrasil eine Esche. Er verbindet mehrere Welten, und seine Wurzeln reichen bis an die Quelle der Weisheit.

115

U: Weißdorn (Uath)

Wenn der Weißdorn blüht, kommen die Eisheiligen. Erfahrungsgemäß wird es um diese Zeit etwas kühler.

Der Weißdorn (auch Hagedorn; Hag = Hecke) ist eine typische Heckenpflanze, die im Mai üppig weiß blüht. Er schützt vor wilden Tieren, im übertragenen Sinne vor allem gegen negative Kräfte. In seinen Ästen sollen gute Geister wohnen. Merlin, der große keltische Druide, schläft im Feenwald Broceliande unter einem Weißdornbusch seinen ewigen Schlaf, in den ihn Nimue versetzt hat. Der Busch galt den Kelten als heilig.

Rätselvers:
Starke Häuptlinge sind der Schwarzdorn mit seiner üblen Frucht, der ungeliebte Weißdorn mit ähnlichem Gewand.
Zeit: 13. Mai bis 9. Juni
Vogel: Nachtkrähe
Farbe: Furchtbar (lt. R. v. Graves)
Schlüsselbegriffe: Spiritualität, Keuschheit, Schutz
Person: Ein spirituell gereifter Mensch
Qualität: Ordnung

D: Eiche (Duir)

In fast allen Kulturen ist die über 1000 Jahre alt werdende Eiche der Baum der Standhaftigkeit. Geschätzt werden ihr widerstandsfähiges Holz und vor allem ihre Früchte, die Eicheln, mit denen die Kelten ihre Schweine mästeten. Abgesehen von der Verwendung in Landwirtschaft und Handwerk, feierten die Kelten in heiligen Eichenhainen religiöse Feste. Die Misteln, die auf den Eichen wachsen, wurden von den Druiden mit großem rituellen Aufwand geerntet und galten als besonders kostbar.

Rätselvers:
(Wenn) die Eichenwipfel sich verflechten, dann ist Hoffnung für die Bäume. Unter den stampfenden Füßen der schnellen Eiche dröhnten Himmel und Erde; »Mannhafte Wächter der Pforte« heißt ihr Name in allen Sprachen.
Zeit: 10. Juni bis 7. Juli
Vogel: Zaunkönig (der heilige Vogel der Druiden)
Farbe: Schwarz
Schlüsselbegriffe: Standhaftigkeit, Fruchtbarkeit, Heiligkeit
Person: Ein disziplinierter Macher
Qualität: Traditionen

116

T: Stechpalme (Tinne)

Die Stechpalme, von Ranke-Graves fälschlich »Steineiche« genannt, galt den Kelten als Symbol für Blut: nicht nur, weil die roten Beeren im Winter wie Blutstropfen im dunkelgrünen Laub hängen, sondern auch, weil man sich an den harten, stacheligen Blättern blutige Wunden reißen kann. Die jungen, grünen Blätter haben Heilwirkung, die roten Beeren sind allerdings sehr giftig.

Rätselvers:
Die Steineiche (Stechpalme), dunkelgrün, hielt entschlossen stand; sie ist bewaffnet mit vielen Speerspitzen, die verwunden die Hand.
Zeit: 8. Juli bis 4. August
Vogel: Star
Farbe: Dunkelgrau
Schlüsselbegriffe: Blut, Wehrhaftigkeit, Langlebigkeit
Person: Ein zäher Kämpfer (Kämpferin)
Qualität: Widerstände

C: Haselbusch (Coll)

Auch der Haselbusch gehört zu den Heckengewächsen, die Schutz vor Eindringlingen körperlicher und geistiger Natur bieten. Er schützt auch vor ungebetenen Blicken, weshalb sich junge Paare gern »in die Haseln« verzogen. Wünschelruten werden noch heute bevorzugt aus Haselzweigen geschnitten. Die Nüsse schmecken gut und sind sehr nahrhaft. In der keltischen Mythologie sind sie mit Dichtkunst und Weisheit verknüpft. Haselbüsche wachsen in der realen wie in der Anderwelt: Wer unter einem Haselbusch einschläft, wacht leicht im Elfenland auf!

Rätselvers:
Der Haselstrauch war Schiedsrichter in dieser verzauberten Zeit.
Zeit: 5. August bis 1. September
Vogel: Kranich
Farbe: Braun
Schlüsselbegriffe: Weisheit, Verbindung zur Anderwelt, Sex
Person: Ein weiser Mann oder eine sehr kluge Frau
Qualität: Verführung

M: Weinstock (Muin)

Weintrauben kennt und schätzt die Menschheit schon sehr lange. Die süßen Früchte können nicht nur als Obst gegessen, sondern auch getrocknet als Rosinen verzehrt werden. Aus dem Saft wird der alkoholhaltige Wein gekeltert. In Maßen genossen ist er gesund, erzeugt eine positive Stimmung und erweitert das Bewusstsein. Unmäßiger Genuss verengt das Bewusstsein und kann zu aggressivem Verhalten führen. Die Kelten der nördlichen Länder importierten den Wein aus dem Süden und waren bereit, hohe Summen für dieses Getränk zu zahlen.

Rätselvers:
Sehr zornig war der Weinstock, dessen Helfer die Ulmen sind.
Zeit: 2. September bis 29. September
Vogel: Meise
Farbe: Bunt
Schlüsselbegriffe: Inspiration, Heilung, Wohlstand
Person: Ein ausgleichender Mensch
Qualität: Harmonie

Der September ist der Monat der Weinlese. Da in den nördlichen Siedlungsgebieten der Wein nicht heimisch ist, verwendeten die Kelten ersatzweise Brombeeren. Auch aus Brombeeren kann man Wein herstellen!

G: Efeu (Gort)

Efeu kann sich mit seinen Haftwurzeln fast überall emporranken. Der Sage zufolge wurde das weltberühmte Liebespaar Tristan und Isolde an zwei verschiedenen Stellen begraben, um auch im Tode nicht vereint zu sein. Doch die Efeustöcke, die aus ihren Gräbern wuchsen, verbanden die beiden wieder. Den Efeublättern sagt man nach, dass sie die berauschende Wirkung des Weines mildern; deshalb trug man in dieser Hoffnung bei Gelagen Efeukränze.

Rätselvers:
Groß war der Stechginster in der Schlacht und der Efeu in seiner Blüte …
Zeit: 30. September bis 27. Oktober
Vogel: Schwan
Farbe: Blau
Schlüsselbegriffe: Wiedergeburt, Freundschaft, Treue
Person: Ein guter, verlässlicher Freund
Qualität: Hingabe

NG: Schilfrohr (Ngetal)

Schilf ist nicht direkt als »Baum« zu bezeichnen, steht aber an dieser Stelle im keltischen Alphabet. Seine Stängel wurden vielseitig verwendet. Der Rohrstock sorgte lange Zeit bei unaufmerksamen Schülern für verstärkten Lerneifer. In ihrer Freizeit werden sie wohl aus den hohlen Schilfstängeln Rohrflöten oder Blasrohre hergestellt haben.

Rätselvers:
Das rasch verfolgende Schilf …
Zeit: 28. Oktober bis 24. November
Vogel: Gans
Farbe: Glasgrün
Schlüsselbegriffe: Gelehrtheit, Ordnung, Autorität
Person: Ein Lehrer oder ein disziplinierter Mensch
Qualität: Macht

R: Holunder (Ruis)

Den Holunder findet man in Hecken und an Waldrändern. Unseren Vorfahren diente er als so genannte »lebendige Apotheke«, denn aus den Beeren, Blättern und der Rinde gewinnt man vielerlei Heilmittel. Der Saft ist ein altes Hausmittel gegen winterliche Erkältungen; er enthält viel Vitamin C und wirkt schweißtreibend. Von seinen heilenden Kräften abgesehen, ist der Holunder ein ausgesprochen magischer Busch. Kein Wunder, denn er wird von zahlreichen wohlwollenden Geistern bewohnt. Schlägt man den Holunderbusch ungefragt, so kann das äußerst üble Folgen haben. Muss ein kleines Kind in einer Wiege aus Holunderholz liegen, bedeutet dies, dass es von den Feen blau und grün gekniffen wird.

Im Volksglauben ist der Holunder ein Busch mit starker Schutzwirkung gegen alle üblen Einflüsse.

Rätselvers:
Und der Holunder, der langsam brennt, inmitten sengender Feuer …
Zeit: 5. November bis 22. Dezember
Vogel: Saatkrähe
Farbe: Blutrot
Schlüsselbegriffe: Magie, Heilung, Bannung
Person: Eine geheimnisvolle Person
Qualität: Das Schicksal

Q: Apfelbaum (Quert)

Avalon, das keltische Paradies, war die Insel der Apfelbäume. Äpfel sind saftig, süß, rot, rund – kurz: Äpfel sind sexy. Äpfel sind auch gesund, vor allem wenn sie aus der Anderwelt kommen. Es gibt kaum einen Baum, der in den Religionen der unterschiedlichsten Kulturen so eng mit den Vorstellungen von einer besseren Welt verbunden ist wie der Apfelbaum.

Rätselvers:
Und der gesegnete Wildapfel, lachend vor Stolz …
Zeit: 5. August bis 1. September
Vogel: Kranich
Farbe: Braun
Schlüsselbegriffe: Verbindung zur Anderwelt, Lust und Liebe, Gesundheit
Person: Ein liebenswerter, strahlender Mensch
Qualität: Liebe

Z: Schwarzdorn (Straif)

Aus steinzeitlichen Funden kann man ablesen, dass die Menschen damals die vitamin- und mineralstoffreichen Schlehen als Wintervorrat verwendet haben.

Schwarzdorn oder Schlehdorn ist ein Pflaumengewächs mit kleinen schwarzen Beeren. Er ist, wie Weißdorn und Haselbusch, eine Heckenpflanze; die vielen scharfen Dornen wirken wie ein natürlicher Stacheldraht. Im Frühjahr allerdings, bevor noch die Blätter treiben, ist der Busch von fünfblättrigen weißen Blüten übersät. Die Schlehen – die Urpflaume sozusagen – sind nicht ohne weiteres genießbar und wirken stark zusammenziehend. Der Schlehdorn ist die Wohnstätte der Feen, und wer sich ungefragt an ihm vergreift und ihm Schaden zufügt, kann ihrer Rache sicher sein.

Rätselvers:
Starke Häuptlinge sind der Schwarzdorn mit seiner üblen Frucht …
Zeit: 15. April bis 12. Mai
Vogel: Falke
Farbe: Schönfarben
Schlüsselbegriffe: Abweisung, Konzentration, Unglück
Person: Eine Respektsperson
Qualität: Begrenzungen

A: Tanne (Ailm)

Ein dichter Tannenwald hat etwas Mystisches an sich, und der Schwarzwald schmückt sich nicht umsonst mit dieser düsteren Farbbezeichnung. Doch das harzreiche Holz birgt heilende Stoffe. Die Silbertanne mit ihren blaugrünen Nadeln gleicht eher dem bläulich weißen Mondlicht. Da die Tanne ein immergrüner Baum ist, wurden ihre Zweige in der kahlen Winterzeit häufig zur Zierde verwendet.

> **Rätselvers:**
> *Ungeschlacht und wild war die Tanne.*
> **Zeit:** Wintersonnenwende
> **Vogel:** Kiebitz
> **Farbe:** Scheckig
> **Schlüsselbegriffe:** Mystik, Mond, Dunkelheit
> **Person:** Ein undurchsichtiger Mensch
> **Qualität:** Geheimnis

Blodeuwedd, die Frau, die später in eine Eule verwandelt wurde, schufen die Götter aus Ginsterblüten, Eichenblüten, Mädesüß und sechs weiteren Pflanzen.

O: Ginster (Onn)

Die goldgelben Blüten des Ginsters ziehen die Bienen an, und ihre Farbe entspricht der leuchtenden Sonne. Der Stechginster ist ein Feuerstrauch: Im Frühjahr wurden an den Berghängen Ginsterfeuer angezündet, um die alten, trockenen Stacheln abzubrennen und die jungen Triebe für die Schafe genießbar zu machen. Der Besenginster bietet den Bienen allerdings keinen Honig an; aus ihm wurden sehr nützliche Besen zur Reinigung gebunden.

> **Rätselvers:**
> *Groß war der Stechginster in der Schlacht ... Der Besenginster mit seiner Brut und der Stechginster benahmen sich wüst, bis er gezähmt war.*
> **Zeit:** Frühlingsäquinox
> **Vogel:** Kormoran
> **Farbe:** Schwarzbraun
> **Schlüsselbegriffe:** Dynamik, Wärme, Reinigung
> **Person:** Ein dynamischer Mensch
> **Qualität:** Bereinigung

U: Heidekraut (Ura)

Auch das süß duftende Heidekraut, das stolze 2500 Arten aufweisen kann, zieht Bienen in großer Zahl an. Der harzfarbene Heidehonig ist vor allem in Schottland eine geschätzte Delikatesse. Heidekraut blüht in vielen Schattierungen von Purpurrot über Rosa bis hin zu Weiß und repräsentiert somit das ganze Farbenspektrum der Liebe.

Rätselvers:
Das Heidekraut spendete Trost dem von all den Mühen erschöpften Volk.
Zeit: Sommersonnenwende
Vogel: Lerche
Farbe: Harzfarben
Schlüsselbegriffe: Liebe, Süße, Hoffnung
Person: Ein warmherziger, verständnisvoller Mensch
Qualität: Trost

E: Pappel (Eadha)

Die Zitterpappel ist ebenso wie die Birke ein so genannter Pionierbaum, der auf baumfreien Gebieten siedelt, insbesondere wenn Land und Boden durch Krieg Schaden genommen haben. Überhaupt ist die Pappel häufig mit soldatischen Tugenden in Verbindung gebracht worden, vor allem die Pyramidenpappel mit ihrem sehr schlanken Wuchs.

Pappelholz, das schwer entzündlich ist, wurde gerne als Bauholz verwendet. Diese Eigenschaft macht es auch geeignet, um Streichhölzer daraus zu fertigen.

Pappeln wurden von Napoleon als Alleebäume entlang seiner Heeresstraßen gepflanzt. Den Kelten hingegen war die Pappel – dabei vermutlich die Zitterpappel – als sanfter, verletzlicher Baum ein Begriff.

Rätselvers:
Die ausdauernden Pappeln brachen oft in der Schlacht.
Zeit: Herbstäquinox
Vogel: Singender Schwan
Farbe: Fuchsrot
Schlüsselbegriffe: Verletzlichkeit, Tapferkeit, Arglosigkeit
Person: Ein Narr, ein naiver Mensch
Qualität: Dummheit

I: Eibe (Idho)

Aus den Eibenbeeren und noch einigen anderen unfreundlichen Zutaten stellten die irischen Kelten ein Gift her, mit dem sie ihre Waffen bestrichen. Aus dem elastischen Holz wurden Langbögen und Pfeile gefertigt. Den armen Opfern dieser kriegerischen Verwendung des Baumes pflanzte man anschließend Eiben um die Grabfelder. Und doch gilt, wie fast alle immergrünen Gewächse, auch die Eibe als Baum der Unsterblichkeit.

Die Druiden verwendeten für ihre Zauberstäbe Eibenholz, in das sie in Ogam-Schrift rituelle Worte einritzten.

> **Rätselvers:**
> *Die Gaben verschenkende Eibe stand finster am Rand der Schlacht.*
> **Zeit:** Wintersonnenwende
> **Vogel:** Junger Adler
> **Farbe:** Sehr weiß
> **Schlüsselbegriffe:** Tod, Unsterblichkeit, Ewigkeit
> **Person:** Ein strenger Richter
> **Qualität:** Gerechtigkeit

J: Mistel (Uil-iok)

Wenn gemeinhin von Druiden die Rede ist, wird im gleichen Atemzug meist die Mistel (und die goldenen Sicheln) erwähnt. Die Mistel wurde von den Kelten als heilig angesehen und nur unter großem zeremoniellen Aufwand geerntet. Sie galt auch als Symbol der Unsterblichkeit. Als Allheilmittel fand sie vielseitige medizinische Verwendung. Noch heute wird der Brauch gepflegt, Mistelzweige um die Weihnachtszeit aufzuhängen – und natürlich darunter küssen zu dürfen, wen man erwischt!

> **Zeit:** Der namenlose Tag, 23. Dezember
> **Schlüsselbegriffe:** Heilung, Leben, Frieden
> **Person:** Ein Friedensstifter
> **Qualität:** Gesundheit

Ergänzen Sie diese Liste durch Ihre eigenen Erkenntnisse und Empfindungen zu den Bäumen, sowohl bezüglich der Begriffe als auch der Personen!

⥁ Wegweiser Baumorakel

Ein Prinzip des Orakels besteht darin, den Zufall die zuvor mit den entsprechenden Kräften gekennzeichneten Gegenstände auswählen zu lassen. Auf diesem Auswahlverfahren beruhen beispielsweise das Runenwerfen und das »I Ging«. Die Kelten mögen etwas Ähnliches mit den Hölzern oder Plättchen vorgenommen haben, die sie mit den Zeichen ihrer Ogam-Schrift versehen hatten.

Wenn Sie also ein keltisches Baumorakel befragen wollen, dann können Sie es sich anhand der zuvor aufgestellten Liste von Buchstaben und Baumhölzern selbst anfertigen. Aber Vorsicht: Es kann eine Weile dauern, bis Sie alle Teile zusammen haben, die Sie für Ihr Vorhaben benötigen. Ein Grundsatz der Magie besagt allerdings, dass das, womit sich ein Mensch intensiv beschäftigt, den größten Erfolg haben wird. Vor allem üben Sie regelmäßig das analoge Denken, denn es ist unverzichtbar, um die Welt und das Gewebe der Kräfte losgelöst von rationalen Zwängen sehen zu können.

Wenn möglich, sammeln Sie abgefallene Zweige auf. Rupfen Sie nicht Äste von lebenden Büschen und Bäumen. Wenn Sie es dennoch tun müssen, behandeln Sie den spendenden Baum mit Achtung.

Ein Baumorakel selbst fertigen

Sammeln Sie von jedem Baum ein Zweiglein; es sollte nicht größer als ein Bleistift sein. Dazu müssen Sie sich natürlich vorab mit den Bäumen und Sträuchern zumindest insoweit auseinander setzen, dass Sie eine Eibe von einem Holunder oder einem Apfelbaum unterscheiden können. Besorgen Sie sich also ein gutes Botanikbuch.

Die vorherigen Kurzbeschreibungen der einzelnen Bäume geben Ihnen zwar eine Liste von Analogiebegriffen an die Hand, die jedem Baum traditionell zugeordnet werden, aber die genannten Entsprechungen sind keineswegs vollständig, können es auch niemals sein, denn Sie werden in irgendeiner Weise weitere Eigenschaften hinzufügen, die Sie aus Ihren ganz persönlichen Erfahrungen mit den Bäumen gewonnen haben.

Diese können positiver wie auch negativer Art sein: Dem einen Baum bringen Sie vielleicht Wärme und Sympathie entgegen, einem anderen – aus welchem Grund auch immer – Abneigung oder Befremden. Stehen Sie zu Ihren Gefühlen. Scheuen Sie sich also nicht, Ihren Apfelbaumzweig mit dem Stichwort »Zank« zu belegen, wenn es Ihrem Eindruck entspricht, oder die Eibe mit dem Begriff »Frieden« zu versehen, wenn Sie diese Eigenschaft mit dem Baum verbinden.

Lassen Sie sich Zeit beim Sammeln Ihrer Orakelstäbchen. Denken Sie vor allem daran zu notieren, in welcher Reihenfolge Sie die Stäbchen gefunden haben.

Den Orakelstäben Erkenntnisse zuordnen

Legen Sie also Ihre persönliche Liste an, was die einzelnen Hölzchen für Sie bedeuten. Vergessen Sie dabei nicht zu notieren, in welcher Reihenfolge Sie die einzelnen Zweige gefunden haben und auch die Umstände, die Ihre Suche begleiteten. Es mag sich im Nachhinein herausstellen, dass sich beim Sammeln höchst eigenartige Zufälle zugetragen haben, aber das fällt einem meist erst in der Rückschau auf. Sie arbeiten mit einem magischen System, und da kann es nicht ausbleiben, dass magische Kräfte freigesetzt werden.

Noch ein Hinweis: Sie brauchen nicht alle zuvor genannten Hölzer zusammenzubekommen, um das Orakel befragen zu können. Und Sie können natürlich auch andere Bäume mit einbeziehen, die in der Liste nicht aufgeführt sind, entweder weil sie den Kelten nicht bekannt waren oder weil sie sie nicht einsetzten – schließlich ist es Ihr höchst persönliches Baumorakel, das Sie zusammenstellen. Wenn Sie einen Zweig finden, zu dem hier keine Beschreibung aufgeführt ist, versuchen Sie selbst, seine Bedeutungen herauszufinden – aus Märchen und Sagen, aus Gedichten und Liedern, aus alten Bräuchen, aus der Verwendung des Baumes, seinem Umfeld, oder vielleicht liefert Ihnen Ihr eigener spontaner Eindruck den Schlüssel.

Auch die Pflanzenheilkunde können Sie zum Finden von Eigenschaften heranziehen. Viele Bäume haben Heilwirkung in ihren Blättern, Blüten, Früchten oder in der Rinde.

Das klappernde Geräusch, das beim Schütteln der Stäbe entsteht, ist mit dem der Rassel vergleichbar, die Schamanen einsetzen, um in Trance zu kommen.

Orakel werfen und lesen

Das Orakel befragt man nicht ohne Ritual. Einfach mal so die Stäbchen werfen, um zu sehen, wie morgen das Wetter wird, ist schlichter Missbrauch der magischen Kräfte und ergibt unsinnige Antworten oder gar keine.

● Richten Sie sich einen Orakelplatz her, den Sie mit einem schönen Tuch bedecken.

● Stellen Sie eine Kerze auf, und wenn Sie mögen, entzünden Sie etwas Räucherwerk aus Holzbestandteilen.

● Bitten Sie die höheren Mächte, Ihre Frage zu beantworten, beispielsweise die Göttinnen Morgane oder Coventina. Aber Sie können auch andere anrufen, zu denen Sie ein inneres Verhältnis aufgebaut haben.

● Nehmen Sie dann die Schachtel mit den Stäben in die linke Hand, schließen Sie die Augen, und schütteln Sie sie eine Weile. Konzentrieren Sie sich währenddessen auf die Frage, die Sie beantwortet haben wollen.

● Werfen Sie dann die Stäbe – so viele, wie aus dem Behälter herauskommen, es müssen nicht alle sein – mit noch immer geschlossenen Augen vor sich auf das Tuch.

● Öffnen Sie die Augen, und deuten Sie die Hölzer: Diejenigen, die Ihnen am nächsten liegen, bedeuten die Kräfte, die zeitlich am engsten mit dem Problem verbunden sind; diejenigen, die weit entfernt liegen, haben den geringsten oder einen späteren Einfluss; Stäbe, die eng beieinander oder sogar gekreuzt liegen, müssen als Einheit gedeutet werden; Stäbe, die mit dem unteren Ende auf Sie weisen, sind Kräfte, die Ihrem Anliegen förderlich sind; umgekehrt liegende Stäbe symbolisieren die Kräfte, die ihm entgegenstehen und es behindern.

● Lassen Sie auf jeden Fall Ihre Intuition sprechen, und vergessen Sie auch nicht, Ihre eigenen Deutungen der Hölzer in das Orakel mit einzubeziehen.

● Wenn Sie die Orakellesung beendet haben, notieren Sie das Ergebnis, denn nur so können Sie zu einem späteren Zeitpunkt nachvollziehen, wie gut Ihre Vorhersage war, und vor allem, ob Sie sich durch »Schöndeuten« verzwickter Konstellationen selbst beschummelt haben.

● Danken Sie anschließend den höheren Mächten für ihren Beistand, und beenden Sie das Ritual.

Orakelstäbe sorgfältig aufbewahren

Trocknen Sie die Zweige so, dass sie gerade bleiben, und kennzeichnen Sie sie am unteren Ende, damit Sie später wieder erkennen können, um welches Holz es sich handelt. Dazu können Sie den entsprechenden Buchstaben, das Ogam-Zeichen oder ein von Ihnen gewähltes Symbol für die Kraft, die den Stab auszeichnet, verwenden. Die Stäbe müssen auf jeden Fall ein deutliches Oben und Unten haben. Sie brauchen dann ein Behältnis, in dem Sie die Ratestäbe aufheben, wenn sie nicht benutzt werden. Am besten eignet sich eine runde Schachtel oder Dose, in der sie aufrecht stehen und in der Sie sie schütteln können.

Irrwegweiser

Vielleicht haben Sie schon einmal etwas von dem »keltischen Baumhoroskop« gehört, einem uralten Wissen, das in Polen mündlich weitergegeben, schließlich schriftlich niedergelegt und später in einem geheimen Kloster entdeckt wurde. Die 21 Bäume, die darin genannt werden, sind jeweils Abschnitten von neun Tagen zugeordnet, und jedem einzelnen Baum wird darin ein ganz spezieller Charakter zugewiesen. Insofern entspricht diese Aufzeichnung in der Tat einem Horoskop.

Einen kleinen Nachteil hat das Baumhoroskop allerdings – es ist leider nicht keltischen Ursprungs! Es ist die handschriftliche Abschrift eines polnischen Gartenkalenders, der sich wiederum aus einem französischen Magazin bediente, in dem Anfang der siebziger (!) Jahre eine Kulturredakteurin einige »alte« Horoskope entwickelt hatte. Unter dem Titel »Horoscopes insolites« (»ungewöhnliche Horoskope«) erscheint neben dem arabischen und dem tibetanischen u.a. eben auch das keltische Baumhoroskop. Horoskope sind ein hervorragendes Hilfsmittel, um sich selbst genauer kennen zu lernen, um die Stärken und Schwächen herauszufinden, sich der kosmischen Kräfte bewusst zu werden, die unser Leben beeinflussen, und die Entwicklungschancen klarer zu erkennen. Die Druiden verfügten über astrologische Erkenntnisse, doch sie sind uns nicht überliefert. Andererseits hat die abendländische Kultur ein ausgefeiltes System entwickelt, das nicht nur eine lange Tradition hat, sondern auch den Gegebenheiten der Zeit (Entdeckung weiterer Planeten) angepasst ist. Wenn Sie mehr über sich selbst erfahren wollen, beschäftigen Sie sich mit Ihrem Geburtshoroskop, oder lassen Sie sich von einem guten Astrologen beraten.

Sie werden schnell erkennen, dass die Einteilung in Neuntageperioden weder mit dem keltischen noch mit einem anderen Mondkalender in Einklang steht.

127

Wanderung ins Reich des Unbewussten – Feenland und Anderwelt

In den keltischen Mythen wird der Weg durch die geistigen Welten beschrieben. In ihnen treffen wir auf faszinierende Erscheinungen wie Feen und Elfen. Diese archetypischen Darstellungen haben ihre Wirkungskraft bis heute nicht eingebüßt. Auch wir können den Bilderschatz der Anderwelt für uns heben und Nutzen aus ihm ziehen.

Feen und Elfen leben in der Anderwelt. Machen Sie sich auf Ihre eigene Reise in die geistigen Welten der Kelten, und seien Sie gespannt, auf wen Sie dort treffen.

Die Themen der keltischen Mythologie

Mythen haben die Aufgabe, Ideen, Erkenntnisse und komplexe Zusammenhänge den Menschen nahe zu bringen, die mit einfachen Worten und mit logischen Gedankenfolgen nicht beschreibbar sind. Dazu verwenden sie Bilder, Vergleiche und natürlich auch Analogien. Die Kelten waren Meister des analogen Denkens. Begibt man sich nicht auf diese Ebene, sind ihre Mythen und Gedichte kaum zu begreifen, denn durch die unterschiedlichen Bedeutungen von Worten und Bildern erschließen sich immer neue Bereiche. Die wortgewaltigen Liebhaber bunter Schilderungen haben uns eine wahre Schatztruhe an Themen hinterlassen, aus der noch heute Schriftsteller und Drehbuchautoren mit vollen Händen schöpfen. Rationale Deutungsversuche scheitern zumeist, vieles wird wohl für immer der intuitiven Erkenntnis vorbehalten bleiben. Gerade das macht die Geschichten so geheimnisvoll und reizvoll.

Es ist das Verdienst der fahrenden Sänger, die von Hof zu Hof, von Dorf zu Dorf zogen und in den Versammlungen die alten Geschichten erzählten, dass die mythologischen Stoffe erhalten blieben.

Quellen

Wir haben über die Mythen aus der Zeit der heidnischen Kelten keine Aufzeichnungen, denn die wenigen schriftlichen Zeugnisse in Ogam-Schrift auf Hasel- oder Espenruten wurden durch den missionarischen Eifer der christlichen Priester zu Feuerholz gemacht – ein sinnloser Akt der Zerstörung.

Zum Glück aber hat die mündliche Erzähltradition die Mythen lebendig gehalten, auch nach der Bekehrung der Kelten zum Christentum. Außerdem ist das keltische Christentum eine besondere Spielart dieses Glaubens, denn die dogmatisch-engstirnige Kirche hat ihm ihre Vorstellungen nur bedingt aufzwingen können: Viele ursprünglich keltischen Themen sind eng verwoben mit den christlichen. Auch fanden sich unter den Mönchen druidisch ausgebildete Menschen, denen das alte Gedankengut nicht fremd war. Dies trifft vor allem für die abgelegenen und von den Römern nicht beeinflussten Gebiete Irland, Wales und die Bretagne zu.

Erste Niederschriften keltischer Mythen

Etwa um das 6. Jahrhundert unserer Zeitrechnung begannen die irischen und walisischen Mönche, die Mythen und Sagen ihrer Vorfahren aufzuschreiben, und was davon erhalten ist, gibt uns einen guten Überblick über die geistige Welt der Kelten.

Aus Irland stammen drei wichtige Textsammlungen. Die erste ist das »Leabhar Gabhala«, das »Buch der Invasionen«, das die Besiedlung Irlands beschreibt, und in diesem ist der Bericht über die Ankunft der Tuatha Dé Danann sicher der interessanteste. Zu diesem Mythenkreis gehört auch das »Dinnshenchas«, die »Geschichte der Orte«, in dem Ortsnamen mit mythischen Ereignissen oder Personen in Verbindung gebracht werden.

Der zweite Komplex ist der Ulsterzyklus, die Geschichten um die Auseinandersetzungen zwischen den irischen Provinzen Ulster und Connacht. Der wichtigste Text handelt vom Rinderraub von Cooley (»Tain Bó Cuailnge«). In ihm spielen die Königin Medb und der viel besungene Held Cúchulainn die Hauptrolle.

Die dritte Sammlung ist der Fionnzyklus, die Erzählungen über den Helden Fionn und seine Schar von Kriegern, die Fianna.

Die Handschriften aus Wales beinhalten die Ursprünge der Artussagen in den vier Zweigen des »Mabinogion«, der Geschichte von Culwch und Olwen, dem Traum von Rhonabwy und der Beute von Annwn. Diese Erzählungen sind über Jahrhunderte entstanden und unterlagen dabei natürlich der Zensur des Klerus, so dass die Zurückführungen auf keltische Ursprünge mit viel Fingerspitzengefühl vorgenommen werden müssen.

Die selten geradlinige, vielmehr zyklische Erzählweise und das Ineinandergreifen von diesseitigen und jenseitigen Welten sind typische Merkmale keltischer Mythologie.

Geschichten als weitererzählte Märchen

Neben den auf diesen alten Handschriften beruhenden Mythen gibt es noch viele mündlich oder schriftlich weitergegebene volkstümliche Geschichten und Märchen aus den ehemals keltischen Siedlungsgebieten. Sie wurden zwar im Laufe der Zeit zum Teil »christianisiert«, beinhalten jedoch viele alte Überlieferungen. Vor allem die Märchen aus Irland, Schottland und der Bretagne greifen auf die keltische Vergangenheit zurück.

In diesem Buch möchte ich Ihnen die wesentlichen Gedanken und Ideen des keltischen Weltbildes nahe bringen, im Besonderen das Konzept der Anderwelt, die Bedeutung der heiligen Insignien und das Reich der Elfen und Feen. Wenn Sie Gefallen daran gefunden haben, sollten Sie auf jeden Fall einige der Mythen lesen. Im Anhang finden Sie einige Literaturhinweise dazu.

Die Anderwelt

Eine der faszinierendsten Vorstellungen der Kelten ist die der Anderwelt. Sie ist nicht zu vergleichen mit dem christlichen Paradies, wenngleich die Verhältnisse paradiesisch sein können. Sie ist weder hier noch dort, und dennoch ist sie immer da, und für den, der sie wahrhaft sucht, ist sie zugänglich. Sie ist nicht die Welt der Toten, obwohl man nach dem leiblichen Tod in dieser Welt dorthin gelangt. Manchmal liegt die Anderwelt auf den Inseln hinter dem Sonnenuntergang, manchmal unter den *síde*, den Hügeln, in denen das Kleine Volk lebt. Manchmal liegt sie unter dem Meer oder in abgeschiedenen Bergtälern. Den Einstieg in die Anderwelt findet man in Höhlen und Brunnen, Quellen und Seen, durch uralte Megalithhügel oder Dolmen oder unter Haselbüschen. »Tir na nOg« (»das Land der ewigen Jugend«) oder »Tir na mBéo« (»das Land des ewigen Lebens«) heißen die Gebiete der Anderwelt in den Mythen der Kelten.

Zugänge zur Anderwelt

Ein besonderes Merkmal haben die Hunde der Anderwelt: Sie sind weiß und haben rote Ohren. Rot und Weiß sind typische Farben der Anderwelt.

Die Tore zur Anderwelt sind nicht leicht zu finden. Meist wogt Nebel um die Eingänge, der Weg führt über eine schwankende Regenbogenbrücke, eine Brücke aus scharfen Schwertklingen oder durch tiefe, reißende Furten. Häufig lauern auch wilde Bestien dort, die Unbefugte vertreiben, oder grimmige Krieger beschützen die Tore. Hat man jedoch den Zugang gefunden, befindet man sich in einer bezaubernden Landschaft. Haine von blühenden Apfelbäumen erstrecken sich auf den Inseln, gläserne Paläste schimmern unter den Wellen, Feste werden gefeiert, bei denen köstliche Speisen gereicht werden und die Getränke nie versiegen. Natürlich wird Musik gemacht, gesungen und getanzt. Man geht auf die Jagd oder widmet sich der Liebe, man lauscht den Dichtern oder verfasst selbst Verse, übt sich im Wettkampf und mit den Waffen; denn damit keine Langeweile aufkommt, sind hin und wieder Kämpfe gegen gräuliche Ungeheuer und zauberkräftige Geister durchzufechten. Doch Wunden, Tränen, Schmerz und Krankheit spielen keine Rolle in der Anderwelt, sie ist ein Ort der Heilung und der Vollendung.

Die Anderwelt ist auch eine Welt außerhalb von Zeit und Raum. Das ist nicht ganz ungefährlich, wie das Beispiel Oisins, des Sohnes Fionns, zeigt. Er verirrte sich dorthin, blieb zwar während seines Aufenthaltes gleich jung, aber als er zurückkehrte, alterte er sofort um 300 Jahre, und sowie er den Erdboden berührte, zerfiel er zu Staub.

Die Wesen, die die Anderwelt bewohnen, gleichen menschlichen Charakteren und sind nicht nur liebenswürdig. Manchmal sind sie auf die Hilfe sterblicher Menschen angewiesen und locken diese auch mit unlauteren Mitteln in die Anderwelt.

Verborgenes Wissen

Die Anderwelt erscheint in den Mythen häufig als Ort der Weisheit und Erleuchtung. Krieger erlernen dort die Kampfkunst, Poeten finden ihre Inspiration, und die Druiden erwerben magisches Wissen. Es muss also etwas Wahres an der Existenz der anderen Welt sein, denn sie ist keine »rationale« Erfindung, sondern speist sich aus einem Erfahrungswissen, das den Kelten allgemein zugänglich war.

Ich habe schon erwähnt, dass die Druiden Kenntnis von schamanischen Techniken hatten. Sie konnten sich in andere Bewusstseinszustände versetzen und sich außerhalb von Raum und Zeit bewegen. Das mag Ihnen unheimlich erscheinen, vielleicht gar unrealistisch und ausgeschlossen, aber so absurd ist der Gedanke gar nicht, Reisen in andere Welten zu unternehmen. Sie tun es schließlich auch – jede Nacht, wenn Sie träumen!

Eine Phantasiereise oder geführte Meditation gibt Bilder und Szenen vor, eine selbstständige Reise in die Anderwelt lässt eigene Bilder erstehen.

So oder ähnlich kann man sich die Anderwelt vorstellen. Nutzen Sie jedoch die eigene Vorstellungskraft, und gehen Sie auf Ihre ganz individuelle Reise.

133

Ein Pfad in die Anderwelt

Schamanisch reisen in Trance ist eigentlich nicht sehr viel anders als ein bewusstes Träumen, ein Träumen im Wachzustand, in dem man mehr oder weniger stark in das Geschehen willentlich eingreifen kann. Die einfachste Form der Trance ist eine geführte Phantasiereise, bei der Sie mit geschlossenen Augen und im entspannten Zustand einem Erzähler zuhören, der Ihnen Bilder oder Szenen vorgibt, die Sie dann vor Ihrem inneren Auge verfolgen und miterleben können – ähnlich, wie ein Kind hingerissen einer Geschichte folgt und ganz darin aufgeht, lacht, wenn es lustig wird, Zorn und Angst verspürt, wenn Unrecht geschieht, vor Unruhe und Spannung nicht still sitzen kann und Tränen vergießt, wenn traurige Begebenheiten erzählt werden. Kinder haben es dabei leicht, sie leben mit einem Teil ihrer Seele noch in der Anderwelt, und der Übergang ist ihnen noch nicht verwehrt. Das passiert erst, wenn die Erwachsenen ihnen das Träumen verbieten, wenn Einmaleins und Alphabet wichtiger werden als die Phantasie.

Natürlich müssen wir uns der Umgebung stellen, in die wir hineingeboren sind, das Tagesbewusstsein ist wichtig für das Überleben, das richtige Reagieren in brenzligen Situationen und den Umgang mit der Technik. Aber trotzdem sollte jeder hin und wieder den Weg in die Anderwelt gehen, um dort Inspiration, Weisheit, Heilung – und die verlorenen Teile seines Selbst – zu suchen. Es ist gar nicht so schwer, wie Sie vielleicht denken.

⮌ Wegweiser Anderwelt

Machen Sie es sich nicht zu gemütlich bei dieser Übung, denn es besteht die Gefahr, dass Sie einschlafen und sich an das Geschehen nicht mehr erinnern können.

Die wichtigste Voraussetzung für Ihren Besuch in der Anderwelt ist die Entspannung. Hierfür gibt es verschiedene hilfreiche Techniken, die beispielsweise im autogenen Training vermittelt werden, Atemtechniken oder Tiefenentspannung, die Sie vielleicht schon an den heiligen Orten oder bei der Baummeditation geübt haben. Ich schlage Ihnen für Ihre Reise in die Anderwelt vor, Entspannungsmusik einzusetzen. Ideal wäre es, wenn Sie über Aufnahmen keltischer Harfenmusik verfügen, aber auch alle neutralen Stücke sind geeignet, vor allem solche, die Naturgeräusche wie Regen, Meeresrauschen oder Blätterwispern mit einbinden. Sie sollten allerdings nicht aus einem anderen Kulturkreis stammen – die traditionelle Musik der Indianer oder afrikanische Trommeln könnten die Anderwelt mit ein paar sehr seltsamen Gestalten bevölkern.

Übung: In die Anderwelt gelangen

● Sorgen Sie dafür, dass Sie für eine Stunde völlig ungestört sind, stellen Sie auch Telefon und Türklingel ab.

● Machen Sie sich die ersten Male am besten abends oder nachts auf die Reise, wenn es draußen ruhiger und dunkel geworden ist und Sie Abstand von der Hektik des Tages gewonnen haben. Ansonsten verdunkeln Sie zumindest den Raum und lassen nur eine Kerze brennen.

● Setzen Sie sich aufrecht auf einen Stuhl, so dass beide Füße den Boden berühren und der Rücken gerade ist, oder besser im Schneidersitz auf eine Decke am Boden.

● Lassen Sie die Musik leise laufen, und atmen Sie ein paar Mal tief in den Bauch ein. Bitten Sie eine höhere Macht um Beistand, dass sie Sie sicher zu den Toren der Anderwelt geleiten mögen.

Es ist bemerkenswert, dass die traditionelle schamanische Reise ihren Beginn immer in einer Höhle, an einer Quelle oder unter einem Baum nimmt. Und bevor die Bilder klar werden, scheinen Nebel die Konturen zu verwischen.

● Atmen Sie 20-mal tief ein und aus, und konzentrieren Sie sich dabei nur auf den Luftstrom, der durch Ihre Nase in die Lungen dringt und wieder aus Ihrem Körper hinausströmt.

● Wenn Sie ruhig geworden sind, suchen Sie sich einen Eingang in die Anderwelt. Stellen Sie ihn sich plastisch in allen Einzelheiten vor. Hier einige Beispiele, wie er aussehen kann.

● Ein Höhleneingang in einem Berg lädt Sie ein, fedrige Farnwedel verbergen ihn halb, der graue Fels ist mit Moosen überzogen, ein Pfad aus glitzernden weißen Kieseln führt in das dämmerige Dunkel hinein. Folgen Sie diesem Pfad.

● Oder stellen Sie sich eine Waldlichtung vor: Blühende Weißdornhecken fassen sie ein, dahinter ragen die Stämme der Eichen wie starke Säulen auf, und durch das dicht gewobene Laubdach fällt flimmernd grünes Sonnenlicht. Suchen Sie den Pfad im weichen Gras, der zwischen zwei Haselsträuchern hindurchführt.

● Klassisch ist der Eingang durch einen Dolmen, eine síd. Auf einer weiten Ebene, über der die Wolken zauberische Licht- und Schattenspiele treiben, erhebt sich ein uraltes Steinmonument. Verwitterte, flechtenbedeckte Monolithen tragen eine Steinplatte und bilden ein Tor, das in das Innere der heiligen Stätte führt. Treten Sie andachtsvoll durch diesen Eingang.

● Die Anderwelt können Sie auch am schilfbestandenen Ufer eines Sees betreten. Die Morgensonne hat die Nebel über dem Wasser noch nicht aufgelöst, sie wabern zwischen raschelnden Schilfrohren. Leise plätschern kleine Wellen an das Ufer.

135

Suchen Sie den hölzernen Steg, an dem der Nachen angebunden ist. Er wird Sie durch die Nebel führen.

Wandern in der Anderwelt

Wenn Sie durch das Tor zur Anderwelt gegangen sind, schauen Sie sich zunächst die Landschaft an: den Boden zu Ihren Füßen, die Umgebung, den Ausblick, den Sie vor sich haben. Dann rufen Sie nach einem Führer, der Ihnen die Wege weist, die Sie beschreiten können. Was immer man sich in der Anderwelt wünscht, geht in Erfüllung – also wird er erscheinen. Ich kann Ihnen aber nicht versprechen, dass es ein weißbärtiger Druide oder der muskulöse Held Cúchulainn ist. Es kann genauso gut eine verhärmte alte Frau oder ein Junge in karierten Hosen, ein rotohriger Hund oder ein grunzendes Wildschwein sein.

Was immer Sie jetzt erleben, lassen Sie es einfach geschehen, versuchen Sie nichts mit dem Verstand zu deuten, sondern betrachten Sie die Szenen, die sich entwickeln. Sie können entscheiden, welchen Weg Sie einschlagen, wenn Sie an eine Gabelung kommen; Sie können Dinge näher betrachten, mit den Wesen Kontakt aufnehmen oder sie meiden. Tun Sie, was Ihnen angenehm ist, und vermeiden Sie alle Furcht erregenden Situationen. Vertrauen Sie Ihrem Führer, er wird Sie sicher geleiten.

Rückkehr in die reale Welt

Sie brauchen keine Angst zu haben, dass Sie nicht mehr zurückkommen – das kann man immer. Nur achten Sie darauf, dass Sie die Anderwelt nicht in Momenten betreten, in denen Sie im Hier und Jetzt gefordert sind.

Wenn Sie Ihren Ausflug in die Anderwelt beenden wollen, dann nehmen Sie den gleichen Weg zurück, den Sie gekommen sind. Es wird meist viel schneller vonstatten gehen als auf dem Hinweg. Wenn Sie am Ausgangsort angelangt sind, verabschieden Sie sich von Ihrem Führer und lassen alle Geschenke oder Gegenstände, die Sie erhalten oder gefunden haben, in der Anderwelt zurück. Durchschreiten Sie das Tor oder den Nebel, und atmen Sie noch ein paar Mal tief ein. Bewegen Sie sich ein wenig, und öffnen Sie langsam wieder die Augen. Beenden Sie das Reiseritual, indem Sie das Erlebte aufschreiben, malen oder ein Gedicht daraus machen, und danken Sie der höheren Macht, die Sie unterstützt hat. Heben Sie diese Aufzeichnungen auf, und überdenken Sie das Geschehen in Abständen immer wieder. Vermutlich wird sich Ihnen die Bedeutung mancher Szenen erst nach und nach erschließen. Je mehr mythologische Kenntnisse Sie sich aneignen, desto zutreffender werden auch Ihre Interpretationen und Aussagen über sich selbst sein.

Die Anderwelt – nur ein Märchen?

Sie werden mit einiger Übung feststellen, dass das, was man auf diesen Reisen erlebt, an Märchen erinnert. Die Gestalten haben oft abstrakte, weniger persönliche Züge. Krieger, Königinnen, Bettler, Jungfrauen, Priesterinnen, weise Männer oder Frauen, Helden, Schurken, Stiefmütter, Prinzessinnen erscheinen; sprechende Tiere, Fabelwesen oder Tiere, die aus verschiedenen Teilen zusammengesetzt sind, treten auf. Sie können nett und gesprächig sein oder bedrohlich wirken. Sie werden auf geheimnisvolle Gegenstände stoßen oder wunderlichen Zeremonien beiwohnen. Woher kommt alles das »in Ihren Kopf«?

Die keltische Bedeutung von Tieren und Bäumen, Göttern und Helden, die Ihnen begegnen können, wird Ihnen in diesem Buch an vielen Stellen nahe gebracht.

Vergessene Sinneseindrücke und Urbilder

Spätestens vom Moment der Geburt an nehmen wir Sinneseindrücke und Informationen auf. Nur den geringsten Teil verarbeiten wir bewusst. Manches vergessen wir, wenn es eintritt, manches schieben wir, weil unangenehm, beiseite, einiges filtern wir heraus, weil es zum aktuellen Problem nichts beiträgt. Dennoch ist alles im Unbewussten gespeichert, vermischt sich dort mit Gefühlen, Instinkten, Erfahrungen und Ideen.

Unser Kontakt zum Unbewussten ist im Alltag meist unterbrochen, im Schlaf, wenn wir träumen, ist er intensiv, und vieles steigt in seltsamen Szenen wieder auf. Aber nicht nur das eigene Unbewusste liefert Bilder und Eindrücke, sondern auch kollektive Erinnerungen, etwa die der Familie, des gemeinsamen Lebensumfeldes, vergangener Generationen, der Menschheit als Ganzes, können in diesen Szenen verwoben sein. Darum sind auch die Gestaltwandel möglich, von denen die Barden berichten, die Verwandlung in Tiere, Pflanzen, Mineralien. Aus diesen tiefen, unbewussten Bereichen stammen die archetypischen Gestalten, die sich in Mythen, Sagen und Märchen wieder finden.

Magie aus dem Unbewussten

Ein gewaltiges Potenzial schlummert unterhalb des Tagesbewusstseins, das sich manchmal auf eigenwillige Art Bahn bricht: in Genieblitzen wie in Krankheiten, in göttlicher Inspiration wie in namenlosen Ängsten. Lernt man aber, mit einem Teil von ihnen Kontakt aufzunehmen, sie zu verstehen und gezielt mit ihnen umzugehen, dann geben sie dem Leben die Magie zurück.

Helden, Feen und der Grüne Mann

Befassen wir uns in diesem Kapitel etwas näher mit den Wesen, die die keltischen Mythen bevölkern. Wie bei einem so lebendigen Verständnis für die Natur, die Götter und die Anderwelt nicht anders zu erwarten, tut sich hier ein weites und nicht eben leicht zu kartografierendes Feld auf. Der Übergang von Helden zu Göttern, von Göttinnen zu Feen, von Druiden zu Zauberern ist beliebig unscharf. Die Heldinnen und Helden der keltischen Mythen verfügen fast immer über übernatürliche Fähigkeiten, die sie entweder in der Anderwelt erworben oder durch Götter, Feen oder Zauberer erhalten haben.

Cúchulainn ist der größte irisch-keltische Held. Von ihm wird in der Sage um den Rinderraub von Cooley, dem »Tain Bó Cuailnge«, berichtet.

Helden und starke Frauen

Männer und Frauen, Kämpfer und Königinnen, Druiden und Feen haben so ziemlich gleichmäßigen Anteil an den Geschehnissen in den keltischen Mythen, und beide Geschlechter erleben ihre Siege und Niederlagen. Dabei gewinnen die Frauen genauso oft wie die Männer. Anders als in den griechischen und römischen Mythen, in denen die Frauenrolle auf das wartende Weibchen Penelope, die verführerische Circe oder die ausschließlich schöne Helena begrenzt ist, haben wir es in den Geschichten der Iren und Waliser mit kraftvoll durchgreifenden Königinnen, Respekt erheischenden Ausbilderinnen der Krieger, manch recht herben Müttern und Gattinnen, aber auch weisen Lehrerinnen zu tun. Die Helden dagegen sind vornehmlich mutig, niemals aber nur edel. Sie haben ihre Fehler, und sie müssen immer die Verantwortung für ihr Verhalten übernehmen. Das macht sie so menschlich, viel mehr als die vollkommeneren und tugendsamen Ritter späterer mittelalterlicher Zeit.

Ein übernatürlicher Held

Nehmen wir beispielsweise Setanta. Wie es sich für einen echten Helden gehört, ist er göttlichen Ursprungs und wird von einer Jungfrau geboren. Hier sei gleich eine kleine Anmerkung erlaubt, die die Mutter ins rechte Licht rückt: Eine keltische »Jungfrau« ist keine Jungfrau im physischen Sinne, sondern eine unverheiratete, freie Frau. Schon als Kind nimmt es Setanta locker mit 50 gleichaltrigen Gegnern auf und verprügelt sie nach Noten. Dann bringt er, was keine Glanztat ist, den Wachhund des Schmiedes Chulann um. Dieser ist darüber tief betrübt, und so verspricht der Junge zerknirscht, einen Welpen gleichen Charakters aufzuziehen, und der Druide Cathbad bestimmt, dass Setanta zukünftig »Cúchulainn«, »der Hund des Chulann«, heißen soll. Er verbindet diese Namensgebung mit dem Tabu, dem *geis*, dass Cúchulainn niemals Hundefleisch verzehren darf, sonst verliert er sein Leben. Erstaunliche Heldentaten folgen in Cúchulainns kurzem und heftig bewegtem Dasein. Und wenn Sie sich ein Bild von ihm machen wollen, so finden Sie in Dublin am General Post Office eine Skulptur von ihm.

Cúchulainns Aussehen muss höchst modern gewesen sein, denn er hatte dreifarbiges Haar: braun am Kopf, blutrot in der Mitte und golden an den Spitzen.

Eine anderweltliche Heldin

Damit nicht immer nur von männlichen Helden die Rede ist, gleich das Beispiel einer mit übernatürlichen Kräften begabten Frau, der Macha.

Die Frau des Bauern Crunchu ist gestorben, und er muss seine Kinder in einem einsamen Teil des Landes alleine großziehen. Doch eines Abends erscheint eine schöne, schweigsame Fremde, übernimmt die Hausfrauenpflichten und tröstet den einsamen Mann im Bett. Der Hof, die Kinder und auch die Beziehung gedeihen. Einige Zeit später wird Crunchu zu einem Fest beim König eingeladen, und er bittet Macha, ihn zu begleiten. Sie weigert sich jedoch, da sie hochschwanger ist, und lässt sich von ihm versprechen, dass er nichts über sie erzählt. Aber wie das so bei ausschweifenden Festen ist, es wird gespielt und gewettet, und der König behauptet, seine Pferde seien die schnellsten Läufer seines Reiches. Lachend hält ihm Crunchu entgegen, seine Frau könne ihnen jederzeit davonlaufen. Beleidigt ordnet der König an, dass diese Frau herbeigeschafft wird, um den Beweis anzutreten, und zur Unterstreichung seiner Forderung legt er Crunchu in Ketten. Boten holen die hochschwangere Macha. Sie bittet, man möge auf ihren Zustand Rücksicht nehmen, aber der König droht, ihren Mann zu enthaupten, wenn sie nicht Folge leiste. Sie läuft mit den Pferden, besiegt sie auch, bricht dann aber zusammen und gebiert Zwillinge. Doch bevor sie vor den Augen der Männer verschwindet, schreit sie einen Fluch über die Versammelten. Jeder der Männer solle, wann immer seine Kraft am dringendsten gebraucht werde, hilflos vier Tage und fünf Nächte die Schmerzen des Kindbetts erleiden. Genau dies geschah den Helden von Ulster.

Exkursion zu den Helden und den Noblen

Betrachten wir mal die heutigen Helden und ihre übermenschlichen Fähigkeiten. Da gibt es eine Tennisspielerin, die jeden von uns zum Bälleholen schicken kann. Dreamteams jonglieren mit Basketbällen auf geradezu magische Weise, und Fußballer ziehen für Volk und Vaterland in die Weltmeisterschaft.
Andere Helden und Heldinnen stehen auf der Bühne und verzaubern mit ihrem Gesang Millionen: Heldentenöre, Boygroups und weiße Schwarze. Natürlich gibt es auch Schauspieler, die Helden darstellen und damit zu Helden werden: Serienhelden, Kinohelden und Theaterhelden. Nicht zu vergessen sind die Prinzen und Prinzessinnen, deren Adel, wie man früher genau wusste, von Gottes Gnaden stammte. Daneben machen noch jede Menge politische Helden, Volkshelden, Kriegshelden von sich reden … Und wer ist Ihr Held? Wen verehren Sie aufgrund seiner übermenschlichen Fähigkeiten? Welcher Fähigkeiten?

Freud und Leid des Heldentums

Krisen, Leid, Verwundung und Krankheit müssen auch Helden überwinden. Wie sie es tun – das macht wahres Heldentum aus.

Zurück zu den keltischen Helden. Cúchulainn hat übernatürliche Kräfte. Jung wie er ist, setzt er sie unüberlegt zum Schaden anderer ein. Das macht ihn nicht zum Helden. Dazu wird er erst, als er die Verantwortung für sein Handeln übernimmt, Wiedergutmachung leistet und sich einem Tabu unterwirft. Die Macha hat ebenfalls übernatürliche Kräfte. Anders als Cúchulainn schweigt sie darüber und setzt sie erst ein, als sie in einer Notlage das Leben ihres Mannes retten muss. Dafür spricht sie aber über ihre Peiniger den *geis*.
Helden sind also auch in den keltischen Mythen überdurchschnittlich begabt, aber sie übernehmen Verantwortung für ihre Kräfte, und sie schweigen über ihre besonderen Fähigkeiten. Die keltischen Heroen sind nicht immer strahlende Helden, und je größer ihre Begabung, desto härter sind die Prüfungen und Herausforderungen, denen sie sich stellen müssen. Oft verlieren sie dabei, müssen Niederlagen einstecken, Demütigungen hinnehmen und strenge Tabus beachten. Und trotzdem werden sie verehrt.

Prüfen Sie unsere heutigen »Helden« einmal anhand dieser Kriterien: Sportliche Leistung, Schönheit, Reichtum, Abstammung und Selbstdarstellung können sie aufweisen. »Etwas Besonderes tun und laut darüber reden!« ist ihre Devise. Abgesehen davon erhalten sie auch noch Spitzengehälter. Irgendetwas stimmt mit dem Heldentum nicht mehr.

Helden sind Vorbilder

Ein mythischer Held ist ein Vorbild für diejenigen, die seiner Geschichte lauschen. Er bringt gewisse Werte mit, die für die Gesellschaft wichtig sind. Darum überzeichnet man ihn, seine Kräfte werden als »übernatürlich« statt überdurchschnittlich dargestellt, seine Abkunft wird als göttlich oder halbgöttlich bezeichnet, und sein Schicksal verläuft geradezu unmenschlich dramatisch. Helden wird im Gegenzug Achtung erwiesen, treu und loyal hängt ihre Gefolgschaft ihnen an und bringt ihnen sogar Liebe entgegen – trotz ihrer Fehler und Missgriffe. Es scheint, als hätten wir Sehnsucht nach derartigen Vorbildfiguren, denn in der Fiktion – in Romanen und Filmen – treten sie auch heute noch auf. Und in der Realität …?

Suchen Sie einmal heute nach Menschen, die Vorbilder – auch für die kommende Generation – sind. Menschen, die eine besondere Fähigkeit haben. Menschen, die Gutes tun und darüber nicht reden, die Mut beweisen und die Konsequenzen tragen, die stark sind und ihre Macht nicht ausspielen, die gerecht, aber nicht selbstgerecht sind und bedingungslose Hingabe verdienen. Vielleicht sind Sie es selbst!

⟳ Wegweiser Heldentum

Wie erwirbt man zumindest »ungewöhnliche« Fähigkeiten? Hierzu ein paar Gedanken. Die besonderen Kräfte erhalten die keltischen Helden meist in der Anderwelt. Auf uns bezogen heißt das, aus dem Bereich des Unbewussten. Hier schlummern die unentdeckten Fähigkeiten, die vorbewussten Möglichkeiten. Jeder Mensch hat die Anlage, etwas Besonderes zu sein. Aber niemandem fällt es in den Schoß. Selbst hoch talentierte Personen müssen hart arbeiten, sonst verkümmert ihr Talent. Ein Musiker, der nicht musiziert, ein Dichter, der nicht mit Worten ringt, ist nichts als Durchschnitt. Kreativität ist bei einem Werk immer nur der auslösende Funke, Fleiß, Ausdauer und handwerkliches Können machen den größten Teil aus.

Ein Heldenstück (cles) leisten hat heute den Beigeschmack einer tollkühnen und unbesonnenen Tat. Doch einst war gewissenhaftes, mutiges und gekonntes Handeln nötig, um ein cles zu vollbringen.

141

Übung: Übernatürliche Fähigkeiten wecken

- Wecken Sie eine Fähigkeit in sich, etwas, was Sie schon immer gerne machen wollten, oder etwas, was Sie früher einmal angefangen, aber aus Zeitnot nicht weiterverfolgt haben, beispielsweise ein Instrument spielen, mit Ölfarben malen, Rosen züchten, Spitzenklöppeln.
- Wenn Sie etwas gefunden haben, was Sie wirklich gerne beherrschen möchten, dann können Sie die Hilfe der Anderwelt in Anspruch nehmen. Wandern Sie dorthin, und suchen Sie nach Ideen, Inspiration und unterstützenden Ratschlägen.
- Achten Sie in der nächsten Zeit im täglichen Leben auf alle Hinweise, die im Zusammenhang mit Ihrer gewünschten Fähigkeit stehen, und verfolgen Sie aufmerksam die Pfade, die Ihnen nützlich erscheinen.
- Schweigen Sie über Ihr Vorhaben, denn nichts ist einer neuen Sache abträglicher, als jedem, der es wissen oder auch nicht wissen will, Anerkennung heischend auf die Nase zu binden: »Ich werde jetzt das Harfenspiel lernen!«
- Besuchen Sie Kurse, lesen Sie etwas darüber, vor allem aber üben Sie es. Seien Sie geduldig und beharrlich, lassen Sie sich von Rückschlägen nicht unterkriegen. Gehen Sie kleine und kleinste Schritte. Und sagen Sie nicht, Sie hätten keine Zeit dafür, sondern nehmen Sie lieber Ihre vielen »Zeitfresser« kritisch unter die Lupe.
- Ihr Ziel ist das Beherrschen einer Technik, einer Kunst, eines Handwerks, nicht die Anerkennung, die Sie dadurch gewinnen, oder das Geld, das Sie damit verdienen könnten.
- Wenn Sie merken, dass Sie allmählich die Fähigkeit entwickelt haben, die Sie sich wünschen, dann setzen Sie sie ein: Tun Sie Gutes, ohne darüber zu reden, zeigen Sie Mut, und tragen Sie die Verantwortung. Sie werden sich wundern, wie schnell ein Held und Vorbild aus Ihnen wird.

Ein ganz besonderer Gewinn, der Ihnen entsteht, wenn Sie verborgene Fähigkeiten wecken, ist die Erfahrung, dass Ihr Leben plötzlich ungeheuer reich und spannend wird.

Die archetypischen Helden

In allen Geschichten, die bleibende Spuren in der Erinnerung hinterlassen, sind die handelnden Personen von archetypischer Kraft. Die Archetypen aber gehören zu dem meist unbewussten Wissen, über das jeder von uns verfügt. Denn wir erkennen sie wieder, wenn wir auf sie stoßen, wir haben das Gefühl, dass sie einen Teil von uns verkörpern, den wir uns dienstbar machen können, wenn wir uns mit ihnen näher beschäftigen. Sie tauchen dann plötzlich in unseren Träumen und Phantasien auf, begegnen uns, so seltsam es scheinen mag, ganz plötzlich in der Realität, sei es als Personen, die sie auf eine bestimmte Art verkörpern, sei es als Figuren in Büchern oder Geschichten, die uns »zufällig« in die Hände fallen, auf Bildern oder in Filmen.

Da die Kelten einen gesunden Kontakt zum Unbewussten und seinen unerschöpflichen Quellen hatten, haben sie ihre Mythen mit höchst authentischen Gestalten bevölkert, die auch heute noch zum Greifen nah sind. Es sind im Wesentlichen die Kämpfer, später Ritter, die selbstbewussten Herrinnen und Damen, die Könige und Königinnen, die Druiden und Berater, die Priesterinnen und weisen Frauen. Machen Sie diese Gestalten zu Ihren Helfern, denn sie sind noch immer gegenwärtig. Auf dem Weg zum persönlichen Heldentum ist es manchmal nützlich, mit diesen Vorbildern einen inneren Dialog zu führen. Hier eine kleine Auswahl keltischer Gesprächspartner.

Die britische Schriftstellerin Moyra Caldecott hat in einem Buch die Frauen der keltischen Mythen zusammengestellt. Es wirkt sehr erhellend auf die weiblichen Charaktere.

Starke Frauen

● **Rhiannon:** Sie ist eine anderweltliche Frau mit vielen Gaben und von überwältigender Großzügigkeit. Sie heiratet Pwyll, einen sterblichen Menschen, und lebt mit ihm in seiner Welt. Doch den Menschen ist sie unheimlich, und die Höflinge legen Pwyll nahe, sich von ihr zu trennen. Er weigert sich, doch als sie ein Kind gebiert, das sofort nach der Geburt auf geheimnisvolle Weise verschwindet, muss er sie bestrafen: Rhiannon muss sieben Jahre lang jedem Besucher anbieten, ihn auf ihrem Rücken vom Tor zum Palast zu tragen. Sie erleidet geduldig und mit Würde die ungerechte Strafe und gewinnt auf diese Weise die Zuneigung der Menschen.

Rhiannon ist eine starke, intelligente, liebevolle Frau, sozusagen »zu gut für diese Welt«. Sie hilft Ihnen, mit Neid und Missgunst weniger begabter Menschen fertig zu werden.

● **Arianrod:** Sie soll die »königliche Fußhalterin« bei König Math werden, der seine Herrschaft nur ausüben kann, wenn seine Füße nicht den Boden berühren. Dazu muss sie »Jungfrau« sein, also ungebunden. Sie lässt sich von ihrem Bruder überreden, ihre Unabhängigkeit aufzugeben, doch bei der Amtsübernahme gebiert sie einen Sohn. Sie verweigert dem ungewollten Jungen Namen, Waffen und eine Ehefrau und kehrt in ihr Schloss zurück.

143

Arianrod ist eine Frau, die ihre Unabhängigkeit über alles schätzt und die, nachdem sie in eine männliche Falle getappt ist, rigoros die Konsequenzen zieht. Unterhalten Sie sich mit ihr, wenn Sie sich in die Enge gedrängt fühlen.

● **Blodeuwedd:** Die Frau, die von Männern nach deren Wunsch und Vorstellungen aus Blüten geformt wurde, hat sich nicht zu dem süßlichen, folgsamen Blumenmädchen entwickelt, das sie sein sollte, sondern sie kämpft sehr beherzt für ihre Liebe. Zwar wird sie deswegen bestraft und in eine weiße Eule verwandelt, aber ihr Aufbegehren gegen die Vorstellungen der Männer macht sie zu einer geeigneten Gesprächspartnerin, wenn Sie das weibliche Püppchenbild mancher Männer nervt.

● **Macha:** Macha, die sanfte, fürsorgliche Frau, die sich um den einsamen Crunchu kümmert, will nicht, dass ihre erstaunlichen Leistungen an die große Glocke gehängt werden (siehe Seite 139f.).

Wenn Sie den Eindruck haben, dass man Sie beständig wie ein Zirkuspferd Kunststücke vorführen lassen will, obwohl Sie Ihre Fähigkeiten lieber für andere Zwecke nutzen wollen, dann ist Macha eine kompetente Ansprechpartnerin.

● **Medb:** Die irische Königin hat in prüderen Zeiten einen üblen Ruf erhalten, denn sie war eine energische Herrscherin, die sich nicht scheute, sich Liebhaber zu nehmen, wenn ihr der Sinn danach stand oder wenn es ihren politischen Plänen diente. Die wichtigsten Voraussetzungen für einen Ehemann waren nach ihren Worten, dass er »weder Geiz, Furcht noch Eifersucht kannte«. Sie war zudem eine kämpferische Frau, die selbst in den Krieg zog und die Männer das Fürchten lehrte. Ihr Rat mag hin und wieder etwas drastisch klingen, aber um den Ärger über manche Männer loszuwerden und sich abzureagieren, kann ein Gespräch in Gedanken mit ihr ganz nützlich sein.

● **Scathach:** Ihr Name bedeutet »die Schattenhafte«. Sie ist die Leiterin einer Schule für junge Krieger, denen sie nicht nur die Techniken von Angriff und Verteidigung beibringt, sondern auch die »Freundschaft ihrer Schenkel« schenkt. Sie ist eine der großen Initiatorinnen, die den jungen Männern den Weg zur Einweihung zeigt. Als selbstsichere Frau ist sie sich ihrer Macht und Meisterschaft bewusst, und sie gibt ihr Wissen und ihre Fähigkeiten weiter. Selbstbewusstsein und Kompetenz sind die Themen, die Sie mit Scathach bestens diskutieren können, vor allem im Hinblick auf Ihre Beziehungen.

Um die Verwirrung komplett zu machen: Es gibt in der keltischen Mythologie vier Machas sehr unterschiedlichen Charakters. Eine gehört zu den Kriegsgöttinnen, eine ist eine Seherin, die nächste eine Herrscherin – und die hier geschilderte?

Heldenhafte Männer

● **Cúchulainn:** Auch dieser größte aller keltischen Helden ist nicht völlig ohne Fehler, doch wann immer er aufgrund seiner gewaltigen Kraft und seiner überwältigenden Wut etwas falsch macht, trägt er dafür die Konsequenzen. Vor seinem letzten Kampf trifft er auf drei alte Frauen, die ihm an ihrem Lagerfeuer ein Essen anbieten. Obwohl er weiß, dass er damit gegen den geis, kein Hundefleisch essen zu dürfen, verstößt, entschließt er sich, das Mahl anzunehmen, da er sonst die Ehre der Gastgeberinnen verletzen würde. Am nächsten Tag wird er im Kampf tödlich verwundet, doch er bindet sich mit seinem Gürtel an einen Stein, um aufrecht kämpfend im Angesicht seiner Feinde zu sterben.

Über Mut, Tapferkeit, Ehre und Verantwortung für das eigene – vor allem auch unüberlegte – Handeln können Sie sich mit ihm gut unterhalten.

● **Fionn mac Cumhaill:** Der Anführer der Fianna, einer Kriegergruppe, die den König von Irland zu schützen haben, wurde von einer Druidin erzogen und erhält, als er vom Lachs der Weisheit nascht, die Gabe der Weissagung. Er liebt die Frauen, die Natur und hat vor allem den Mut, sich mit unerklärlichen übernatürlichen Kräften und Wesen auseinander zu setzen. Seine Frau Sava war in eine Hirschkuh verwandelt, doch Fionn kann den Zauber lösen. Genau wie Cúchulainn übertritt er am Ende seines Lebens bewusst ein Tabu und stirbt.

Wenn Sie Ermutigung brauchen, sich verborgenen, rational nicht greifbaren Kräften zu stellen, dann finden Sie bei Fionn mac Cumhaill immer erbauenden Zuspruch und notwendige Unterstützung.

● **Lleu:** Der sprichwörtliche strahlende Held ist Lleu Llaw Gyffes, der so genannte s»Glänzende mit der geschickten Hand«, der nicht anerkannte Sohn der Arianrod. Als er vom Speer seines Widersachers getroffen wird, stirbt er nicht, sondern verwandelt sich in einen Adler und fliegt davon. Bei diesem Helden ist die Verbindung zum Göttlichen sehr eng, denn der walisische »Leuchtende« ist in seinen Fähigkeiten mit dem irischen Gott Lug nah verwandt. Und genau wie dieser beherrscht der Held mit geschickter Hand gleichzeitig viele Kunstfertigkeiten und Handwerke.

Erfolg, Gewandtheit und ein sonniges Gemüt sind die Themen des Lleu.

Die keltischen Helden sind nicht nur derbe Haudegen. Genauso verstehen sie etwas von Dichtung, kennen sich in der Musik aus und beherrschen die Magie und die Kunst der Weissagung.

● **Pwyll:** Er trifft auf der Jagd den Herren von Annwn, der Anderwelt, und tauscht mit ihm für ein Jahr die Rolle, wobei er sich tapfer bewährt. Zurück in der realen Welt, trifft er die Anderwelt-Frau Rhiannon, in die er sich allen Hindernissen zum Trotz verliebt und die er heiratet. Wenn ihm in der Einschätzung der Lage auch manche Fehler unterlaufen, ist doch Zivilcourage seine hervorstechendste Eigenschaft. Dazu gesellen sich Loyalität und Großzügigkeit.

Wenn Sie aus Ihren eigenen Fehlern lernen wollen, führen Sie in Gedanken ein Gespräch mit diesem berühmten walisischen Helden.

● **Cormac mac Art:** Er wird von einer Wölfin aufgezogen und kümmert sich später zeitlebens um seine Wolfsfamilie. Schon als Knabe löst er schwierige Rechtsprobleme. So sollten die Schafe, die die Kräuter der Königin abgeweidet hatten, ihr als Wiedergutmachung überlassen werden. Klein-Cormac empfindet das Urteil als unangemessen und ungerecht und quakt in der Erwachsenenrunde dazwischen, dass nur die Wolle der Schafe der Königin zur Wiedergutmachung überlassen werden solle, weil sie ja, wie die Kräuter, nachwachsen würde. Cormac wurde später ein guter und gerechter König.

Seinen Rat können Sie im stillen Zwiegespräch einholen, wenn es um Gerechtigkeit geht.

Besuch im Feenland

So recht kann man sie nicht fassen, die Feen, aber ohne Zweifel bevölkerten sie die keltische Welt. Ihre Herkunft ist dunkel. Nicht nur die Tuatha Dé Danann sind zum Feenvolk geworden, nachdem sie von den Milesern, dem fünften Einwanderervolk Irlands, besiegt worden waren. Sie gingen in die Behausungen unter der Erde, in die Hügel und die *síd*, doch dort lebten bereits andere Wesen, mit denen sie sich vermischten. Von den Menschen wurden sie »das gute« oder »das schöne Volk« genannt, auch wenn (oder gerade weil) sie ihnen häufig genug bösen Schabernack spielten.

Streng getrennt blieben die Welt der Feen und der Menschen also nicht; es gab Liebesbeziehungen untereinander und Kinder, die auch Feenblut in sich trugen und mit übernatürlichen

Die Welt der Feen war wie die Welt der Menschen in Königreiche eingeteilt. Es gab Feenköniginnen und -könige, die in Palästen unter der Erde oder unter Wasser lebten.

Begabungen zur Welt kamen. Hin und wieder stahlen Feen auch Menschenkinder, um sie in ihrem Reich aufzuziehen. Insbesondere in den Nächten von Samhain und Beltane sind die Schleier zwischen den Welten sehr durchlässig, und die Menschen können durch die *síd*, meist Hügelgräber und Dolmen, in das Land der Feen geraten. Gleichzeitig besuchen die Schönen auch unsere Welt und tanzen dort auf den Wiesen.

»Salige Fräulein«, »Weiße Frauen« oder »Grüne Frauen«, »Wildweiblein«, »Elben« oder »Elfen« nennt man in den verschiedenen Gebieten Deutschlands die hiesigen Feen.

Feen im Volksglauben und in der Literatur

Die menschliche Phantasie ist nie müde geworden, sich mit den Feen zu beschäftigen. Von kitschig bis bedrohlich werden sie seit Jahrhunderten in Literatur und Kunst dargestellt. Hier ein paar ausgewählte Beispiele.

In den verschiedenen Gralslegenden spielt Morgane le Fay eine ambivalente Rolle zwischen weiser Zauberin und böser Hexe. Shakespeare hat seinen »Sommernachtstraum« im Feenreich angesiedelt. Goethe dichtete über den Erlkönig und seine Töchter. J.R.R. Tolkien setzte den keltischen Elben ein Denkmal in der zeitgenössischen Fantasyliteratur. Hunderte von Märchen und Sagen bevölkern Feenfiguren. Im Volksglauben sind sie so gängig wie Nachbars Katze, und genau wie ihr sollte man den Feen abends ein Schälchen Milch auf die Fensterbank stellen. Wer will schon so genau wissen, wer die Leckerei des Nachts aufgeschleckt hat.

Dass irische Feen energisch auf ihre Rechte pochen, habe ich am eigenen Leib erfahren. Es gibt in keltischen Ländern das Tabu, Brombeeren zu verzehren, da sie den Feen gehören – was ich nicht wusste. Bei einem Spaziergang an einem heißen Sommertag fanden wir eine alte Feldsteinruine, an deren verfallener Steinmauer sich dichte Brombeerbüsche rankten, die Zweige voller daumengroßer, süßer, köstlicher Beeren. Ich naschte davon, natürlich. Und am nächsten Tag kam unsere Rundreise durch meine grässlichen Magenschmerzen jäh zum Stillstand. Heute weiß ich, was ich falsch gemacht habe.

Feen im Wandel

Feen werden oft weiblich dargestellt, auch wenn das Feenvolk durchaus Männer aufweist. Dass die Feenfrauen häufiger auftreten, mag daran liegen, dass viele alte Göttinnen ins Feenreich abgewandert sind. So haben sich Bewohnerinnen der Quellen und Brunnen, der Flüsse und Seen entsprechend verwandelt.

Einst waren sie Fruchtbarkeit schenkende Göttinnen, die Herrinnen des Landes, dann wurden sie vom Christentum entmachtet und begaben sich ins unsichtbare Reich der Anderwelt. Um den freundlichen Glauben an sie noch weiter zu untergraben, wurde ihr dunkler Aspekt deutlicher hervorgehoben. Die *banshee* wurde zu einer alten Frau, die mit ihrem Schrei den Tod eines Menschen ankündigt und den Lebenden die Haare zu Berge stehen lässt. Als »Wäscherin an der Furt« reinigt sie den Kriegern, die in der Schlacht sterben werden, die Rüstung, oder sie wäscht hinterher die abgeschlagenen Köpfe. Der Schritt zur bösen Hexe war nicht mehr weit.

Noch nachhaltiger hat dem Ruf der Feen und Elfen die bonbonsüßliche Kitschwelt unserer Zeit geschadet. Nicht nur die goldhaarigen Disney-Varianten, die, von Glitzerstaub umweht, Konsumwünsche erfüllen, sondern auch die esoterischen Lichtgestalten, die wie pastellige Engel über Blüten und Kohlköpfe wachen, tun den lebensvollen keltischen Feencharakteren bitter Unrecht. All das spiegelt aber nur sehr deutlich wider, was auch mit den Menschenfrauen seit der Keltenzeit geschehen ist. Damit Ihnen die Feenwelt ein wenig greifbarer wird, hier die bezaubernde Geschichte von Thomas dem Reimer.

Thomas der Reimer

In alten Tagen lebte ein Mann in einem schottischen Dorf, der Thomas Learmont hieß. Er war ein ganz normaler, durchschnittlicher Mann, der sich nur dadurch von seinen Nachbarn unterschied, dass er manchmal auf seiner Laute spielte.

An einem leuchtend blauen Sommertag machte sich Thomas mit seiner Laute auf, um zu einem entfernt wohnenden Bauern zu wandern. Als er einen kleinen Wald am Fuße eines Berges erreicht hatte, wurde er ein wenig müde und setzte sich nieder. Müßig zupfte er ein paar Akkorde auf seiner Laute, als er plötzlich eine schöne Dame auf sich zureiten sah. Sie trug ein schimmerndes Kleid aus grasgrüner Seide, ihr goldenes Haar flatterte wie ein Schleier hinter ihr her, und in der Mähne ihres weißen Pferdes klingelten kleine silberne Glöckchen.

Höflich stand Thomas auf, um die Dame zu begrüßen, und sie stellte sich ihm als die Königin des Feenlandes vor. Sie bat ihn, etwas für sie auf der Laute zu spielen, und im grüngoldenen Schatten der Bäume spielte Thomas so schön wie niemals zuvor in seinem Leben.

»Fairytales«, also »Feengeschichten«, werden im Englischen die Märchen genannt, was auf die Beliebtheit des Motivs hindeutet.

»Ich will dich für dein Spiel belohnen«, sagte die Schöne, als Thomas geendet hatte. »Worum du mich auch bittest, werde ich dir gewähren.«

Und Thomas bat, ihre Lippen küssen zu dürfen. Sie lächelte und warnte ihn: »Wenn du mich küsst, wirst du verzaubert und musst mir sieben Jahre dienen.«

»Was sind schon sieben Jahre?«, meinte Thomas nur und küsste die Feenkönigin innig.

Die Folgen eines Feenkusses

Die Feenkönigin befahl Thomas, sich hinter sie auf ihr Pferd zu setzen, und schnell wie der Wind trug es beide mit klingelnden Silberglöckchen über das Land. Schon bald merkte Thomas, dass sie nicht mehr in der Welt der Lebenden waren, denn die Wildnis vor ihnen war leer und weglos wie das Meer. Nur ein schmaler Pfad wand sich zwischen Farn und Fingerhut unter hohen, schattigen Bäumen hindurch.

»Dies ist der Weg ins Feenreich, Thomas. Und wenn du mir ab jetzt bedingungslos gehorchst und kein Wort über deine Lippen kommt, was immer du auch erlebst, dann bringe ich dich in sieben Jahren zurück in deine Welt. Wenn nicht, wirst du zeit deines Lebens in der Wildnis zwischen dem Feenland und dem Menschenreich wandern müssen«, sagte die schöne Dame. Thomas nickte, und so führte sie ihn in ihr seltsames Reich.

Währenddessen fragten sich die Nachbarn und Freunde in dem kleinen schottischen Dorf, was mit Thomas geschehen sei, und unheimliche Geschichten machten die Runde. Er jedoch hielt sich an die Anweisungen und schwieg sieben Jahre lang. Als die Zeit um war, nahm ihn die Feenkönigin bei der Hand und geleitete ihn in einen zauberhaften Garten voller leuchtender Blumen, saftiger Früchte und raschelnder Büsche, unter denen Einhörner weideten. Sie pflückte einen Apfel und reichte ihn Thomas: »Du darfst wieder sprechen, und für deine Dienste werde ich dir diese verzauberte Frucht schenken. Wenn du sie isst, wirst du nie mehr eine Lüge aussprechen können.«

Die verzauberte Frucht

Thomas betrachtete den Apfel zweifelnd. »Manchmal muss man aber unter Menschen die Unwahrheit sagen, und wenn auch nur aus Höflichkeit!« Die Schöne beruhigte ihn jedoch und verabschiedete sich. Doch als sie ging, wusste Thomas, dass seine

Dass Musikanten von den Feen eingeladen oder entführt wurden, ist ein oft zitierter Fall in den Geschichten – die Feen lieben Musik und Tanz!

Liebe zu ihr nie sterben würde. Er sah ihr nach, leise klingelten die Silberglöckchen noch, doch eine Wolke weißer Apfelblütenblätter wirbelte auf und nahm ihm die Sicht. Dann fiel er in einen tiefen Schlaf, und als er die Augen wieder aufschlug, befand er sich genau an dem kleinen Wäldchen, an dem er vor sieben Jahren gerastet hatte. Die Rückkehr war nicht ganz leicht, denn die Leute glaubten zunächst, er sei von den Toten wieder auferstanden. Aber weil Thomas nun nicht mehr lügen konnte, begann er den Menschen die Wahrheit zu erzählen. Er berichtete in klingenden Reimen von den Wundern und von der Schönheit des Feenlandes, und alle hörten ihm voller Begeisterung zu. Aber nicht nur als Erzähler war er gefragt, auch sein Rat wurde mehr und mehr geschätzt, denn man konnte sich immer darauf verlassen, dass er die Wahrheit sagen würde, auch wenn er in Versen zukünftige Entwicklungen schilderte. Sie nannten ihn Thomas der Reimer, und er erlangte Berühmtheit im ganzen Land, wurde reich und angesehen und gab viele Feste.

Die Geschichte von Thomas dem Reimer hat Fontane zu einem Gedicht inspiriert, das Carl Loewe vertont hat.

Die Legende um die Königin des Feenlandes, Thomas den Reimer und den berühmten Kuss ist eine wunderschöne Geschichte.

Thomas the Rhymer

Doch dann, eines Tages, geschah es. Eine milchweiße Hirschkuh und ihr Kitz kamen im silbernen Mondlicht den Berg hinunter zu Thomas' Haus. Er erhob sich von der Tafel, ohne sich um seine Gäste weiter zu kümmern, trat zwischen die beiden Tiere, und voller Freude ließ er sich von ihnen den weiten Weg zurück ins Feenreich führen, zurück zu seiner geliebten Feenkönigin.

Das Feenland

In dieser hübschen Begebenheit ist alles beschrieben, was gemeinhin das Reich der Feen ausmacht. Das grüne Kleid, die blonden Haare und die überirdische Schönheit sind typische Merkmale der Feen, wenngleich es auch andere gibt, die als dunkelhaarig beschrieben werden oder als alte Frauen. Der Eingang zur Anderwelt führt in diesem Fall durch die Wildnis und den Wald, der Weg zurück wird durch einen Nebel aus Blütenblättern verschleiert, und Thomas wacht anschließend wie aus einem Traum auf.

Mitgebracht hat er eine besondere Fähigkeit, die ihn in der Welt der Menschen reich und berühmt macht. Und dennoch wird er von der Sehnsucht nach der vollkommenen Frau übermannt – freiwillig kehrt er zu ihr zurück, als sie ihre Boten, die weiße Hirschkuh und das Kitz, schickt.

Die Feen, so sagt man, zeigen sich in unserer hoch technisierten Welt nicht mehr jedem, sondern nur denen, die sich die Zeit nehmen, den vorherrschenden Konventionen hin und wieder zu entfliehen.

Fee und Frau

Die Anderwelt, und in diesem Fall das Feenreich, ist ein dankbarer Bereich für alle, die in den Untergrund gehen müssen, weil andernorts für sie kein Platz mehr ist. Als die Tuatha Dé Danann von ihren Feinden besiegt wurden, verschwanden sie dorthin. Und als die Göttinnen der noch nicht ganz patriarchalisch orientierten Kelten dem christlichen Glauben weichen mussten, siedelten sie sich dort an und mit ihnen die Priesterinnen und Königinnen, die Heldinnen, die Seherinnen, die großen Liebenden und die weisen Alten.

Die Männer haben die starken, lebensvollen, mutigen, zornigen, klugen, heiteren, selbstbewussten Frauen in die Anderwelt verbannt und nur die unvollkommenen, die demütigen, gefügigen, unterwürfigen Weibchen in ihrer Welt behalten. Ein Danaer-Geschenk haben sie sich damit gemacht, die Herren der Schöpfung. Denn heimlich sehnen sie sich nach allen Aspekten der Frauen, die intelligent, verführerisch, stolz, kämpferisch, kreativ, wissend und willensstark sind.

⮌ Wegweiser für Frauen

Nachgiebig, mütterlich, angepasst, sanft, geduldig, gefühlvoll, passiv, gebend – so lauteten jahrhundertelang die bevorzugten Attribute, mit denen Frauen versehen wurden. Das Aufbegehren gegen die untergeordnete Rolle blieb den letzten drei Jahrzehnten dieses Jahrhunderts vorbehalten, und inzwischen ist das

Pendel in die andere Richtung ausgeschlagen. Die Powerfrau bewährt sich in der Männerwelt, und sie ist alles das, was das unterdrückte Weibchen nicht war: unnachgiebig, aufbegehrend, selbstständig, allein erziehend, aktiv, hart im Nehmen, dynamisch und immer an der Spitze jeden Trends. Das eine wie das andere ist ein einseitiges und verzerrtes Bild, schlimmer noch: Immer ist es ein unvollständiges Bild.

Die Fee in sich suchen

Sie können Ihre Träume auch daraufhin untersuchen, auch dort erscheinen die in den Untergrund verwiesenen Persönlichkeitsanteile als ähnliche Gestalten.

Es ist der Mühe wert, dass Sie für sich selbst herauszufinden versuchen, welche Teile von Ihnen im Feenland schlummern und welche von dieser Welt sind. Aber es ist nicht immer eine leichte Aufgabe, allein schon den Charakter in dieser Welt zu beschreiben. Versuchen Sie es trotzdem, und beantworten Sie sich die folgenden Fragen:

- Welche Eigenschaften lege ich regelmäßig an den Tag?
- Welche davon gefallen mir?
- Welche stören mich?
- Welche Eigenschaften hätte ich gerne?
- Was hindert mich daran, sie auszuleben?

Wenn Sie sich diese Fragen ungeschminkt und ehrlich beantwortet haben, sollten Sie wieder einmal eine Reise in die Anderwelt unternehmen, diesmal mit der Bitte, Ihren dort lebenden Persönlichkeitsanteilen zu begegnen. Vielleicht treffen Sie die stille Priesterin oder die wütend kämpfende Kriegerin, vielleicht die Fruchtbarkeit spendende Dame der Quelle, die Wilde Frau oder die kreischende *Banshee*.

Es sind die Qualitäten, die unter der Oberfläche schlummern, im Unbewussten gefangen gehalten werden und sich nur hin und wieder auf seltsame Art zu Wort melden. Vielleicht kreischt die *Banshee* aus Ihnen, wenn Sie mit den Nerven am Ende sind, hysterisch und unkontrolliert in Ihren Reaktionen, vielleicht lässt die stille Priesterin Sie resignieren und schwermütig werden, wenn Sie eigentlich innere Einkehr suchen, sich aber dem Getriebe der Welt stellen müssen.

Es ist besser, Sie kennen diese Gestalten aus Ihrem eigenen Feenreich und pflegen vertrauten Umgang mit ihnen, denn dann können Sie deren Kräfte in positiver Form für sich einsetzen. Besser bewusst kreischen als auf den hysterischen Anfall warten, lieber bewusst die Türen zuschlagen als deprimiert am Schreibtisch hängen.

Begegnung mit dem Grünen Mann

Der Grüne Mann ist ein Wesen, dessen Ursprünge bis in die Steinzeit zurückreichen. Auf seinem Kopf trägt er ein Geweih, begleitet wird er von Schlangen, den Symbolen der Erde, Fruchtbarkeit und Weisheit. Halb ist er ein Mensch, doch auch der Herr der wilden Tiere. »Cernunnos«, »der Gehörnte«, wird er genannt. Er ist ein Vegetationsgott, der Geliebte der Göttin. Wie die Kelten ihn verehrt haben, wissen wir nicht genau; dass sie ihn verehrten, zeigen die vielen Abbildungen, die es von ihm gibt. Allein im ehemaligen Gallien fand man über 30 Darstellungen. Oft sitzt er mit gekreuzten Beinen oder im Lotussitz da, vermutlich kontemplativ versunken. Neben Hirschgeweih oder Stierhörnern besitzt er auch entsprechende Ohren. Manchmal sind Hirschhufe zu erkennen. Um seinen Nacken trägt er, typisch keltisch, den Torques, den kunstvoll verzierten Halsring.

Viele Gasthäuser tragen noch heute seinen Namen. »Zum Grünen Mann« oder »Zum Wilden Mann« heißen vor allem Gasthäuser auf den Britischen Inseln.

Der Grüne Mann im Wandel

Cernunnos hat in vielen Gestalten überlebt: als Grüner Mann oder Wilder Mann oder als Herne, der Jäger. Sogar Robin Hood hat seine Züge angenommen. Er ist ein Gott, der in den tiefen grünen Wäldern lebt, der das Leben und das Verhalten der Tiere kennt. Unheimlich kann er sein, doch auch faszinierend in seiner Männlichkeit. Kampf und Paarung, Wachstum und Fruchtbarkeit, Gemeinschaftssinn und Klugheit, Wildheit, Leidenschaft, Schutz und Fürsorge versinnbildlicht er.

Kein Wunder, dass aus dem sinnenfrohen, naturverbundenen Gott ein anderer Gehörnter mit gespaltenem Huf wurde. Einen so lustbetonten, vitalen und potenten Fruchtbarkeitsgott konnten die prüden Kirchenmänner nicht dulden, und flugs wurde der Teufel an die Wand gemalt. Manchmal allerdings scheinen sie sich nicht durchgesetzt zu haben, denn in alten Kirchen lugt der Grüne Mann mit Blättern um den Kopf verschmitzt zwischen den Schnitzereien von Pflanzen und Tieren hindurch. Es lohnt sich, einmal in ländlichen Kapellen nach ihm Ausschau zu halten.

⮂ Wegweiser für Männer

Wo sind die wilden Männer geblieben? Die ihre Männlichkeit nicht ständig bestätigt sehen müssen, sondern sich ganz selbstverständlich ihrer bewusst sind, die lustvoll ihre Triebe ausleben, die echten Schutz bieten, die bereit sind, für ihre Gemeinschaft zu kämpfen? Sie sind wohl auch in der Anderwelt, denn in dieser Welt findet man sie kaum noch.

Der von der christlichen Religion betonte männliche Führungsanspruch hat Cernunnos verkümmern lassen. Er trägt jetzt graue Anzüge statt weichen Fellen, graue Schläfen und Stirnfalten sind den stattlichen Geweihen gewichen, sein Rudel läuft nicht mehr mit ihm durch den Wald, sondern dröhnt mit Motorrädern über die Autobahnen, und die lustvolle Paarung ersetzt das Blättern in »Herrenmagazinen«.

Aggression ist nicht gesellschaftsfähig, Kampf hat sich vom körperlichen Einsatz losgelöst und sich auf das Betätigen von hoch technisierten Tötungsmaschinen reduziert. Fruchtbarkeit zeigt sich nur noch in Form einer dicken Brieftasche, Schöpferkraft wird eingesetzt, um auf einem gesättigten Markt anderen Menschen völlig unnötige Dinge zu verkaufen. Die Herren der Tiere herrschen über Versuchslabors, enge Käfige, verseuchtes Futter und Schlachthäuser. Mit den Hirschen haben solche Männer nur noch das Platzhirschverhalten gemein.

Auch Männer sind Opfer des patriarchalischen Systems. Die Eigenschaften und Werte, die man(n) korrekterweise zeigen muss, sind nicht immer die des wahren Selbst.

Den Wilden Mann in sich suchen

Ist Ihnen das zu schwarz gemalt? Beantworten Sie sich doch mal – so ehrlich wie möglich – folgende Fragen:

- Welche Eigenschaften lege ich regelmäßig an den Tag?
- Welche davon gefallen mir?
- Welche stören mich?
- Welche Eigenschaften hätte ich gerne?
- Was hindert mich daran, sie auszuleben?

Auch Sie als Mann sollten einmal eine Reise in die Anderwelt unternehmen und dort nach den Wilden Männern suchen. Vielleicht begegnen Sie dem fürsorglichen Hirten oder dem instinktsicheren Jäger, dem kraftvollen Kämpfer, dem Träumer, dem Dichter, dem Tänzer, dem impulsiven Liebhaber, der in seiner Partnerin die Göttin erkennt und ihr gleichberechtigter Gefährte sein will. Werden Sie sich über die unbewussten Seiten Ihrer Persönlichkeit klar, damit der Jäger nicht mit Lichthupe und aufheulendem Motor andere bedrängt und der Kämpfer seine Aggressionen nicht an Schwächeren, sondern an gleichwertigen Gegnern auslässt. Die Feen werden es Ihnen danken, wenn Sie ein »ganzer« Mann sind, der seine Triebe kennt, akzeptiert und beherrscht einsetzt.

Magische Waffen und schreiende Steine

Inzwischen haben Sie einige Gestalten der Mythen kennen gelernt, die mit übernatürlichen Fähigkeiten begabt sind. Aber nicht nur diese Wesen, auch Gegenstände haben magische Kräfte, vor allem wenn sie aus der Anderwelt stammen. Sie erinnern sich, dass die Tuatha Dé Danann vier heilige Insignien mitbrachten, als sie Irland betraten: den Kessel des Dagda, den Stein von Fál, das Schwert von Nuada und die Lanze des Lug. Beginnen wir mit den Waffen.

Schwerter und Lanzen

Wenn man den keltischen Geschichten unkritisch gegenübersteht, könnte man meinen, die Menschen seien tagaus, tagein waffenstarrend durch die Lande gezogen. Dabei sollte man aber nicht übersehen, dass das normale Leben vornehmlich um Landwirtschaft und Viehzucht kreise, und dabei sind Lanze und Schwert eher hinderliche Dekorationselemente am Mann. Bei solchen Tätigkeiten hatte er wohl noch einen der kurzen Dolche bei sich, aber an dem Handwerkszeug wie Äxten, Hämmern, Pflug und Pferdegeschirr wird auch ein kräftiger Kelte genug zu tragen gehabt haben. Bei offiziellen Anlässen allerdings verhielt es sich anders, und die kunstvolle Bearbeitung von Lanzen, Schilden, Helmen, Schwertern und Scheiden lässt darauf schließen, dass sich »Mann« auch damals schon ganz gern mit dem blitzenden Metall großgetan hat.

Waffen in der Bronze- und Eisenzeit

Die ersten Schwerter und Lanzen der Kelten waren aus Bronze, doch sowie auch sie die Kunst der Eisenverarbeitung erlernt hatten, wurden die Waffen aus diesem Metall hergestellt. Die Schwerter der frühen Kelten waren kurz, die Speere aber gewaltig und bis zu zweieinhalb Meter lang. Die Spitzen waren zum Teil seltsam geformt, gezackt oder gewunden, vor allem aber reich verziert. Im 2. Jahrhundert vor unserer Zeitrechnung

Die schweren Langschwerter waren im Kampf Mann gegen Mann ziemlich unhandlich. Sie dienten mehr dem gemeinsamen Angriff einer geschlossenen Phalanx gegenüber – oder der Angeberei!

wurden die Schwerter ebenfalls länger, was auf eine Änderung im Fechtstil schließen lässt. Die bis zu 80 Zentimeter langen Langschwerter wurden auf der rechten Körperseite getragen und dienten wohl hauptsächlich als Hiebwaffen. Auch sie, die Scheiden und die Schwertgürtel waren kunstvoll verziert.

Von diesen Waffen ist eine große Anzahl erhalten geblieben. Sie wurden dem Krieger nicht nur als Grabbeigabe auf die Reise in die Anderwelt mitgegeben, Schwerter und Lanzen versenkte man auch als Opfergaben in Flüssen oder Mooren. Dabei wurden sie rituell zerbrochen. Wie aus diesen Befunden zu ersehen ist, hatten Waffen für die Kelten große Bedeutung. Ihr Wert war nicht nur materieller Natur.

Nicht nur die Schwerter hatten magische Eigenschaften, auch die Scheiden, in denen sie steckten, konnten unverwundbar machen.

Magische Schwerter und Lanzen

So konnte dem Schwert des Nuada, des Königs der Tuatha Dé Danann, bekanntlich niemand entkommen. Es symbolisiert, wie auch andere Schwerter, den Blitz. Lugs Lanze ist ebenso unfehlbar und wird als Sinnbild der Sonnenstrahlen angesehen. In den walisischen Mythen taucht das machtvolle Schwert Caledfwlch (versuchen Sie gar nicht erst, es auszusprechen) auf, das als Vorläufer des berühmten Excalibur gilt. Cúchulainns und Fionns Schwerter leuchten im Dunkeln, Fergus Mac Roth Cladcholg konnte durch Bergspitzen schneiden, und die Lanze des Llew kommt auf seinen Pfiff hin wieder zu ihm zurück.

Auch der Erwerb der Waffen ist vielfach mit seltsamen Umständen verbunden: Mal sind sie zerbrochen und können nur von dem Helden wieder zusammengesetzt werden, der ihrer würdig ist, ein andermal stecken sie so fest in einem Stein, dass nur der rechtmäßige Besitzer sie herausziehen kann. Oft werden die Waffen auch in der Anderwelt verliehen und haben somit von vornherein gewisse Eigenschaften, die sie über gewöhnliche Gegenstände hinausheben.

Den Gebrauch der Waffen lernen die keltischen Helden meistens unter ungewöhnlichen Umständen kennen. Cúchulainn beispielsweise wird zu Scathach geschickt, der Meisterin der Waffenkunst. Er führt sich nicht sonderlich gut ein, denn als Erstes bricht er ihrer Tochter einen Finger, und dann erschlägt er auch noch den Lieblingskämpfer der Meisterin. Auf das Wehklagen der Scathach hin verpflichtet er sich als ihr Knecht, und erst nach mancherlei Schwierigkeiten unterweist sie ihn in der Kunst des Schwertkampfes.

*Ein prächtiger Schild
ist der Battersea-Schild,
der in der Themse ge-
funden wurde. Er ist
aus Bronze und über-
aus reich verziert.*

Mythische Schwerter – Lanzen nicht so sehr – haben fast immer
einen Namen und werden wie Personen behandelt. Wenn die
ruhmbedeckten Krieger sich zum Festmahl niederließen, um
von ihren Taten zu berichten, dann mussten sie zum Zeichen ihrer Wahrhaftigkeit das gezogene Schwert über ihre Schenkel legen. Sprachen sie die Unwahrheit, wandte sich das Schwert gegen sie – eine kluge Sitte, die der Nachahmung in vielen Fällen
wert wäre.

Steinkult und Schildfunde

Lanze und Schwert sind Angriffswaffen. Der tapfere Krieger
muss sich aber auch vor Angriffen anderer schützen; also trägt
er einen Schild. Oder er verschwindet hinter einem Mäuerchen,
einem Felsen, in einer Höhle oder zieht sich, wenn es ganz bedrohlich wird, in seine Burg zurück.
Schilde hat man, wie Schwerter und Lanzen, in Gräbern oder
Opferstätten gefunden. Das mit Sicherheit schönste Exemplar
ist das in der Themse gefundene Battersea-Schild. Die keltischen Schilde waren beinahe mannshoch, bestanden aus Holz
oder Weidengeflecht, das mit Leder bezogen oder mit Bronze
beschlagen war. Natürlich waren sie auf das reichste verziert.
Auch der Schild konnte magische Fähigkeiten entwickeln. So
schrie ein Schild namens Ochain, wenn sein Träger in Gefahr
war, und alle anderen Schilde der Ulsterleute schrien dann mit.
Noch größere magische Bedeutung hatten Steine.

*Nicht nur ornamentale
Muster zierten die
Schilde, auch Motive
mit magischer Bedeu-
tung – Vögel, Schlangen
oder Drachen – halfen,
die Feinde abzuwehren.*

Verehrung der Steine

Der Beginn der keltischen bronzezeitlichen Kultur, insbesondere in den nördlichen Ländern, schließt sich an die letzte Hochblüte der Megalithkulturen an, so dass davon auszugehen ist, dass die Kelten durchaus noch um die Funktion der Steinsetzungen wussten. Die Verehrer der Kelten möchten sie allerdings gern enger mit ihnen in Verbindung bringen und sehen in jedem Dolmen einen druidischen Altar, in jedem Menhir ein keltisches Heiligtum. Das ist ein eher fiktives (und gewünschtes) Bild als eine gesicherte Erkenntnis.

Dennoch geht aus den Mythen hervor, dass sich die Kelten den Steinen und Steinsetzungen sehr verbunden fühlten. Sie verzierten die vorhandenen Menhire mit ihren Mustern (Turoe, Castlesrange, Kermaria, Trégastel), stellten Steinsäulen auf, die vielfach mit einem Kopf versehen waren oder in die Schädel eingelassen wurden (Roquepertuse), und an etlichen Steinen wurden Ogam-Inschriften angebracht. Später entdeckte man den Stein als Material für künstlerische Darstellungen, bildete Götter, mythische Tiere, Symbole ab. Am bekanntesten sind die exquisit gearbeiteten keltischen Kreuze mit ihren unendlich verschlungenen Knotenmustern.

Magie der Steine

Der bekannteste keltisch-mythische Stein ist Lia Fál, der irische Königsstein. Ihn brachten die Tuatha Dé Danann mit nach Irland. Diese Steinsäule hatte die Angewohnheit, laut aufzuschreien, wenn ein rechtmäßiger König sie berührte, und war somit der letzte, buchstäbliche »Prüf«-Stein für die Herrschaft. Nachdem sie die obere Welt den Eroberern überlassen mussten, zogen sich die Tuatha Dé Danann in die *síd*, die Hügelgräber und Dolmen, zurück. Seit diesem Zeitpunkt galten diese als Eingänge zur Anderwelt, zum Feenreich. Der schreiende Stein taucht etwas später in den Artussagen wieder auf. Hier wird er als steinerner Sitz an der Tafelrunde bezeichnet, allen bekannt als gefährlicher Platz. Setzt sich ein Unwürdiger darauf, schreit der Stein auf und zerbricht. Die Dolmen in Irland sind in die Sage als die Betten von Diarmaid und Grainne eingegangen; auf ihrer Flucht vor König Fionn benutzte das Paar sie als Versteck. Steinskulpturen und Steinsetzungen wurden und werden noch immer in manchen Gegenden als mit übernatürlichen Energien aufgeladen empfunden. Einige dienen der Fruchtbarkeit, vor

Den gefallenen keltischen Helden wurden Steine auf das Grab gesetzt – eine Sitte, die sich von der Steinzeit bis heute erhalten hat.

allem die mit deutlich phallischer Form; andere können das Böse abwenden, wenn man sie in die Richtung dreht, aus der das Unheil droht. Es ist nicht auszuschließen, dass sie an Stellen errichtet wurden, an denen die verborgenen Kräfte der Erde besonders stark auftreten, was Sensitive mit Pendeln oder Wünschelruten nachgewiesen haben.

Die Kessel

Der vierte Gegenstand, der geradezu überwältigende Bedeutung in den keltischen Mythen hat, ist der Kessel. Aber auch im täglichen Leben war der Kessel ein wichtiger Bestandteil der Gemeinschaft. Bis heute haftet Kesseln oder Bechern ein Geheimnis an, dem wir auf die Spur zu kommen versuchen wollen. Erstaunlich früh in der Bronzezeit wurden die irdenen Gefäße von metallenen Kesseln verdrängt. Seit der Hallstattzeit findet man Bronzekessel als Grabbeigaben. Sie waren wertvoll, und in Irland regelten die Druiden, wem ein solcher Kessel zustand. Da die Fürsten und Könige besonders große Kessel ihr Eigen nannten, vor allem um darin Fleisch zu kochen und Bier zu brauen, waren sie eine Art Statussymbol und standen im Mittelpunkt öffentlicher Aufmerksamkeit. Im Grab des Fürsten von Hochdorf fand man einen Kessel, der 500 Liter fasste, und die Analysen ergaben, dass er mit Honigmet gefüllt war. Man darf annehmen, dass damit ein rauschendes Fest in der Anderwelt gesichert war.

Einen großen Kessel – vor allem einen dichten – herzustellen war gar nicht so leicht. Er wurde aus Bronzestreifen zusammengenietet und natürlich verziert!

Nahrung für Körper und Geist

Der Kessel, der Nahrung für alle enthält und niemals leer wird, ist das Sinnbild großzügiger Gastfreundschaft – eine der großen Tugenden der Kelten. Kein Wunder, dass der Göttervater Dagda mit dem riesigen Kessel »Nimmerleer« in Verbindung gebracht wird. Die Kessel, ob groß oder klein, waren selbstverständlich kunstvoll verziert. Üblicherweise hingen sie an zwei Haken an einer Metallkette aufgehängt zum Kochen über dem Feuer, oder sie standen auf Füßen. Andere Kessel hatten sakrale Bedeutung, und diese zeichnen sich durch besonders eindrucksvolle Dekore und Materialien aus. Einer der bekanntesten und aussagekräftigsten Kessel, den uns die Kelten hinterlassen haben, ist der vergoldete Silberkessel von Gundestrup, der 1891 gefunden wurde. Er ist ausgesprochen gut erhalten, kunstvoll gearbeitet und stellt eine Reihe mythologischer Szenen dar. Ein einfaches Kochgeschirr war er sicher nicht. Wie andere auch hatte er einen religiösen Stellenwert.

Magische Kessel

Die Muttergöttin Ceridwen braut in ihrem Kessel einen Trank der Weisheit, mit dem sie ihrem unansehnlichen Sohn zu Anerkennung verhelfen will. Der walisische Gott Bran besitzt einen Kessel, der sich in Schlachten als sehr nützlich erwies. Die gefallenen Kämpfer wurden abends nach der Schlacht eingesammelt und in den Kessel geworfen. Am nächsten Morgen waren sie wieder lebendig und zu neuen Taten bereit, jedoch blieben sie fürderhin stumm. Auch die Anderwelt hat ihre Kessel. Neun Priesterinnen sind für den »Kessel von Annwn« verantwortlich, sie wärmen ihn mit dem Hauch ihres Atems. Aus ihm schöpfen die Dichter ihre Inspiration, die Seher die Gabe der Prophetie und die Künstler ihre Ideen. In einer Artusgeschichte wird erzählt, dass sich der noch junge Führer entschloss, diesen Kessel zu rauben. Er bringt ihn nach unsäglichen Mühen tatsächlich nach Hause, aber von seinen vielen Begleitern sind nur noch sieben übrig geblieben.

Der Kessel der Anderwelt beinhaltete auch eine nie versiegende Speise, von der jederman essen durfte. Nur Feiglinge und Wortbrecher waren davon ausgenommen.

Kessel im Wandel der Zeit

Die Kessel haben ihre mystische Bedeutung lange beibehalten, auch wenn manche zum Hexenkessel verkamen. Alchimisten brauten darin ihre geheimnisvollen Rezepturen, Kräuterfrauen Tees, Tinkturen und Salben, Mönche Bier und stärkere Alkoholika. Die kleineren Varianten, die Gefäße, mit denen man aus dem großen Kessel schöpft, die Kelche, Pokale, Becken und Schalen, dienten den gleichen Zwecken. Außerdem wurden sie bei sakralen Handlungen verwendet: Man trank heilige Getränke daraus, brachte in ihnen Trankopfer dar, bewahrte geweihtes Wasser auf. Auch die christliche Kirche hat diese symbolträchtigen Gerätschaften übernommen: als Abendmahlskelch, Weihwasser- und Taufbecken.

Ansonsten sind Kessel, Kelche und Schalen profan geworden, einzig – und hier musste ich über ein Bild in der Zeitung schmunzeln, auf dem eine bekannte Tennisspielerin andächtig einen silbernen Pokal küsst – im Sport wird dieses Gefäß noch, quasireligiös, heftig begehrt: als irdischer Lohn für eine übermenschliche Tat.

Die Bedeutung der heiligen Insignien

»Wir werden das Lichtschwert mitnehmen«, sagte Brigid, »und den Kessel der Fülle und den Speer des Sieges und den Stein des Schicksals, denn wir wollen in die Erde hineingestalten Macht und Weisheit und Schönheit und die verschwenderische Kraft des Herzens. «

So heißt es in dem Mythos um die Besiedlung Irlands. An dieser Stelle müssen Sie sich wieder im Analogiedenken üben, schließlich leben wir nicht in Zeiten, in denen man sich, mit Langschwertern, Speeren und Dolchen bewaffnet, durch den Großstadtdschungel bewegt. Wir benutzen diese Waffen heute im übertragenen Sinn. In beiden Fällen gilt jedoch: Das Schwert und die Lanze sind aktive Waffen; wer sie einsetzt, greift an.

Insignien sind Kennzeichen des Standes, und so tragen gekrönte Häupter noch heute derartige Gegenstände wie Zepter oder den Reichsapfel.

Das Schwert des Verstandes

Das Schwert schneidet, zerteilt, trennt, die Lanze sticht und durchdringt. Beide sind probate Mittel, sich ein Problem vom Hals zu schaffen oder sich den Weg freizumachen. Beide waren nicht nur den Kelten von großem Nutzen, auch wir sind gelegentlich auf sie angewiesen.

Ein verzwicktes Problem hat zuletzt Alexander der Große ganz handgreiflich mit dem Schwert gelöst: Er durchschlug den berühmten Gordischen Knoten. Wir lösen verknotete Probleme anders, nämlich indem wir den analytischen Verstand einsetzen. Analyse, das heißt auflösen, zergliedern, in seine kleinsten Bestandteile zerlegen. Diese Form des Denkens hat uns in den letzten Jahrhunderten sehr weit gebracht, bis auf die Ebene der subatomaren Teilchen, in die feinsten Verästelungen der Neuronen und in globale Netzwerke. Das schneidende Schwert sind unser Verstand und die Logik. Es sind die Formeln und Ableitungen, die klaren Beschreibungen, die Fähigkeit zur Kommunikation über all diese Dinge. Und Sie tun gut daran, dieses Schwert scharf zu halten und kunstgerecht zu führen. Aber Sie müssen es auch mit Bedacht handhaben und einsetzen, denn an der geschliffenen Klinge kann man sich selbst verletzen und vor allem anderen Schaden zufügen. Schneidende Bemerkungen, scharfe Worte trennen genauso wie ein Schwert.

Außerdem hat sich gezeigt, dass die Methode, alles in seine kleinsten Teile zu zerlegen, um hinter die Wirkungsweise zu kommen, ein Geheimnis nur zum Teil lüftet. Zerschneiden Sie eine Nachtigall, dann wissen Sie, wie viel Federn, Knochen und Muskeln sie hat, aber woher sie ihre Lieder nimmt, wissen Sie noch immer nicht.

Die Lanze des Willens

Das alte, mystische Kartenspiel Tarot greift auf die gleichen Zeichen zurück: das Schwert, die Lanze oder den Stab, den Kelch und den Schild bzw. die Scheibe.

Ähnlich verhält es sich mit der vorausfliegenden Lanze. Sie stellt unsere Willenskraft dar. Mit stahlhartem, eisernem Willen durchdringen Sie Hindernisse. Der Wille eilt der Handlung voraus und ist auf ein Ziel gerichtet. Je stärker er ausgeprägt ist, je präziser das Ziel anvisiert wurde, desto größer ist der Antrieb, es zu erreichen. Willenlose Menschen beugen sich immer anderen Meinungen, jammern über widrige äußere Bedingungen und schier unüberwindbare Schwierigkeiten, die sich ihnen in den Weg stellen. Verschwommene Ziele führen auf Abwege und verschleißen dabei unnütz Kräfte.

Darum pflegen Sie die Lanze des Willens, doch beachten Sie auch ihre unangenehmen Seiten. Einfach alles, was einen stört, kraft seines Willens zu durchbohren, vorwärts zu preschen, ohne nach rechts und links zu schauen, führt vielleicht auch zum Ziel, hinterlässt aber meist eine Spur der Verwüstung. Nutzen Sie den Willen für sich, drängen Sie ihn anderen nicht auf.

Bei den Kelten gab es magische Schwerter. Sie selbst oder auch die Scheiden, in denen sie steckten, konnten den Träger unverwundbar machen.

Der Kessel des Unbewussten

Kessel sind Sinnbild der Nahrung, der Fülle und Großzügigkeit, sie sind Gefäße der Wandlung, der Weisheit, der Visionen und Inspiration. Behältnisse, in denen unterschiedliche Ingredienzen vermischt werden und sich meist unter Einwirkung von Feuer zu einer neuen Substanz verbinden, spiegeln den magischen Vorgang des Lernens, des Bewusstwerdens wider.

Wenn Sie z. B. einen Sport ausüben und dabei eine neue Technik, einen neuen Bewegungsablauf lernen wollen, so werden Sie ihn zunächst in seinen einzelnen Phasen einüben. Das gilt für den Rückhandschlag genauso wie für die Schrittfolge eines Tanzes. Anfangs wirkt es noch unkoordiniert und wenig effizient. Allmählich gehen jedoch die einzelnen Bewegungen ineinander über, werden runder, flüssiger; die Bälle finden häufiger ihr Ziel, und die Füße des Partners haben weniger zu leiden.

Unterstützend zu den körperlichen Übungen wird in modernen Trainingsformen auch das mentale Training eingesetzt, bei dem man die Bewegungsfolgen immer wieder im Geist durchgeht, vornehmlich in entspannter Stimmung. Man könnte sagen: Dies ist die Phase, in der Sie die Fähigkeiten in der Anderwelt erwerben. Die richtige, vollständige Beherrschung der neuen Technik tritt dann oft ganz plötzlich ein.

Der Stein der Beharrlichkeit

Steine haben viele übertragene Bedeutungen, auch für uns heute noch. Sie sind die dauerhaftesten Zeugen der Vergangenheit, bis in die Steinzeit zurück können wir diesen Zeugnissen der Kultur nachspüren. In Steine gemeißelt lesen wir Inschriften, erkennen wir die Bilder, die sich die Menschen von den übernatürlichen Kräften gemacht haben. Ob in Höhlenzeichnungen oder Skulpturen: Wir sehen Szenen aus dem täglichen Leben oder aus der Welt des Glaubens – Stein ist geduldig.

Steine wurden bearbeitet, für Werkzeuge, Kunstwerke und zum Bau von Behausungen verwendet. Nicht zu vergessen ist die Form der »Steinbearbeitung« der von der Natur sehr fein gemahlenen Materie, die als Lehm oder Ton vorkommt. Mit Wasser verdünnt wird sie flexibel und formbar, dem Feuer ausgesetzt brennt sie zu einer harten, wasserundurchlässigen Masse. Steingut war in vielfältigen Formen herzustellen, und Gefäße, Platten, Teller und Skulpturen gehören ebenfalls zum Symbolbereich des Steines.

Der Stein bzw. der Schild ist der mehrdeutigste der vier Gegenstände. Manchmal wird dieses Symbol auch als flache Schale oder Scheibe dargestellt.

163

Stein ist die ursprünglichste irdische Materie. Er bildet das Fundament, auf dem wir bauen und Mauern zum Schutz und zur Sicherheit um uns errichten. Mit beiden Beinen fest auf der Erde zu stehen ist die einzige Möglichkeit, den Stürmen und Angriffen des Lebens zu trotzen.

Die vier Insignien stehen auch für die vier Elemente: das Schwert für Luft, die Lanze für Feuer, der Kessel für Wasser, der Stein für Erde.

Steine symbolisieren also Beharrlichkeit und Schutz, handfeste Realität und Pragmatik. Bei allen Höhenflügen oder Reisen in die Anderwelt sollten Sie diese Qualitäten nie vergessen. Was sind alle hochfliegenden Gedanken oder intellektuellen Theorien (Schwerter), was ist jeder brennende Wille, jedes noch so heiße Streben (Lanze), was sind überschäumende Gefühle und phantastische Ideen (Kessel) wert, wenn es an der Durchführung mangelt, wenn sich das Ziel nie in der Realität manifestiert? Alle guten Vorsätze landen an diesem Prüfstein, am Machen, Handeln, an dem beharrlichen Arbeiten an der Vollendung. Doch auch Sicherheit, Beharrlichkeit und Handlungsbereitschaft haben ihre Schattenseiten, wenn sie im Übermaß oder einseitig auftreten. Dann wird Dauerhaftigkeit zu Sturheit, Sicherheit zu Bequemlichkeit, Festigkeit zu Härte und Tatkraft zu Raffgier oder oberflächlichem Aktivismus.

⮁ Wegweiser Abenteuer

Auf Ihrer Wanderung haben Sie Abschied genommen, sich von dem einen oder anderen getrennt, Ballast abgeworfen und sind – hoffentlich leichtfüßig – durch die Anderwelt gezogen. Dort haben Sie einige Ihrer inneren Wesenszüge kennen gelernt und mehr über sich selbst erfahren. Der nächste Schritt führt Sie in die Abenteuer, und dazu sollten Sie auf die richtige Weise gewappnet sein. Sie brauchen die magischen Waffen und Gerätschaften und sollten den Umgang mit ihnen lernen.

Die Waffen der Anderwelt

Wie Sie gesehen haben, sind Schwert und Lanze, Verstand und Wille, zwei Waffen, mit denen man auch in der Anderwelt in Kontakt kommt. Wenn Sie Ihre nächste Reise dorthin unternehmen, bitten Sie darum, dass Sie diese beiden Gegenstände finden, die die genannten Fähigkeiten in Ihnen darstellen. Sie sind starke Symbole, und Sie sollten sich ihr Aussehen gut einprägen. Ist das Schwert schartig, rostig oder sogar geborsten, dann sollten Sie vielleicht Ihr Denkvermögen etwas aufpolieren. Ist es übermächtig, kaum mit beiden Händen zu bewegen oder macht es sich sogar selbstständig und wendet sich gegen Sie, dann sollten Sie unbedingt darauf achten, dass Sie nicht zu einseitig rational denken. Ist die Lanze verbogen, die Spitze stumpf, der Schaft zerbrochen, dann ist auch Ihr Wille nicht stark und fest. Ist sie hingegen riesig, mit hässlichen Widerhaken versehen und schwer, dann erdrücken Sie mit Ihrer Willenskraft wahrscheinlich andere Menschen.

Wenn Sie nicht zufrieden sind mit den Waffen, die Sie in der Anderwelt erhalten, dann müssen Sie genau dort daran arbeiten. Ihr Unbewusstes hat Ihnen Defizite aufgedeckt, im Unbewussten können Sie sie heilen. Beschäftigen Sie sich mit diesen Bildern: Stellen Sie sich das Schwert glänzend und geschliffen vor, handlich und gut zu führen. Die Lanze sollte ausgewogen sein, mit scharfer, treffsicherer Spitze. Auf diese Weise geben Sie die Bilder zurück an die Anderwelt, wo sie verarbeitet werden. Wenn nötig, bitten Sie dort um Rat, wie Sie sich hier verhalten sollen, um Intellekt und Willen ausgewogen einzusetzen.

Das »Erden« ist eine alte magische Technik, um sich mit den beständigen, dauerhaften Kräften der Erde zu verbinden und vor allem heftige Emotionen auszugleichen.

Kontakt zu Steinen

Dass Steine Kraft besitzen, wussten die Kelten und viele andere Völker. Auch, dass manche Steinsetzungen ihrer Vorfahren Stellen kennzeichnen, an denen uns bisher unerklärbare, aber durchaus spürbare Energien der Erde wirken. Daher ist sicher zu erklären, warum Steinkreise, Dolmen oder Hügelgräber als Eingangstore zur Anderwelt betrachtet wurden. Wenn Sie die Gelegenheit haben, einen solchen Ort zu besuchen, sollten Sie nicht versäumen, dort einige Minuten nach innen zu lauschen. Eine einfache Möglichkeit ist es, Kontakt mit den steinernen Kräften aufzunehmen, wenn man sich »erdet«. Probieren Sie folgende Übung aus: Knien Sie sich auf den Boden, legen Sie die Hände rechts und links neben die Füße, und beugen Sie sich so weit vor, dass Ihre Stirn den Boden berührt. Schließen Sie die Augen, atmen Sie ein paarmal tief ein, und stellen Sie sich vor, wie die Kraft der Erde durch die Stirn Einlass findet und Sie erfüllt. Sie werden merken, wie ruhig Sie werden. Wenn Sie solche Kniefälle nicht machen können oder mögen, können Sie auch einen Stein, etwa einen Bergkristall, auf Ihre Stirn legen und seine Kraft auf sich wirken lassen. Sollten Sie eine Reise in die Anderwelt machen, um dort einen Stein zu erhalten, achten Sie auf seine Beschaffenheit. Ein wunderschönes Erlebnis ist es, wenn man einen Kristall erhält oder einen schönen glatten Kiesel.

165

Die Wanderungen in den inneren Welten sind nicht ohne Gefahren – Wandlungen vollziehen sich selten problem-

Hindernisse, Prüfungen und Abenteuer

oder schmerzlos. Doch der persönliche Mut der keltischen Helden und Heldinnen und ihr Umgang mit Hindernissen und Prüfungen können für uns ein Vorbild sein, die eigenen Probleme anzugehen und zu bewältigen.

Die Geschichten um König Artus und seine Tafelrunde sind sagenumwoben und sehr berühmt. Seine Heldentaten werden noch heute in vielen Ländern erzählt.

Wer war Artus?

Über die frühen keltischen Mythen wissen wir nur das, was später von den Mönchen aufgeschrieben wurde oder was sich in Märchen und Erzählungen über die Jahrhunderte im Volkswissen erhalten hat. Doch ein gewaltiger Sagenzyklus aus der spätkeltischen Zeit ist bis heute lebendig geblieben: die Geschichten um König Artus und seine Tafelrunde. Sie sind wahrscheinlich deshalb so langlebig, weil sie sehr menschlich, spannend, voller Geheimnisse und immer noch aktuell sind.

Die Esoterikszene hat eigene, zum Teil seltsame Vorstellungen von Artus entwickelt, etwa, dass er König von Atlantis gewesen sei, oder er wird zu einem christusgleichen Sternenkönig erhoben.

Ein Muster der Tapferkeit

Ein »Dux bellorum«, ein Kriegsherrscher namens Artus ist aktenkundig. Er einigte verschiedene britannische Stämme und kämpfte erfolgreich gegen die eindringenden Sachsen. Ob er allerdings König war oder nur ein Heerführer, bleibt offen. Doch seine Tapferkeit muss so beeindruckend gewesen sein, dass sich ein dauerhafter Mythos um ihn gebildet hat. Man nimmt an, dass er etwa um 500 nach unserer Zeitrechnung wirkte, also in spätkeltischer Zeit. Die Römer hatten sich nach gut vier Jahrhunderten Herrschaft von den Britischen Inseln zurückgezogen, und von allen Seiten rückten Eindringlinge heran, um das Machtvakuum zu füllen. Die Angeln und Sachsen fassten im Südosten Fuß, die Wikinger drohten von Norden, die Pikten aus Schottland verstärkten ihre Überfälle. Ein Teil der Bevölkerung sah sich gezwungen, dem Druck zu weichen, und wanderte über den Kanal in die Bretagne ab. Artus taucht in den walisischen Erzählungen des »Mabinogion« auf. In diesen Berichten ist er noch ein sehr keltischer Häuptling, der von höfischem Gebaren wenig erkennen lässt. Er erlebt große Abenteuer in dieser und der anderen Welt. Die Barden und Geschichtenerzähler verbreiteten die Heldengeschichten in ganz Europa.

Literarische Quellen zu Artus

Im Jahr 1136 nahm sich ein Historiker namens Geoffrey of Monmouth seiner Gestalt an und veröffentlichte die »Geschichte der Könige Britanniens«, ein teils historisches, teils frei erfundenes

Werk voller heroischer Taten. Wenn man aber bedenkt, dass seit dem Wirken des historischen Artus 600 Jahre vergangen waren, kann man verstehen, dass die Recherche keine leichte Aufgabe für ihn war. Artus wird als König dargestellt, beinahe christlich, ritterlich und respektabel. In Monmouth' Werk tritt übrigens das erste Mal Merlin, der Magier und Berater des Königs, auf. Der Nächste, der sich des dankbaren Erzählstoffs annahm, war Chrétien de Troyes. Er griff auf die »Geschichte der britischen Könige« zurück, doch sein Bestreben war es, einen Roman zu gestalten. Er führte einige neue Personen ein, vor allem brachte er den Gral ins Spiel. Bald darauf widmete sich der burgundische Dichter Robert de Boron Artus und seinen Mannen, ihm gebührt die Einführung des Motivs der Gralssuche. Thomas Malory gab Artus den endgültigen Schliff. Sein »Le Morte D'Arthur« erschien 1485 und zeigt ihn ganz im ritterlichen Gewand des Mittelalters. Die Tafelrunde ist gegründet, Guinivere seine Königin, Excalibur heißt sein Schwert. Von Artus' heldenhaften Taten ist kaum noch die Rede; im Mittelpunkt stehen jetzt die Abenteuer seiner Ritter, während er selbst sich zu einem väterlichen Gastgeber und König gewandelt hat. Die Geschichte endet mit dem Hinweis, dass Artus im Kreise seiner Mannen schläft und zurückkommen wird, wenn sein Land ihn braucht.

Wenn auch die Gralssuche erst sehr spät in die Artussagen einfloss, so deutet doch auch das »Mabinogion« das Thema schon im »Kessel von Annwn« an.

Artustradition in Deutschland

Artus' Tafelrunde reizte auch deutsche Dichter zur erzählerischen Gestaltung. Wolfram von Eschenbach hat den Ritter Parzival zur zentralen Figur seines Werkes gemacht, und im letzten Jahrhundert fand der Komponist Richard Wagner Gefallen daran, den Rittern der Tafelrunde in gewaltigen Opern ein musikalisches Denkmal zu setzen.

1500 Jahre lebt und wandelt sich der Mythos um König Artus, passte sich den Umständen von Zeit, Kultur und Raum an und hat dennoch einige urkeltische Merkmale bis heute behalten. Manche Anmerkungen über die Glaubwürdigkeit der Artusgeschichten mögen sich kritisch anhören, doch wenn Sie nicht buchstäbliche Genauigkeit verlangen, dann finden Sie in den Mythen immer eine ganze Menge Wahrheit – ein tiefes Wissen über die Entwicklung, über den Weg des einzelnen Menschen und der Menschheit. Und auf diesem Weg mag Artus ein Führer sein, genauso wie sein Berater Merlin, die Damen seines Hofes und die Krieger in seiner Tafelrunde.

Die Helden

Wir haben uns schon mit den anderweltlichen Helden der keltischen Mythen befasst, und nicht nur sie, sondern auch die *aventiuren* (Abenteuer) um Artus erzählen vom Kampf. Die Helden sind Krieger und Kriegerinnen, die Waffen sind vielfach ebenfalls übernatürlicher Herkunft, sie machen den Träger unbesiegbar, verpflichten ihn aber auch, sich an einen bestimmten Ehrenkodex zu halten. Kampf und gefahrvolle Abenteuer sind beliebte Themen in all diesen Geschichten.

Blicken Sie nicht verächtlich auf die um Kampf und Gefahr kreisenden Mythen herab! Achten Sie einmal auf Ihre Lektüre oder die Filme, die Sie sehen. Wovon handeln die?

Nun mag man einwenden, dass es schon genug Krieg und Gewalt in der Welt gibt und dass man daher auf Erzählungen, die diese verherrlichen, verzichten kann. Man kann es aber offensichtlich nicht, denn die geschilderten kriegerischen Heldentaten üben einen besonderen Reiz auf uns aus, und darum sollten wir uns diesem Thema unvoreingenommen stellen. Betrachten wir zu diesem Zweck nicht die christlich geprägte Ritterschaft Artus', sondern die Krieger der Kelten, die ja den Nährboden für die Mythen bilden.

Kämpfer, Krieger und Ritter

Wie man den verschiedenen historischen Schilderungen und den vielen Grabfunden entnehmen kann, gehörte bei den Kelten das Tragen von Waffen zum guten Ton. Schwerter, Lanzen, Schilde, auch die Helme waren prunkvoll verziert, und schon im 3. Jahrhundert vor unserer Zeitrechnung tauchen die ersten sorgfältig geschmiedeten Kettenhemden auf. Auf Rüstungen hingegen scheinen die Kämpfer weitgehend verzichtet zu haben, und manche Zeitzeugen berichten, dass die Kelten sogar nackt bis auf den Torques um den Hals in den Kampf zogen.

Untereinander scheinen sich die keltischen Stämme häufig Auseinandersetzungen geliefert zu haben, die nach einem bestimmten Ritual abliefen. Die beiden feindlichen Parteien saßen einander auf Strohballen auf dem Schlachtfeld gegenüber und schmähten sich heftig. Kämpfer, die sich bereits Ruhm erworben hatten, traten vor, versuchten die Gegner mit der Aufzählung ihrer Taten einzuschüchtern und forderten andere zum

Einzelkampf heraus. Da das Gebrüll und die lautstarken Schmähungen offensichtlich durstig machten, stärkten sich beide Seiten währenddessen kräftig mit Met oder Bier. Hatten sich die Kämpfer genügend in Ekstase gesteigert, stürmten sie aufeinander zu, und die Schlacht entbrannte ernsthaft, sofern sich nicht ein Druide zwischen die Fronten stellte und ein Machtwort sprach, wie Diodor von Sizilien (nach S. James) berichtet:

> *Wenn die feindlichen Heere mit gezogenem Schwert und eingelegter Lanze aufeinander zumarschieren, begeben sich die Druiden häufig mitten zwischen die feindlichen Parteien und besänftigen sie – wie man es mit wilden Tieren macht – mit Zaubersprüchen.*

Wilde Wortgefechte

Auch wenn von häufigen Kämpfen berichtet wird, handelte es sich meist um zahlenmäßig kleine Gruppen, die aufeinander trafen und zunächst einmal ihre blitzenden Ausrüstungen präsentierten. Der eigentliche Konflikt wurde in einem Zweikampf ausgetragen, und nur wenn die Stimmung wirklich überkochte, kam es überhaupt zur Schlacht. Die Kelten gebärdeten sich gern martialisch, lieferten sich aber untereinander eher »Wirtshausschlägereien« als echte Kriege. Reich verzierte, zum Teil vergoldete Waffen, ein starker Hang zur Prahlerei, aufpeitschendes Gelärm und alkoholische Getränke – all das erinnert eher an das Verhalten bei Fußballspielen oder Bierzeltraufereien heutzutage. Leider fehlen uns die Druiden, die besänftigend einschreiten, wenn die Auseinandersetzungen blutig zu werden drohen!

Die Nachteile keltischer Kampfmethoden

Bei größeren Auseinandersetzungen setzten die Kelten mit Vorliebe Reiterei und Schlachtwagen ein, mit denen sie das Getümmel vergrößerten, aber eine echte Kriegsmaschinerie mit Belagerungsgeräten und Katapulten besaßen sie nicht. Erst als die Römer sie mit derartigen Geräten übermannten, eigneten sie sich die entsprechenden Techniken an.

Einige kriegerische Auseinandersetzungen mit den Römern sind recht gut dokumentiert, da Cäsar akribisch Tagebuch führen ließ. Unterschiedlicher konnten die gegnerischen Parteien wohl kaum sein, die damals aufeinander trafen: Die römischen Soldaten, gedrillt, mit einheitlicher Kriegsbekleidung und gleicher Ausrüstung, mit ausreichendem Nachschub und

Junge Männer müssen sich austoben, das liegt in der Natur ihrer körperlichen Entwicklung. Die alten Völker wussten darum, und so wurde die Kraft in einigermaßen beherrschbare Bahnen gelenkt. Dem dienten die körperliche Ausbildung, der Wettkampf und der Erwerb eigener Waffen.

strenger Befehlshierarchie, stießen auf eine Schar weitgehend unabhängiger Individualisten, die sich mit Furcht erregendem Gebrüll und dem markerschütternden Gelärme der Carnyces, der tierköpfigen Schlachthörner, voller Zorn auf sie stürzten. Die Kelten unterlagen letztendlich in den Schlachten gegen die Römer, wie wir wissen, und die besiegten Keltenführer nahmen sich oft nach dem Kampf das Leben.

Der Kopfkult

Gruselig mag erscheinen, dass die Kelten eine besondere Vorliebe für das Kopfabschlagen hegten: Den Gefallenen trennte man den Kopf ab und nahm ihn mit nach Hause. Dort zierte er dann das Anwesen oder wurde zu einem Trinkgefäß umgearbeitet. Dieser Kopfkult ist bestens belegt durch archäologische Funde, klassische Autoren und die Mythologie. Was in unserer Zivilisation undenkbar erscheint, ist aber nicht ein Akt blindwütiger Grausamkeit gewesen, sondern entsprang – so wunderlich es anmuten mag – einer tiefen Achtung gegenüber dem Gegner. Der Kopf wurde von den Kelten als Sitz der Seele angesehen, das Denken als göttliche Eingebung im Gehirn. Der Kopf eines tapferen Gegners wurde geehrt, nicht der Lächerlichkeit preisgegeben. Dafür spricht auch, dass manche Köpfe mit Zedernöl einbalsamiert oder in Stelen in Tempeln beigesetzt wurden. Ein wunderbares Beispiel ist die Kultstätte in Roquepertuse, wo in einer Höhle in eigens dafür vorgesehenen Nischen die Schädel ruhen.

Auch die Köpfe der Ahnen scheinen eine entsprechende Verehrung erfahren zu haben: Sie wurden in besonderen Kästen über Generationen hinweg aufgehoben und vorgezeigt, wenn von den Ruhmestaten der Vorgänger die Rede war. Wir machen es nicht anders, nur ziehen wir – dank fortschrittlicher Technik – das Fotoalbum hervor.

Der Kopf des Bran

Die Geschichten über Bran aus dem »Mabinogion« zeigen, von welchem Gewicht ein Kopf sein kann. Als Bran in der Schlacht von einem vergifteten Speer verwundet wird und sein Ende herannahen sieht, erteilt er seinen Männern den Befehl, ihm den Kopf abzuschlagen und das Haupt zum White Mount bei London zu bringen. Solange es dort begraben liege, könne kein Fremder das Land besetzen.

In einer Zeit, in der Wunden zwar tief, aber nicht immer tödlich waren, war die sicherste Gewähr für den Tod des Gegners, wenn man seinen Kopf vorzeigen konnte. Sonst tauchte er vielleicht plötzlich genesen wieder auf!

172

Auch Artus' Ritter kommen immer wieder mit den Köpfen besiegter Feinde oder Ungeheuer zum Hof zurück und präsentieren sie als Beweisstücke ihrer Tapferkeit und als Tribut, den sie dem Gegner zollen. Und nicht von ungefähr kann in dem keltischen Kultfilm unserer Zeit nur das Abschlagen des Kopfes einem Unsterblichen das Leben nehmen. Schauen Sie sich bei Gelegenheit mal wieder den »Highlander« an, er birgt viel keltisches Mythenmaterial.

Die ritterlichen Tugenden

Achtung vor dem Gegner, Gnade gegenüber dem Schwächeren, Loyalität, Zuverlässigkeit und Treue, Ehrerbietung den Frauen gegenüber, Wahrhaftigkeit und Mut – all das sind Werte, die den keltischen Krieger auszeichnen. Artus' Mannen fügten ihnen noch die Bescheidenheit und die Frömmigkeit als spezifische ritterliche Tugenden hinzu.

Auch in unserer Zeit sind dies keine tadelnswerten Eigenschaften. Wenn Sie – nach aufrichtiger innerer Prüfung – zu der Überzeugung gelangen, dass Sie die ein oder andere Tugend vervollkommnen könnten, dann finden Sie im Folgenden einige Helfer, denn Ritterlichkeit lernt man am besten am Vorbild des Meisters. Es sind Kämpfer und Ritter aus den Artussagen in Verbindung mit den Prinzipien und Wertvorstellungen, für die sie kämpfen. Wie alle archetypischen Gestalten können Sie diese Helden in sich lebendig werden lassen, wenn Sie die Kräfte benötigen, die sie verkörpern.

König Artus, so heißt es in einem alten Mythos, hat das Haupt des Bran wieder ausgegraben und damit Britannien seines Schmerzes beraubt. Die Sachsen fielen ein, die Artus in langen Schlachten vertreiben musste.

Die Kelten schlugen ihren Gegnern den Kopf ab und bewahrten ihn auf. Das geschah nicht aus Tötungswut, sondern aus Achtung, denn der Kopf galt als Sitz der Seele. Die Kultstätte in Roquepertuse ist ein gutes Beispiel für die Ehrung der Toten.

173

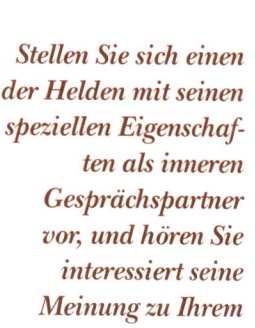

Die Ritter der Tafelrunde

- **Lancelot:** Der Sohn des Königs Ban aus der Bretagne wird von der berühmten Dame vom See (siehe Seite 190) erzogen und kommt im Alter von 18 Jahren an Artus' Hof, wo er sich in Guinivere verliebt. Lancelot ist ein Kämpfer für die Liebe.

- **Gawain:** Der Sohn von König Lot und Morgause muss sich bei seinen Abenteuern häufig den Prüfungen durch Frauen und Feen unterziehen. Er kämpft für die Göttin und damit für das Weibliche schlechthin.

- **Mordred:** Der Neffe (oder inzestuös gezeugte Sohn) Artus' macht sich bei den loyalen Mitgliedern des Hofes unbeliebt, da er die höfischen Affären enthüllt. Er kämpft für die Wahrheit.

- **Parzival:** Der naive Junge muss viele Abenteuer und schmerzliche Prüfungen bestehen, um ein Ritter zu werden. Er kämpft um die Erleuchtung.

- **Galahad:** Lanzelots Sohn ist derjenige Ritter, der letztendlich den Gral findet und der dem verwundeten König Heilung bringt, so dass das öde Land wieder fruchtbar wird. Er kämpft für die Vollendung.

- **Bedivere:** Der Kampfgefährte und Freund Artus' ist der Erste, der an seiner Seite in den Kampf zieht, und der Letzte, der sich um den im Sterben liegenden König fürsorglich kümmert. Er kämpft für die Treue.

- **Gareth:** Gawains Bruder kommt anonym an Artus' Hof und arbeitet sich dort als Küchenjunge ganz nach oben, bis er schließlich von Lanzelot zum Ritter geschlagen wird. Er kämpft für die Bescheidenheit.

Stellen Sie sich einen der Helden mit seinen speziellen Eigenschaften als inneren Gesprächspartner vor, und hören Sie interessiert seine Meinung zu Ihrem Problem.

- **Bors:** Lanzelots Vetter ist einer der stärksten Ritter und überlebt die meisten anderen der Tafelrunde. Er kämpft standhaft und zuverlässig.

- **Sir Kay:** Artus' Pflegebruder ist von recht reizbarem Charakter, schnell bei der Hand mit dem Schwert und um Beleidigungen nicht verlegen. Er ist Artus' treu ergebener Verwalter und kämpft für die Ordnung.

- **Tristan:** In den ursprünglichen keltischen Geschichten ein Schweinehirt, avanciert er in späteren Varianten zu einem Ritter der Tafelrunde, der sich durch sein Dichten und sein Harfenspiel auszeichnet. Er kämpft für Sensibilität und die Kunst.

Wenn Sie mehr über den Charakter, die Verhaltensweisen, die Abenteuer und Liebesaffären dieser prächtigen Mannen erfahren wollen, sollten Sie die verschiedenen Artussagen lesen, entweder im Original oder auch die modernen, in Sprache und Auslegung angepassten Werke. Im Anhang finden Sie eine Werkauswahl. Manche der Ritter sind rein keltischen Ursprungs, so Bedivere bzw. Bedwyr, Gawain bzw. Gwalchmei, Parzival bzw. Peredur oder Perceval, Kay bzw. Cei, Mordred bzw. Medrawt, Tristan bzw. Drystan. Ihre Geschichten kann man bis in die frühen Mythen zurückverfolgen und dabei die Änderungen nachvollziehen, die Zeitgeist und Phantasie zu verschiedenen Zeiten an ihren Charakteren vorgenommen haben.

Könige, Führer und Berater

Helden kämpfen für etwas – meist für einen Anführer. Sie schützen sein Reich und sichern seine Herrschaft. Das war bei den Kelten nicht anders, auch wenn dieses so wenig hierarchisch strukturierte Volk lediglich eine Clan- oder Stammesorganisation mit Anführern mehr oder weniger großer Begabung hatte. Hin und wieder schlossen sich einige Stämme zusammen, jedoch waren diese Bündnisse recht brüchig, sofern sie nicht von einer wirklich starken Persönlichkeit angeführt wurden, wie es einmal wohl Artus, später vor allem Vercingetorix war. Die Anführer selbst hatten nur eingeschränkte Machtbefugnisse und mussten sich bei wichtigen Entscheidungen dem Rat einer Volksversammlung beugen. Bemerkenswert für uns heute ist, dass die Führer keinen großen Anspruch auf das Territorium erhoben, sondern ihnen der Stammeszusammenhalt von größerer Wichtigkeit war. Aus diesem Grund gab es keine Landesfürstentümer oder Königreiche mit starren Grenzen; wenn der Stamm sein Siedlungsgebiet verließ und weiterzog, wanderte das Königtum mit. Ein Erbkönigtum gab es ebenfalls nicht, Führungspositionen mussten errungen werden.

Vercingetorix war der Keltenführer, dem es 52 vor unserer Zeitrechnung zum letzten Mal so richtig gelungen ist, die sieggewohnten Römer unter Cäsar das Fürchten zu lehren!

Die Gefolgschaft der Adligen, das Klientel

Eine gewisse Form der Gefolgschaft gab es dennoch, die so genannte Klientschaft. Nichtadlige Kelten verpflichteten sich einem Adligen gegenüber, ihm Waffendienst zu leisten. Dafür gewährte ihnen der Adlige Schutz und Vieh, das er leihweise zur

Nutzung überließ. Im Gegenzug entrichtete der Klient wiederum einen jährlichen Tribut an Nahrungsmitteln. Je mehr Klienten ein Adliger hatte, desto größer war sein Ansehen und umso höher sein Rang. Da die Klienten sich jedoch freiwillig verpflichteten und sich ihren Herrn selbst wählen konnten, standen die Adligen unter einem gewissen Druck, sich um ihre Gefolgschaft zu bemühen.

Man sieht also: Auch in diesem Punkt war der Individualismus stark ausgeprägt, und ein Führer der Gemeinschaft musste sich beharrlich für sein Volk einsetzen. Das Amt innezuhaben reichte nicht aus, um die Macht auszuüben.

Dass den Königen und Führern die Druiden als Berater zur Seite standen, habe ich bereits im Abschnitt »Das Wissen der Druiden und Barden« (siehe Seite 38ff.) angesprochen. Es heißt, dass bei Versammlungen niemand – nicht einmal der König – vor dem Druiden sprechen durfte, und bei allen großen Vorhaben der Gemeinschaft wurden sie zurate gezogen. Sie führten die Verhandlungen zwischen zerstrittenen Stämmen, später sogar mit den Römern.

Merlin, das Urbild des weisen, manchmal auch listigen Druiden, hat für viele Figuren der späteren Fantasyliteratur Pate gestanden. Tolkiens Gandalf etwa oder auch Miraculix gehen auf ihn zurück.

Herrschaft und Macht

Artus hat – wie sollte es anders sein – einen Druiden als Berater: Merlin. Sie repräsentieren ein klassisches keltisches Herrscherpaar. Bereits über den historischen Artus wissen wir sehr wenig, ob es einen Druiden Merlin gegeben hat, liegt völlig im Dunkeln. Die Meinungen der Gelehrten gehen bezüglich seiner geschichtlichen Existenz sehr weit auseinander. Nichtsdestotrotz ist er eine der berühmtesten und faszinierendsten Figuren in der gesamten Mythologie.

Wie üblich ist seine Herkunft ungewiss, wieder werden eine Jungfrauengeburt und eine übernatürliche Abkunft zur Erklärung herangezogen. Schon in seiner Jugend ist Merlin hoch begabt und hat Einfluss auf die Mächtigen. So bringt er König Uther und Igraine, die Frau des Herzogs Gorlois, zusammen. Aus dieser Beziehung geht das Kind Artus hervor, das Merlin in seine Obhut nimmt. Er bestimmt nachhaltig die Erziehung des Jungen und bleibt sein Leben lang Berater und Vertrauter des Königs. Gleichzeitig steht er aber auch in enger Verbindung zur Dame vom See, der Herrscherin der Anderwelt (siehe Seite 190), und versucht immer wieder, die Belange beider Welten in Einklang zu bringen.

Verschiebung der Macht heute

König Artus steht hier für die reale Welt, in der Macht über Land und Leute im Vordergrund steht, während Merlin die geistige Welt versinnbildlicht, in der die spirituellen Werte eine größere Rolle spielen. Beide zusammen verleihen der Herrschaft erst Vollkommenheit.

In unserer Zeit liegt die Betonung eindeutig auf Macht in der realen Welt. Manager, Politiker, Militärs, Kirchenführer – Führungskräfte jedweder Art, Menschen, die ihre Karriere im Auge haben, definieren ihre Herrschaft einseitig über materielle Werte. Geld, Aktien, Personal, Produktionsstätten, Rohstoffe sind die handgreiflichen Symbole ihrer Macht. Geistige Gesundheit, ethisches Verhalten, Achtung vor der Umwelt und allen Lebensformen sind nur selten erklärte Ziele der Machthaber. Aber es liegt in Ihrer Hand, das zu ändern. Denn auch Sie haben über irgendetwas Macht.

Wie auch bei den Rittern (siehe Seite 174) können Sie die Kräfte der Herrscher für sich nutzen. Stellen Sie sich die Könige und Druiden vor, wie sie ihre Herrschaft ausüben (oder auch nicht), und versuchen Sie, sich mit denen, die Sie in irgendeiner Weise ansprechen, für eine Weile anzufreunden.

Was für die männlichen Machthaber gilt, ist selbstverständlich auch für die weiblichen unter ihnen gültig. Auch Managerinnen und Politikerinnen müssen über Ethik nachdenken.

Der Gral – um ihn ranken sich zahllose Geschichten, und die Suche nach ihm beschäftigte schon ganze Generationen.

In den späteren Artus-Dichtungen verwandeln sich die Druiden, einst weise Ratgeber der Könige, als Anpassung an den Zeitgeist immer mehr zu undurchsichtigen Zauberern.

Die Könige und Druiden

● **Artus:** Der Sohn von Uther und Igraine, Hochkönig Britanniens und Begründer der nach ihm benannten Tafelrunde, ist die grandiose Personifizierung des Königs schlechthin. Er herrscht über die Herzen der Menschen.

● **Uther:** Der »Pendragon«, der »Erste Drache«, wurde er genannt. Er zeichnete sich zeit seines Lebens durch außerordentliche Tapferkeit aus und zog noch im Sterben in die Schlacht, um die Sachsen zu besiegen. Er herrscht über Entschlusskraft und persönlichen Mut.

● **Amfortas:** Der Fischerkönig ist verletzt und kann seine Macht nicht ausüben, solange seine Wunde nicht heilt. Das Land verödet und wird unfruchtbar. Er hat der Herrschaft entsagt, solange er mit seinem Leiden geschlagen ist.

● **Pellinore:** Er wird als Parzivals Vater bezeichnet, und seine Lebensaufgabe ist es, ein unheimliches Biest zu verfolgen, mal ein Drache, mal das bellende Tier. Er herrscht über die Schatten und die Ängste.

● **Merlin:** Er ist Berater des Königs, Mittler zwischen dieser und der Anderwelt, der Weiseste der Weisen. Er herrscht über das Wissen der Anderwelt.

● **Taliesin:** Der Barde Taliesin taucht erst in Artusgeschichten neueren Datums auf, doch der historische Sänger und Dichter hat eine Reihe Gedichte hinterlassen, in denen er die Gestalten besingt, in denen er einmal existiert hat. Er herrscht über den inneren Wandel.

● **Cathbad:** Der irische Druide zeichnet sich dadurch aus, dass er wie kein anderer über Kalender, Glücks- und Unglückstage sowie über die Zukunft Auskunft zu geben vermag. Er ist der Herrscher über die Zeit und die Termine.

Auch über die Könige und Druiden finden Sie in den Mythen und Erzählungen viele Details, die Ihnen helfen, die Charaktere zu verdichten. Artus gehört zu den frühen keltischen Gestalten und basiert auf einer historischen Figur. Uther Pendragon taucht ebenfalls bei Geoffrey of Monmouth auf. Merlin geht wahrscheinlich auf einen historischen Magier oder Druiden namens Myrddin zurück. Das Leben von Talisien und Cathbad ist durch Quellen belegt.

➲ Wegweiser Hindernisse

Der Weg, den Sie gehen, führt weiter voran. Doch nicht immer ist er geradlinig. Es gibt Wegkreuzungen, Verzweigungen, Umwege, Irrwege und Sackgassen. Und es gibt Hindernisse. Was tun Sie, wenn plötzlich ein gewaltiger Stein Ihr Vorankommen verhindert? Resignieren und zurückgehen? Einen Weg herum suchen? Den Stein mit Kraft beiseite räumen?

Auf der Suche nach Ihrem Selbst werden Ihnen zweifellos Hindernisse begegnen, und wenn Sie vom kämpferischen Geist unserer keltischen Vorfahren beseelt sind, dann werden Sie die Herausforderungen annehmen. Zwei Arten von Hindernissen lassen sich unterscheiden.

● Bestimmte Hindernisse bauen Sie selbst auf; sie heißen Kleinmütigkeit, Unaufrichtigkeit und Bequemlichkeit.

● Andere Hindernisse stellen sich Ihnen von außen entgegen; es sind Unverständnis, Ablehnung oder Spott.

Dieser Wegweiser ist keine Aufforderung zu dreister Rücksichtslosigkeit, mit der man Hindernisse beiseite räumt, sondern will zu angemessenem, innerlich freiem Handeln ermutigen.

Selbst gelegte Stolpersteine

Beginnen wir mit den von Ihnen selbst errichteten Hindernissen. Sie haben die Aufforderung erhalten, sich auf den Weg zu machen. Damit einhergeht, dass Sie Ihr Bewusstsein erweitern, aber so recht trauen Sie sich nicht, die neuen Fähigkeiten einzusetzen. Beispielsweise würden Sie gerne ein altes keltisches Heiligtum aufsuchen, um dort die Stimmung aufzunehmen, wenn Sie sich dabei nicht komisch vorkämen. – »Was sollen denn die Leute denken, wenn ich da um den Brunnen laufe und Blumen vor den Göttinnen niederlege?« Kleinmütig, nicht wahr?

Ein Orakel zu befragen kann auch eine Herausforderung sein, denn es ist ja nicht auszuschließen, dass etwas Unangenehmes in den Antworten steht. Da deutet man dann lieber nur die positiven Aspekte, die einem ein beruhigendes Gefühl geben. Unaufrichtig, nicht wahr?

Die Reise in die Anderwelt verlangt Geduld, Ruhe und eine gehörige Portion geistiger Disziplin. Einen Kinofilm über phantastische Abenteuer anzusehen ist natürlich bequemer. Man muss über eine Menge Qualitäten verfügen, die einen echten Krieger ausmachen, um den »inneren Schweinehund« zu besiegen: den Mut, etwas Ungewohntes, vielleicht sogar Ausgefallenes zu tun, die Tapferkeit, sich selbst ins Auge zu sehen und unbestechlich ehrlich mit sich zu sein, und vor allem die Energie, gegen seine Trägheit anzukämpfen.

Äußere und innere Veränderungen

Das erweiterte Bewusstsein beinhaltet, dass man eine oder mehrere persönliche Wandlungen durchmacht, manchmal nur ganz kleine, manchmal ziemlich große. Meistens ändert sich die Wertigkeit der Dinge, plötzlich ist es einem nicht mehr so wichtig, immer die neuesten Designerkleider zu tragen, diesen oder jenen »Event« zu besuchen, da oder dort gesehen zu werden. Man findet mehr Gefallen daran, durch den Wald zu laufen und sich an der Berührung mit der Natur zu erfreuen.

Ihre Freunde, die das nicht an Ihnen kennen, werden vielleicht mit Unverständnis darauf reagieren. Wenn Sie eines der keltischen Jahreskreisfeste feiern, stoßen Sie bei manchen Menschen gar auf Ablehnung, weil Sie heidnische Bräuche pflegen. In Wirklichkeit aber demütigen Sie diejenigen Zeitgenossen, die Sie mit Spott übergießen, weil Sie eine spirituelle Haltung entwickeln, oder jene, die Sie der Lächerlichkeit preisgeben, weil Ihnen das Leben von Pflanzen und Tieren wertvoll erscheint.

Das Vordergründige tritt im Laufe der Suche und Wanderung meist zurück, und tiefere Werte kommen hinter den fallenden Masken zum Vorschein.

Ein Kampf um das Leben

Auch hier werden Sie kämpfen, aber beachten Sie einen feinen Unterschied: Sie kämpfen für etwas, nicht gegen jemanden. Es wird kein Tier und kein Baum gerettet, wenn Sie nur Ihren Gesprächspartner niederbrüllen. Sie finden keinen Zugang zu den Rhythmen der Natur, wenn Sie ärgerliche Diskussionen mit Personen führen, denen jedes Verständnis dafür – vielleicht aufgrund ihrer Überzeugung – fehlt. Und die Bekannten und Freunde, die nicht verstehen, dass die letzten Moden oder die neuesten technischen Finessen für Sie an Bedeutung verloren haben, können Sie sowieso nicht bekehren. Vielleicht können Sie aber auf diese Bekanntschaften verzichten. Betrachten Sie noch einmal Ihr Beziehungsdiagramm (siehe Abschnitt »Stammes- und Familienorganisation« Seite 26ff.), und prüfen Sie, welche Freundschaften Sie nur oberflächlich pflegen oder zu welchen Menschen Sie den Kontakt lediglich halten, weil sie Ihrem Ego schmeicheln. Sie kämpfen für sich selbst, um Ihr Selbst, Ihre geistige und körperliche Gesundheit, ein lebenswertes Umfeld und ein aktives, kreatives Leben. Sie sind ein Einzelkämpfer, so wie es die Kelten auch waren, ein Individuum, das seine Herausforderungen annimmt und mit Mut und Tapferkeit bewältigt. So wie es die Ritter der Tafelrunde taten, die aufbrachen, ihre *aventiuren* zu bestehen und den Gral zu suchen.

Exkursion zu Artus

Kommen wir noch einmal auf Artus zurück, denn es gibt noch einen interessanten Aspekt in seiner Mythologie. Artus schläft mit seinen Kriegern in Avalon und wird zurückkehren, wenn sein Land in Not ist. So endet Malorys Version der Artussage. Der einstige und zukünftige König wird kommen und der sterbenden Erde neue Wärme und göttliches Licht bringen, immer währender Friede und Liebe werden auf der Welt herrschen, wenn er wieder die Macht übernimmt. Diese Vision teilen einige Enthusiasten, die aus einer für sie kalten, rauen Wirklichkeit zu entfliehen trachten und auf Artus ihre Hoffnung setzen.

Artus, vom keltischen Heerführer zum britischen König gewandelt, vom Kämpfer zum Zuhörer ritterlicher Taten in seiner Tafelrunde, vom großzügigen Gastgeber eines christlichen Hofes zum Sternenkönig der Zukunft, hat eine seltsame Geschichte durchgemacht, die ihn für manche Menschen in den Rang eines neuen Messias erhebt. Bitte erliegen Sie nicht solchen Visionen. Artus ist nicht der Retter der Welt, andauernde Liebe, Licht und Frieden kann er uns nicht bringen.

Die Widrigkeiten und Unvollkommenheiten unseres Daseins können nicht von außen geheilt werden, nur von innen. Da freilich ist dieser Archetypus, dieses Urbild des weisen Herrschers wieder wirksam, und wenn Sie ihn in sich zu wecken verstehen, mögen Licht, Liebe, innerer Friede Sie erfüllen und auf Ihre Umgebung ausstrahlen.

Zu viele Gurus, Sektenführer und Heilsverkünder nutzen die Sehnsucht der Menschen nach Erlösung von außen. Folgen Sie nur den Ratgebern und Ratschlägen, die Ihnen zu Ihrem eigenen Weg verhelfen.

Viele Menschen assoziieren mit Avalon einen mystischen See im Dunst. Machen Sie sich Ihr eigenes Bild.

Die Heldinnen

Die Frauen in den Artussagen sind keine scheuen Häschen, die den Mund nicht aufmachen, die ausschließlich »weiblichen« Beschäftigungen in ihrer Kemenate nachgehen. Nein, sie nehmen lebhaft am gesellschaftlichen und politischen Leben teil und schmieden natürlich auch manche Intrige. Einige von ihnen tragen die Züge der alten starken keltischen Göttinnen, und die Priesterinnen unter ihnen haben beträchtlichen Einfluss auf die Geschicke der Helden und Könige.

Uns mag die rechtliche Lage der Keltinnen selbstverständlich erscheinen, ihren Zeitgenossen erschien es jedoch überaus bemerkenswert, dass Frauen selbstständig handeln durften.

Jungfrauen, Mütter und Kriegerinnen

Was sich in den Mythen darstellt, zeigt sich auch in der Stellung der keltischen Frauen. Sie waren bemerkenswert gleichberechtigt, verfügten über eigenes Vermögen und konnten auch als Familienoberhaupt fungieren. Cäsar schreibt einigermaßen verwundert in »De bello Gallico«:

> *Die Männer lassen, wenn sie von ihren Frauen Vermögen als Mitgift erhalten haben, ihr eigenes Vermögen schätzen und legen einen gleich großen Wert mit der Mitgift zusammen. Über dieses Gesamtvermögen führen sie gemeinsam Buch und sparen den Gewinn; wer von beiden länger lebt, erhält den beiderseitigen Anteil mit dem Gewinn, der mit der Zeit hinzugekommen ist.*

Finanzielle Unabhängigkeit scheint also für keltische Frauen eine Selbstverständlichkeit gewesen zu sein. Jean Markale rekonstruierte aus den frühen irischen Gesetzestexten, die auf keltische Ursprünge zurückgehen, folgende rechtliche Regelungen: Waren Gatte und Gattin gleich vermögend, waren sie auch rechtlich gleichgestellt; die Frau konnte beispielsweise Verträge annullieren, die er geschlossen hatte, wenn sie der Ansicht war, diese würden ihr Nachteile bringen; war sie weniger vermögend und stammte sie aus niedrigeren Verhältnissen, war dieses Recht eingeschränkt; brachte sie das größere Vermögen in die Ehe mit, war sie die Bestimmende, und der Mann galt als Untertan der Frau. Es gibt sogar Anzeichen dafür, dass einige Frauen mehrere Männer hatten. Sie konnten sich auch entscheiden, unverheiratet, also Jungfrauen zu bleiben, was aber keineswegs bedeutete, dass sie sich geschlechtlich zu enthalten hatten.

Gemeinsam in den Kampf

Frauen begleiteten ihre Männer auch auf den Kriegszügen. Animanus Mercellinus berichtet (zitiert nach N. Chatwick, »Frauen in keltischen Mythen«):

> *Eine ganze Gruppe Fremder wäre außerstande, es mit einem Gallier aufzunehmen, wenn dieser seine Frau um Hilfe riefe – die meist sehr kräftig ist und blaue Augen hat –, vor allem wenn sie den Hals anschwellen lässt, mit den Zähnen knirscht, die bleichen, gewaltigen Arme schwingt und anfängt, Schläge und Fußtritte auszuteilen, als handele es sich um Geschosse eines Katapultes.*

Man sieht hier geradezu, wie Gutemine ihren Majestix in einer Balgerei mit den Römern unterstützt. Die Sagen weisen auf eine Reihe Kriegerinnen hin, die männliche Kämpfer ausbilden, wie etwa die Scathach und ihre Tochter Uathach. Auch Arianrod verteidigt zusammen mit ihren Frauen ihre Burg. Und auf jeden Fall waren es Göttinnen, die die Kämpfe begleiteten: Morrigan, Macha und Badb genossen als Kriegsgöttinnen hohes Ansehen. Dies scheint seine Spuren bis ins kanonische Recht Irlands hinterlassen zu haben: In einer interessanten Regelung heißt es dort, dass Töchter und Söhne gleich erbberechtigt sind, die Töchter, so sie das Erbe annehmen, sich aber zur Ableistung des Militärdienstes verpflichten müssen (J. Markale).

Erst seit einigen Jahren wird die vorwiegend von Männern dominierte Geschichtsschreibung von Frauen unter weiblichen Aspekten betrachtet, nicht ohne Missbilligung der »Autoritäten«, aber mit interessanten neuen Aspekten.

Gleiche Berechtigung

Über das Leben der einfachen keltischen Bevölkerung wissen wir wenig. Sie waren Viehzüchter und Bauern, Handwerker und Händler, und die männlichen Historiker scheinen kriegerische Auseinandersetzungen erheblich lieber zu dokumentieren als das tägliche Einerlei. Man kann sich aber ausmalen, dass die hart arbeitenden Menschen, Männer wie Frauen, ihre Tätigkeiten weitgehend gleichberechtigt nebeneinander ausgeführt haben. Einen biblischen Hinweis, dass die Frauen den Männern untertan sein sollen, gab es offensichtlich nicht, die Gesetze kennen keine solche Rollenverteilung.

Dass es trotzdem eine Arbeitsteilung gegeben haben wird, ist anzunehmen, zumal die Biologie die Frauen zum Gebären bestimmt hat. Was aber spricht dagegen, dass »typisch weibliche« Arbeiten den männlichen Beschäftigungen ebenbürtig waren? Weberinnen, Töpferinnen, Köchinnen, Kunstschmiedinnen sind genauso Kulturträger einer Gesellschaft wie Wagenbauer, Waffenschmiede, Steinmetze oder Bauhandwerker. Bei meinen Recherchen hat mich immer wieder verwundert, dass beispielsweise die überaus kunstvoll gefertigten und verzierten Gebrauchsgegenstände männlichen Herstellern zugeschrieben werden. Warum eigentlich?

Matrilineare Kulturen kennen die Abstammung über die weibliche Linie. Die Kinder definieren sich als Söhne und Töchter der Mutter, was sich in einigen keltischen Mythen wiederfindet.

Reste der matrilinearen Kultur

Gleichberechtigung heißt nicht, dass Frauen das Gleiche können müssen, was Männer leisten; es heißt nur, dass das, was sie machen, den gleichen Wert hat. Es heißt selbstverständlich auch, dass sie frei sind, sich auf männlichen Betätigungsfeldern zu bewähren. Und umgekehrt.

Gleichberechtigung ist eine Frage der Achtung und der Anerkennung des freien Willens, und in einer noch von matrilinearen Grundsätzen geprägten Gesellschaft wie der keltischen mag der gegenseitige partnerschaftliche Respekt vor den Leistungen des anderen zur Selbstverständlichkeit gehört haben. Es gibt eine Geschichte aus dem Sagenkreis um Artus, die diese Tatsache auf sehr charmante Weise belegt.

Die Geschichte von Ragnell

Artus wurde einst bei einer gefährlichen *aventiure* die Aufgabe gestellt herauszufinden, was sich eine Frau am meisten wünscht. Auf der Suche nach der Antwort begegnet ihm eine entsetzlich hässliche Alte, die sich erbietet, ihm bei der Lösung des Rätsels behilflich zu sein. Als Lohn verlangt sie, mit Artus' Neffen Gawain verheiratet zu werden. Artus will ihm das nicht antun, aber Gawain erklärt sich bereit, seinem König zu helfen. Die hässliche Alte wird an den Hof eingeladen, und alle Welt macht sich über Braut und Bräutigam lustig. Dennoch werden die beiden getraut und ziehen sich am Abend in ihr Gemach zurück. Gawain sieht seine grausige Gemahlin an und schluckt. Verzweifelt starrt er ins Feuer und sucht einen Grund zu finden, nicht das Bett mit ihr teilen zu müssen, ohne sie zu beleidigen. Schließlich nimmt er sich ein Herz und dreht sich um. Vor ihm steht eine

schöne, lächelnde Frau, die ihm erklärt, sie sei Ragnell, die hässliche Alte, die er geheiratet habe. Und dann überlässt sie ihm
die schwierige Entscheidung: Sie kann entweder bei Tag die
Schöne sein und nachts abstoßend werden, oder sie ist bei Tag
die Hässliche und nur für ihn nachts die Schöne.

Gawain trifft die einzige Entscheidung, die ein Mann in einer
solchen Situation treffen kann: Er überlässt es ihr, wann sie in
welcher Gestalt auftreten will. Damit hat er den Zauber gelöst,
der über Ragnell lag, und sie kann ihre schöne Gestalt beibehalten. Die Antwort auf das zu lösende Rätsel bekommt er gleich
mitgeliefert: Was eine Frau sich wirklich wünscht, ist das Recht
auf ihren eigenen Willen.

Und wie ist es bei uns heute darum bestellt? Im Rahmen einer
aktuellen Umfrage, wer in der Familie das Sagen habe, gaben
Kinder an, dass überwiegend der Vater die Entscheidungen tref-
fe. Ein aufschlussreiches Zitat aus dieser Umfrage lautet: »Vater
besteht bei uns darauf, dass er das letzte Wort hat. Er sagt, das
steht schon in der Bibel. Er weiß aber nicht genau, wo.« Na dann
… Die betreffende Bibelstelle ist übrigens 1 Mose 3,16 – damit
wenigstens Sie es wissen.

Natürlich haben Frauen schon immer einen eigenen Willen gehabt, aber in Zeiten patriarchalischer Unterdrückung mussten sie seltsame Wege gehen, um ihn durchzusetzen. Deutliche Spuren gibt es heute noch!

Die Damen

Die charakterstarken Damen der Artussagen können Sie
ebenfalls für sich zum Leben erwecken, wenn Sie die Kräfte in sich mobilisieren wollen, die sie verkörpern. Hier
einige Beispiele.

● **Elaine:** Die Tochter des Königs Pelle liebt Lanzelot,
und mittels eines Zaubertrankes verführt sie ihn. Er
aber krankt an seiner aussichtslosen Liebe zu Guinivere. Elaine heilt und tröstet ihn. Sie bewirkt Heilung
von Liebeskummer.

● **Lyones:** Sie und Gareth verlieben sich ineinander,
kurz nachdem dieser zum Ritter geschlagen worden
ist. Um zusammen zu sein, muss er eine Reihe von fast
aussichtslosen Kämpfen überstehen, in denen Lyones
ihm den Mut und die Kraft gibt zu siegen. Sie bewirkt
partnerschaftliche Unterstützung.

● **Isolde:** Die irische Isolde soll König Marke heira-
ten, verliebt sich aber in Tristan und schockiert den
Artushof mit ihrer Affäre. Sie bewirkt selbstbewusste
Sexualität.

- **Ragnell:** Sie wird in eine hässliche Alte verzaubert und kann erst erlöst werden, wenn sie einen Mann trifft, der ihr die Entscheidung über ihr Leben lässt. Sie bewirkt freien Willen und unabhängige Entscheidungen.
  - **Dindrane:** Parzivals Schwester führt die Gralssucher auf den richtigen Weg, doch dann gibt sie ihr Blut für eine kranke Frau und stirbt daran. Sie bewirkt aufrichtiges Mitleid.
- **Elaine von Astolat:** Sie liebt, wie ihre Namensschwester, Lanzelot, doch der kann ihre Liebe nicht erwidern. Sie verzichtet auf ihn und ihr Leben und geht als Lilienmaid in die Geschichte ein. Sie bewirkt Verzicht und Entsagung.
- **Maledisant:** Die wenig bekannte Maid dient dem angehenden Ritter Breunor als Führerin und übergießt ihn trotz seiner Erfolge mit Spott. Sie bewirkt Durchhaltekraft in Prüfungen.

Die Damen sind seltsamerweise nicht so leicht in den walisischen und irischen Geschichten wieder zu finden. Sie scheinen stärker als die Ritter durch die Zensur der Autoren verändert worden zu sein. So dienen der Isolde beispielsweise drei Gestalten zur Vorlage: Essylt, Grainne und Deirdre.

Königinnen, Seherinnen und Priesterinnen

In Boadicea und Cartimandua begegnen wir historisch nachgewiesenen Königinnen, die sich heftig mit den Römern angelegt haben. Angesichts dessen, was man grundsätzlich über das Verhältnis zwischen Mann und Frau bei den Kelten weiß, scheint es nicht ungewöhnlich gewesen zu sein, dass es weibliche Anführer unterschiedlichster Prägung gab, die beträchtliche politische Macht ausübten. Als zusätzliches Indiz können die keltischen Mythen herangezogen werden. Hier ist es völlig selbstverständlich, dass Männer wie Frauen die Führungsrolle in den Gemeinschaften übernahmen. Königin Medb zettelt die Rauferei um den Rinderraub von Cooley an, Fürstin Aife zerschlägt im Kampf Cúchulainns Schwert, Königin Macha gründet die Stadt Emain Macha usw.

Steigt man eine Stufe höher, findet man unter den Göttinnen ebenfalls echte Führungspersönlichkeiten. Cessair macht sich

Dass die Keltinnen sich ohne Missbilligung durch die Männer durchsetzen konnten, zeigen vor allem die Gestalten mythischer Führerinnen.

nach einer Sintflut mit 50 Frauen und drei Männern auf nach Irland, und Dana führt ihr Volk nach ihr dorthin. In den Artusgeschichten sind Guinivere, Morgause und Igraine die bedeutsamsten Erscheinungen unter den Königinnen, und ihr Einfluss auf das Geschehen ist erheblich.

Als geistige Führerinnen geachtet

Frauen waren auch als Seherinnen und Priesterinnen anerkannt. Vor allem die vielseitig begabten und hoch verehrten Göttinnen

Es gab viele mächtige Göttinnen bei den Kelten. Hier sehen Sie das »Thronende Mädchen« von Thomas Gotch.

Dana, Brigid und Ceridwen, Rhiannon, Epona und Morrigan zeigen, dass die Frauen nicht wie die römischen Matronen lediglich das Haus hüteten und Kinder zur Welt brachten, sondern sich auch am öffentlichen Leben beteiligten. Druidinnen traten als Botschafterinnen bei den Römern auf, und Plutarch berichtet, dass die Keltinnen an Versammlungen teilnahmen und Streitigkeiten schlichteten.

Die bekannteste historisch belegte Seherin und wahrscheinlich auch Druidin war Veleda, die etwa zur Zeit Kaiser Vespasians gelebt hat und Einfluss auf einen großen Teil der Festlandskelten hatte. Auf der Insel Sena vor der Pointe du Raz in der Bretagne lebten neun Orakelpriesterinnen, die in den späteren volkstümlichen Überlieferungen zu Feen wurden, und selbstverständlich gehörten die 19 Frauen, die das Feuer von Kildare, dem Heiligtum der Brigid, hüteten, zu den Priesterinnen.

Fedelma ist die Druidin, die Seherin von Connaught, die Königin Medb vor dem Ausgang der Schlacht mit Cúchulainn warnt.

Spätere christlich überarbeitete Berichte schmälerten die Bedeutung der Druidinnen, Seherinnen und Priesterinnen. Wenn sie sie nicht dem Vergessen anheim fallen ließen, machten die freundlich gesinnten Missionare Nonnen aus ihnen; die frauenfeindlichen Helfer Gottes dagegen verteufelten sie als böse Feen und Hexen. Eine der grundsätzlichen Vorstellungen der keltischen Weltanschauung war die des Zusammenwirkens des männlichen und des weiblichen Prinzips; dies allein garantierte Wohlstand. Den deutlichsten Niederschlag fand diese Überzeugung in der Verbindung des Königs mit dem Land: Erst eine symbolische Hochzeit mit der Herrin des Landes bzw. mit der Erdmutter gab ihm die Macht zu herrschen.

Man muss seinen beruflichen Ehrgeiz nicht aufgeben, wenn man sich auf die Suche macht, aber manchmal verschieben sich Prioritäten und Sichtweisen. Das kann durchaus erfrischend wirken.

Vom Sinn, ein Geheimnis zu sein

Mit einem gewissen Amüsement hörte ich einmal einen Mann sagen: »Ihr Frauen liebt es ja, wenn man euch nachsagt, ihr könntet zaubern.« Stimmt, das hören wir Frauen gerne, denn es entspricht genau der Wahrheit, wie sie die Männer sehen. Frauen beherrschen jene Kräfte, die sich der rationalen, logischen Erklärung entziehen, besser als Männer. Einfühlsam, sensibel, mitfühlend, intuitiv, ganzheitlich – das sind die Kennzeichen der typisch »weiblichen« Logik. Damit wird nicht bestritten, dass Frauen auch ganz kühl und rational denken können. Vielmehr haben sie den großen Vorteil, beides – die intuitive und die intellektuelle Weisheit – nutzen zu können. Wenn sie wollen.

Es ist das traurige Los der Frauen, dass sie über Jahrhunderte hinweg einerseits verachtet wurden, wenn sie sich auf ihre intuitiven Kräfte verließen, man ihnen andererseits aber auch die rationalen Fähigkeiten aberkannte oder sie als »unweiblich« bezeichnete. Die keltischen Frauen kannten dieses Problem nicht. Sie setzten beides gleichwertig ein: als Staatsfrauen die rationale Seite, als Priesterinnen und Seherinnen das intuitive Wissen.

Immer wieder auf die Intuition hören

Lassen Sie sich nicht verführen, einseitig zu werden, als knallharte Powerfrau mit den Männern um die wackeligen Sprossen der Karriereleiter zu ringen und alles genauso gut zu können – rückwärts und auf Stöckelschuhen. Für Ihr seelisches Wohlbefinden ist es viel nützlicher, öfter mal ein Geheimnis für die Männer zu bleiben. Nehmen Sie gezielt den Kontakt zu Ihren inneren Kräften, zu den brachliegenden Fähigkeiten auf, und hören Sie auf die Ratschläge aus der Anderwelt. Das bedeutet nicht, dass Sie in einer wichtigen Verhandlung plötzlich die Augen schließen und den Besprechungstisch mit König Artus' runder Tafel tauschen. Aber zur Vor- und Nachbereitung kann das sehr sinnvoll sein. Dann erkennen Sie nämlich, welcher Ihrer Partner oder Kontrahenten welchem Charakter entspricht, und Sie können sich geschickter auf deren Verhalten einstellen. Wenn Sie merken, dass sich hinter dem großmäuligen Vertreter eigentlich ein naiver Parzival und hinter dem kalt blickenden Manager ein verwundeter Fischerkönig verbirgt, dann haben Sie mit einem Mal eine ganz andere Verhandlungsposition.

Emotionale Intelligenz – ein alter Hut

Intuitive Menschenkenntnis ist eine Stärke, das Eingehen auf die Gefühle der anderen eine geheimnisvolle Macht, die lange unterschätzt wurde. Heute beginnt man sie wieder wahrzunehmen und nennt sie »emotionale Intelligenz«. Männliche Führungskräfte bemühen sich, sie in Workshops und Seminaren zu erwerben, seit statistisch erwiesen ist, dass man mit ihr wesentlich erfolgreicher ist als mit nacktem Faktenwissen und anmaßendem autoritärem Auftreten.

Als Frau kennen Sie das Geheimnis schon, nur kann es sein, dass es durch unser auf Faktenwissen ausgerichtetes Erziehungssystem und eine auf oberflächlichen Leistungsbeweisen beruhende Berufswelt verschüttet wurde. Besinnen Sie sich zurück, und zaubern Sie wieder. Es ist ganz einfach.

Königinnen und weise Frauen

Zur Unterstützung bei der Rückbesinnung auf die geheimnisvollen Fähigkeiten und die weibliche Art der Führung können Sie Freundschaft mit den Frauen an Artus' Hof schließen, von denen jede ein Beispiel für emotionale Intelligenz ist.

● **Igraine:** Artus' Mutter war, bevor sie König Uther kennen lernte, die Frau des Herzogs Gorlois. Sie verliebt sich in den König und nimmt alle Konsequenzen auf sich, um seine Gattin zu werden. Sie unterstützt Sie im konsequenten Handeln.

● **Guinivere:** Sie ist die Gemahlin Artus', die Königin, die Lanzelot liebt. Die mythologische Gestalt verkörpert den Aspekt der Jahreszeitengöttin, die den Ausgleich zwischen altem (Artus) und neuem Jahr (Lanzelot) herstellen muss. Sie unterstützt Sie bei der Harmonisierung von alten und neuen Ideen.

Führen Sie auch mit den Königinnen und weisen Frauen innere Gespräche, aber lassen Sie es dabei an Respekt nicht fehlen. Sie sprechen mit den Ehrfurcht gebietenden Teilen Ihrer Selbst.

189

● **Morgause:** Igraines Tochter, die Königin von Orkney, regiert nach dem Tode ihres Mannes souverän das Land und erzieht auch ihre fünf Söhne. Nach Lust und Laune nimmt sie sich den ein oder anderen Liebhaber. Sie unterstützt Ihre Selbstständigkeit und Ihr Selbstbewusstsein.

● **Nimue:** Sie ist eine der Priesterinnen von Avalon, die ihr Wissen bei Merlin erlernte. Nachdem sie umfassende Kenntnisse erworben hat, trennt sie sich von ihm und geht an Artus' Hof, um ihm dort als Beraterin zur Seite zu stehen. Sie unterstützt Ihren Kontakt zur Anderwelt.

● **Morgane le Fay:** Sie ist Igraines Tochter, doch die mythologische Gestalt der Morgane ist viel älter. Sie ist Priesterin, Heilerin und Magierin und verkörpert oft den Aspekt der dunklen Göttin. Sie unterstützt Sie, wenn unangenehme Dinge bevorstehen.

● **Die Dame vom See:** Sie verbirgt sich hinter den Nebeln des Geheimnisses: mal als Viviane, mal als Nimue, mal als Herrin der Anderwelt. Sie unterstützt Sie, wonach immer Sie suchen. Guinivere geht auf Gunhamera zurück – das Eheweib des historischen Artus –, doch die Geschichte hat sie mit den Zügen verschiedener Göttinnen versehen. Viviane, die Herrin vom See, ist verwandt mit Coventina, der Göttin der Quelle. Morgane, die auch dunkle Seiten aufweist, ist die Nachfahrin der Morrigan.

⮑ Wegweiser Träume

Oft führt schon die Lektüre über archetypische Gestalten zu lebhaften Träumen – vielleicht sogar das vorliegende Buch. Vergleichen Sie das Traumgeschehen mit den Bildern und Inhalten.

Wie man Reisen in die Anderwelt mittels Trancetechniken durchführt, haben Sie bereits erfahren. Man kann aber auch in den Träumen reisen, wenn man sich darauf einstellt. Dazu müssen Sie üben, sich einerseits an Ihre Träume zu erinnern, andererseits aber auch die Traumthemen selbst zu steuern.

Ersteres ist verhältnismäßig leicht. Wann immer Sie aus einem Traum aufwachen, bleiben Sie einen Moment ruhig und mit geschlossenen Augen liegen und vergegenwärtigen sich, was Sie eben geträumt haben. Anfangs werden Ihnen vielleicht nur noch einzelne Bilder einfallen, aber mit der Zeit können Sie den gesamten Handlungsablauf wieder zusammensetzen. Manchmal ist es auch hilfreich, wenn man sich anschließend die Traumsequenzen aufschreibt. Legen Sie sich also Bleistift, Papier und eine kleine Taschenlampe (damit sie andere nicht wecken und das helle Licht Sie nicht so wach macht) bereit.

Den Inhalt der Träume bestimmen

Wie bestimmt man nun das Traumthema? Im Vergleich zur Einleitung einer Trance geht man umgekehrt vor: Sie lassen nicht die Bilder aus dem Unbewussten aufsteigen und sich entfalten, sondern geben ein bestimmtes Bild an das Unbewusste zur Weiterverarbeitung ab.

Wenn Sie also von einem prächtigen keltischen Helden oder von einer bezaubernden Königin träumen wollen, dann erschaffen Sie ihn bzw. sie in Ihrer Phantasie. Verleihen Sie ihm/ihr Aussehen und Namen, Eigenschaften und Charaktermerkmale, möglichst angelehnt an die Mythologie. Tun Sie das in der Phase, kurz bevor Sie einschlafen, und bitten Sie eine der höheren Mächte (Ceridwen und Brigit inspirieren), Ihnen einen Traum zu schicken, in dem diese Gestalt auftritt.

Das wäre sozusagen die unterhaltsame Seite der Trauminkubation. Man kann das gleiche Verfahren aber auch anwenden, wenn man Fragen in seinem Leben beantwortet, bestimmte Zusammenhänge geklärt haben möchte oder auf der Suche nach Lösungen für Probleme ist, die sich im Wachzustand nicht finden lassen. Auch in diesem Fall sollten Sie in der Phase kurz vor dem Einschlafen ein möglichst eindrucksvolles Bild Ihrer Frage oder Ihres Wunsches erschaffen und es dem Traum überlassen, die Antwort aus den Tiefen Ihres Unbewussten hervorzuholen. Vergessen Sie aber nicht, sich anschließend an das Erlebte zu erinnern und es aufzuschreiben.

Jeder Mensch träumt, aber nicht jeder erinnert sich. Die beste Möglichkeit, die Traumbilder zurückzuholen, haben Sie, wenn Sie ohne Weckerklingeln ausschlafen können. Üben Sie im Urlaub.

Sie möchten von einem Krieger träumen? Dann erschaffen Sie ihn einfach mit all den Eigenschaften, die Sie an ihm finden möchten.

Die *aventiuren* und Prüfungen

Artus' Helden müssen Prüfungen bestehen. Es sind fremde Ritter, die sie herausfordern und ihre Waffenkunst auf die Probe stellen, wie beispielsweise bei Gawains Kampf gegen den grünen Ritter. Manchmal muss ein gefährliches oder mysteriöses Tier gejagt werden, wie das Bellende Tier, ein Drachen oder ein weißer Hirsch, oder die Artusritter müssen durch unwegsame, unheimliche Gebiete ziehen, durch dunkle, magische Wälder wie Broceliande oder das Tal ohne Wiederkehr, das öde Land oder andere Bereiche der Anderwelt.

Kampfkunst und Moral

Ob die unten stehende Prüfung buchstäblich so durchgeführt worden ist, wissen wir nicht genau, aber ähnliche körperliche Prüfungen gehören zu fast jeder Art der Initiation in allen Völkern.

Abenteuer sind Prüfungen – von nichts anderem berichten die unzähligen *aventiuren*. Prüfungen sind aber auch Initiationen, Einweihungen in einen höheren Grad des Wissens und in eine neue Stufe des Selbst-Bewusstseins. Darum wurden die jungen Männer anschließend zu Rittern geschlagen, erwarben sich die Zuneigung einer Dame oder erhielten magische Waffen oder andere bedeutsame Geschenke. Die Kelten hatten ein auf solche Prüfungen ausgerichtetes Bildungssystem. Die Ausbildung an den Waffen erhielten sie durch die Mitglieder des Kriegeradels. Der Zweikampf, die direkte Konfrontation mit einem gleichwertigen Gegner, scheint ein wichtiges Element der keltischen Kampfkunst gewesen zu sein, nicht Taktik und Strategie im Heeresverband. Verbunden mit der kriegerischen Ausbildung waren aber immer die Einweihung in den Ehrenkodex der Krieger und Ritter und ernste Prüfungen durch die Lehrer.

Eine keltische Prüfung

Jungen und junge Männer wurden bei den Kelten in Gruppen außerhalb des Stammes zusammen ausgebildet, in denen sie lebten, bis sie eine eigene Familie gründeten. Diese Fianna waren, wenn man es genau betrachtet, Jugendbanden. Allerdings unterstanden sie der Aufsicht, mussten einen Lehrplan und

Prüfungen absolvieren. Im Sommer lebten die jungen Krieger-anwärter im Freien, im Winter wurden sie in Höfen einquartiert. So lernten sie in der einen Hälfte des Jahres die Natur, die Ein-samkeit und Gefahren kennen, aber auch Reichtum und Schön-heiten. In der anderen Hälfte hatten sie sich mit der Dichtung zu beschäftigen. Und dann kam die Prüfung! Bis zum Gürtel in einem Erdloch stehend, musste sich der Prüfling mit Schild und Haselstock gegen die Angriffe von neun Kriegern wehren. Er wurde durch einen dichten Wald gehetzt, wobei die zu Zöpfen geflochtenen Haare nicht in Unordnung geraten durften. Er musste im vollen Lauf über einen hohen Stab springen und un-ter einem niedrigen hindurchkriechen. Und er musste sich wäh-rend des Laufens einen Dorn aus dem Fuß ziehen können, ohne das Tempo zu verringern. So hatte es König Cormac (2. Jahr-hundert nach unserer Zeitrechnung) in seinem Buch zur Prin-zenerziehung vorgeschrieben.

Eine zeitgemäße Form der Erziehung?

Eine solche Form der Ausbildung und des gelenkten Austobens kennen wir heute nicht mehr, und deshalb suchen sich die jun-gen Menschen eigene Kanäle, um ihre Energie loszuwerden. Je nach Umfeld und Veranlagung geschieht das in sportlichen Wettkämpfen, in gefährlichen Einzelaktionen oder gewalttäti-gen Ausschreitungen. Wenn Sie Kinder haben, sollten Sie sich mal über die keltische Erziehung Gedanken machen; vielleicht gibt es ja einige Vorbilder, deren »ritterliches« Verhalten Sie ih-nen gern auf ihren Lebensweg mitgeben möchten.

Aber nicht nur die Waffenkunst der jungen Kelten kann uns heute Erziehungsanstöße geben. Sie wurden an Druidenschu-len ausgebildet, in denen ihnen die Lehrer »alles, was sie von der Welt, der menschlichen Seele und den Göttern wussten« (C. Jullian, nach B. P. Ellis), beibrachten. Sofern sie die Ausbil-dung zum Druiden machen wollten, sind Initiationsriten sicher ebenfalls durchgeführt worden.

Prüfungen gehören zum Leben, und mit ein bisschen Geschick kann man sich zu Übungs-zwecken solchen Situa-tionen probeweise stellen. Das hebt das Selbstwertgefühl und schafft ein dickes Fell für den Ernstfall.

Angst und Abenteuer

Auch wir erwerben »Waffen«, Wissen, Kenntnisse und Fähigkei-ten und werden immer wieder mit Situationen konfrontiert, in denen wir zeigen müssen, was wir gelernt haben. Bewältigt man das Problem, ist die Prüfung bestanden; versagt man, ist man durchgefallen und muss weiterlernen. So ist es immer, wenn man sich etwas Neuem zuwendet.

Sie haben vielleicht auf Ihrem Weg inzwischen eine neue Fähigkeit in sich entdeckt, etwas, was Sie wirklich gerne tun möchten. Sie haben sich die entsprechenden Kenntnisse angeeignet, und jetzt möchten Sie sie der Öffentlichkeit präsentieren. »Du weißt doch so viel über dieses Thema, könntest du nicht mal einen Vortrag darüber halten?« – in dieser oder ähnlicher Form wird ein Wunsch an Sie herangetragen. Sie nicken. Auf der einen Seite sind Sie stolz, anerkannt zu werden, andererseits haben Sie ein flaues Gefühl im Magen. Sie bereiten sich vor, stellen sich auf die Fragen ein, die kommen könnten, und dann naht die Stunde der Bewährung. Publikum oder Jury, Lehrer oder Vorgesetzte sind bereit. Ihre Nerven flattern. Beherrschtere Naturen bekommen erst wenige Stunden vor dem Ereignis feuchte Hände, bei anderen setzt die Prüfungsangst schon Tage vorher ein.

⮑ Wegweiser Prüfungsangst

Auch die keltischen Heldinnen und Helden waren nicht frei von Prüfungsangst, sie verstanden es allerdings, sie vorher in Ekstase umzuwandeln: Lautes Gebrüll, Tröten und Trommeln, mehr oder minder wohltönender Gesang und Schmähungen des Gegners setzten das beklemmende Gefühl in der Magengegend frei. Das ist in der Tat eine Form der Stressbewältigung, denn Prüfungsangst ist nichts anderes als Stress der übelsten Sorte. Diese keltische Methode empfiehlt sich allerdings höchstens im Sport – sich einem Vorstellungstermin mit lautem Singen und Trommeln auf der Tischplatte zu nähern könnte Ihre Chancen, die Stelle zu bekommen, merklich mindern. In diesem Fall machen Sie es anders und nutzen die Mittel, die Ihnen die Kräfte aus der Natur oder der Anderwelt zur Verfügung stellen: den Verstand (Schwert), den Willen (Lanze), die Intuition (Kessel) und die Beharrlichkeit (Stein oder Schild).

Um die Prüfungsangst in den Griff zu bekommen, ist eine ausreichende Vorbereitungszeit von größter Wichtigkeit. Das klingt banal, aber Angst vor der Prüfung führt oft dazu, dass man die Beschäftigung mit der Thematik gerne hinauszögert. Werden Sie sich bewusst, dass Sie allein mit der Angst fertig werden müssen. Dann führen Sie das folgende Ritual durch, von dem ich Ihnen versichern kann, dass es Ihnen große Gelassenheit schenkt.

Stress baut man vor allem dadurch ab, dass man ihn zunächst als Gefühl wahrnimmt und akzeptiert, dann die Ursache sucht und schließlich eine Handlung durchführt, um ihn zu neutralisieren.

Übung: Prüfungsangst in den Griff bekommen

- Setzen Sie sich in ein ruhiges Zimmer, und erzeugen Sie mit gedämpftem Licht, Kerzen, Räucherwerk oder Duftlampen eine andachtsvolle Stimmung.
- Schließen Sie die Augen, und bitten Sie die vier heiligen Gegenstände, ihre Kraft in Sie fließen zu lassen. Ziehen Sie in Gedanken einen Kreis um sich.
- Beginnen Sie im Osten: Stellen Sie sich das Schwert vor. Wählen Sie alle positiven Bilder, die Schwert und Verstand gemein haben, und bitten Sie darum, dass Ihr Verstand scharf wie seine Klinge sein möge.
- Wenden Sie sich nun nach Süden, und stellen Sie sich die Lanze vor. Suchen Sie Analogien zwischen der zielgerichtet geworfenen Lanze und dem zielgerichteten Willen, und bitten Sie um Entschlusskraft und Zielstrebigkeit.
- Wenden Sie sich nach Westen. Stellen Sie sich den Kessel vor. Bitten Sie darum, dass sich alles, was Sie gelernt haben und lernen, in dem Gefäß mischt und Verständnis und Erkenntnis hervorbringt. Wählen Sie für Ihre Anrufung Vergleiche zwischen dem Kessel des Wissens und der Quelle des Unbewussten.
- Wenden Sie sich nach Norden, und stellen Sie sich den Stein vor. Er wird Ihnen Beharrlichkeit und Ausdauer schenken, tiefe Gelassenheit und Ruhe der Erde. Suchen Sie Bilder, die Ihnen die innere Verbindung zwischen einem Felsen und der Beständigkeit deutlich vor Augen führen.

Die schlimmste und berechtigtste Prüfungsangst haben diejenigen, die sich nicht vorbereiten. Das kann man mit ein wenig Planung verhindern.

Keine Angst vor dem Black-out

Wenn Sie mit Ihren Vorbereitungen beginnen, kann es zwischendurch immer mal wieder vorkommen, dass Sie angesichts der Stofffülle oder der komplexen Anforderungen die Panik überkommt. Lassen Sie dann für zwei, drei Minuten alles ruhen, und schließen Sie die Augen. Atmen Sie tief durch, und holen Sie sich die vier Gegenstände ins Gedächtnis. Sie sind immer gegenwärtig und geben Ihnen die Energie, die Sie brauchen, um den Kopf frei zu machen. Auch kurz vor der Prüfung, dem Auftritt, dem Wettkampf sollten Sie diese Zweiminutenübung machen. Andererseits gehört zu jedem Abenteuer auch ein bisschen Angst dazu. Das Lampenfieber steigert die Leistungsfähigkeit und macht eigentlich erst den Reiz des Unterfangens aus. Was wäre denn ein Sieg oder ein Erfolg, wenn nicht die Nerven kitzeln würden? – Ganz schön langweilig!

Einkehr und Besinnung – die keltische Kunst

Manchmal muss man innehalten, um über die zurückgelegte Strecke seines Weges nachzudenken. Die Kunstwerke der Kelten laden zur Kontemplation ein, zur Besinnung auf das Magische in der Natur und zum Einschwingen in die Kreisläufe des Lebens. Die eigene Beschäftigung mit den Mustern führt zu tiefer Entspannung, und dieser Zustand eröffnet die Chance der Erkenntnis.

Die Buchmalerei der Kelten ist weltberühmt. Hier sehen Sie eine ganzseitige Initiale aus dem Book of Kells.

Die Spiralen
der Wiederkehr

Die derzeit bekanntesten Motive der keltischen Kunst sind sicher die Triskele und das keltische Kreuz. Man findet sie in den Andenkenläden aller »keltischen« Länder in mehr oder minder geschmackvollen Ausführungen und bei uns verstärkt als Amulette oder Schmuckanhänger in der esoterischen Szene. Mit beiden Symbolen, Triskele und keltischem Kreuz, sind der Anfangs- und der Endpunkt keltischen Kunstschaffens markiert.

Der Schlitz, der sich im Eingang von Newgrange befindet und durch den am kürzesten Tag des Jahres ein Sonnenstrahl in das Innere fällt, wird als »Sonnenbriefkasten« bezeichnet.

Am Anfang war die Spirale. Sie ist keine keltische Erfindung, vielmehr fanden sie die Wanderer bereits in den Monumenten der Megalithkultur vor. Bekannt sind vor allem die Spiralmotive von Newgrange. Dieses steinzeitliche Denkmal befindet sich in Irland. Es ist eine gewaltige Grabanlage mit drei Tumuli (künstlichen Hügeln), von denen einer ein ganz besonderes Geheimnis birgt. Dieser 5000 Jahre alte Tumulus besteht aus einem fast 100 Meter langen, mit Steinplatten überdeckten Gang. Im Inneren des Hügels bildet er eine kreuzförmige Kammer, in der Dunkelheit herrscht. Nur einmal im Jahr, zur Wintersonnenwende, zeigt sich für kurze Zeit, nämlich für 17 Minuten, ein Sonnenstrahl. Er fällt durch den langen Gang auf einen bearbeiteten Stein und beleuchtet dort die dreifache Spirale. Newgrange ist auch heute noch ein grandioses Beispiel dafür, was die »primitiven« Steinzeitmenschen geleistet haben. Die Kelten, die erst nach der Blütezeit der Megalithkultur nach Irland kamen, müssen starr vor Staunen und zutiefst beeindruckt gewesen sein, als sie den Hügel und sein Geheimnis entdeckten. Er wurde für sie zum Eingang in die Anderwelt, und die Spirale betrachteten sie als Symbol für die Kreisläufe des Lebens.

Lineare Muster

La Tène und Hallstatt, die beiden großen Fundstätten, nach denen die frühkeltische Kultur benannt wurde, brachten eine Fülle von kunstvoll verzierten Gegenständen zutage, die den Übergang von geradlinigen zu kuvolinearen Mustern zeigen. Sehr frühe Ornamente bestanden vornehmlich aus Strichen, geraden, schräg gestellten, X- oder V-förmigen, die die zu dekorierenden Flächen bedeckten. Schon damals ist mit den einfachsten Mitteln eine ungeheure Vielzahl unterschiedlicher Muster entstanden, einmal durch die Variation der Striche zu Zickzacklinien, Fischgrätmustern, Rauten- oder Kreuzbändern, zum anderen vor allem durch das Ausfüllen oder Freilassen von Zwischenräumen. Besonders Graburnen sind uns hier überliefert, in die man mit schlichten Mitteln, beispielsweise dem Fingernagel oder einem Holz- oder Knochenstab, die Muster in den feuchten Ton eingeritzt hat. Sie finden sich außerdem auf bronzezeitlichen Waffen und auf Schmuckstücken, in die sie mit Hammer und einem feinen, spitzen Dorn eingraviert wurden. Vor allem die goldenen Lunulae, ein halbmondförmiger Halsschmuck, sind damit verziert, wobei das exquisite Augenmaß für gefüllte und freie Flächen auffällt.

```
WWWWWWW    XXXXXXXXX  /\/\/\/\/\/\/\/\/\  //////////////////
WWWWWWW    XXXXXXXXX  /\/\/\/\/\/\/\/\/\  \\\\\\\\\\\\\\\\\\
WWWWWWW    XXXXXXXXX  /\/\/\/\/\/\/\/\/\  //////////////////


>>>>>>>>>>   /\/\/\/\/\/\/\/\/\  |X|X|X|X|X|X|X|  ΛΛΛ
<<<<<<<<<<   \/\/\/\/\/\/\/\/\/  |X|X|X|X|X|X|X|  ΛΛΛ
>>>>>>>>>>   /\/\/\/\/\/\/\/\/\  |X|X|X|X|X|X|X|  ΛΛΛ
```

⊃ Wegweiser Muster

Kommt es bei Ihnen auch schon mal vor, dass Sie ein langes Telefonat geführt haben und anschließend eine ganze Seite mit den seltsamsten Mustern bekritzelt hatten? Im Nachhinein wissen Sie gar nicht mehr so recht, wie sie entstanden sind. Es ist irgendwie beiläufig geschehen, der Bleistift hat wie von selbst gestrichelt oder gepunktet, schwungvolle Linien gezogen oder Flächen schraffiert. Muster zeichnen zu können setzt nicht unbedingt eine künstlerische Begabung voraus, viel eher setzt diese Beschäftigung sie frei. Außerdem wirkt es ungemein beruhigend, sich wiederholende Elemente aneinander zu reihen. Zeichnen dieser Art ist eine Form der Meditation. Versuchen Sie es einmal, wenn Sie Abstand vom hektischen Tagesgeschehen finden wollen. Machen Sie ein kleines Ritual daraus, damit Sie sich der besonderen Tätigkeit mit allen Fasern bewusst werden.

Heben Sie eine Zeit lang Ihre »Telefonkritzeleien« auf, und versuchen Sie, wenn Sie dieses Kapitel durchgelesen haben, Ähnlichkeiten mit den beschriebenen Mustern zu entdecken.

Sie müssen sich bei dieser Übung nicht sklavisch an Strichmuster halten, selbstverständlich dürfen Sie auch schnörkeln und winden. Damit wären Sie bereits auf der nächsten Stufe der keltischen Kunst angelangt.

Übung: Durch meditatives Zeichnen entspannen

- Legen Sie vorab die notwendigen Materialien bereit: Papier, beim ersten Mal am besten kariertes, einen weichen Bleistift, Radiergummi, eventuell ein Lineal.
- Suchen Sie sich ein Plätzchen, wo Sie nicht gestört werden, aber auch bequem sitzen und mit ausreichender Beleuchtung zeichnen können.
- Legen Sie, wenn Sie mögen, entspannende Musik auf, und lassen Sie eine Duftlampe Wohlgeruch verbreiten.
- Atmen Sie ein paarmal tief durch, und beginnen Sie, mit geraden und schrägen Strichen Muster zu zeichnen. Lassen Sie dabei Ihrer Hand freien Lauf. Auf gar keinen Fall sollten Sie krampfhaft etwas konstruieren.
- Variieren Sie Strichlänge und -breite, verbinden Sie Zeichenreihen, und füllen Sie die dabei entstehenden Dreiecke oder Vierecke, Rauten oder Kreuze aus.
- Lassen Sie zu, dass Gedanken in Ihnen aufsteigen, aber schenken Sie ihnen möglichst wenig Beachtung. Manche gehen von alleine wieder, manche fließen in das Muster mit ein und kommen als zornige, dunkle Striche oder lustige kleine Schnörkel zum Ausdruck.
- Vermeiden Sie jegliches Leistungsdenken. Sie zeichnen aus sich heraus, nicht um irgendjemanden damit zu beeindrucken, nicht um am Ende ein DIN-A-4-Blatt vollständig ausgefüllt zu haben oder innerhalb von fünf Minuten sieben verschiedene Muster zu erzeugen. Sie zeichnen zur Entspannung!
- Wenn Sie keine Lust mehr haben, hören Sie auf, schreiben das Datum auf das Blatt und atmen noch ein paarmal tief durch. Dann widmen Sie sich wieder den Dingen der realen Welt, sicherlich ein bisschen ruhiger und wahrscheinlich überrascht von dem Ergebnis.

Umsetzung der selbst gestalteten Muster

Wenn Ihnen eines der Muster gefällt, dann übernehmen Sie es in Ihr Leben. Die Muster aus geraden und schrägen Strichen sind einfach, aber nicht primitiv. Sie haben den Vorteil, dass sie leicht auf die vielfältigsten Gegenstände zu übertragen sind. Sie können mit einem Muster Briefköpfe verzieren, es als Borte auf eine Decke sticken, Blumentöpfe oder Seidenschals bemalen, es in ein Strickmuster umsetzen, Glasbilder daraus gestalten, es in die Stäbe Ihres Baumorakels schnitzen oder, wenn Sie zu großflächiger Gartenarbeit neigen, den Rasen nach ihm mähen.

Es gibt viele Bücher und Bastelanleitungen, in denen Sie Mustervorschläge vorgegeben bekommen. Sie sind nützlich, wenn man sich eine handwerkliche Fertigkeit aneignen will und sich mit den Designmöglichkeiten noch nicht herumschlagen kann. Wahre Kreativität ist das allerdings nicht. Davon kann man erst sprechen, wenn man selbst seine Muster entwirft und in das entsprechende Material umsetzt – wie es die frühen keltischen Handwerkerinnen aus lauter Freude am Verzieren getan haben.

Kurvolineare Muster

Lange haben sich die Kelten nicht mit den geradlinigen Mustern aufgehalten. Sowohl die steinzeitlichen Spiralen als auch die Kunst der mediterranen Völker weckten ihr Interesse für geschwungene Linien. Mit der Bronzezeit wuchs ihre Vorliebe für diese kurvolinearen Ornamente, und man gewinnt fast den Eindruck, als ob gerade Striche verpönt waren. Romilly Allen, der englische Archäologe, Emblemforscher und Historiker, der Anfang des 20. Jahrhunderts ein umfassendes Basiswerk über die keltische Kunst geschrieben hat, formuliert es so: »Geradlinige Muster kommen in der spätkeltischen Kunst verhältnismäßig selten vor, denn die Designer scheinen eine tief verwurzelte Abneigung gegen gerade Linien gehabt zu haben, wenn sie sie irgendwie vermeiden konnten.« Die Mustervielfalt vergrößerte sich jedenfalls sprunghaft. Der mediterrane Ursprung der gerundeten Formen lässt sich in den stilisierten Blattmustern erkennen. Da in frühkeltischen Gräbern Gegenstände aus Italien und Griechenland gefunden wurden, müssen die Ornamente den Handwerkern bekannt gewesen sein. Doch sie kopierten sie nicht einfach, sondern verwandelten sie in einen höchst eigenen und ungemein komplexen Stil. Die Spiralmuster mögen sich von Norden von Skandinavien aus verbreitet haben, aber auch hier fanden die keltischen Künstler eine völlig neue Form; sie lernten, was ihre Vorgänger nicht konnten: die Spiralen mit S- oder C-förmigen Linien miteinander zu verbinden.

Wenn es Ihnen möglich ist, besuchen Sie ein Museum oder eine Ausstellung, in der keltische Objekte gezeigt werden. So bekommen Sie einen Eindruck von der Schönheit der Muster.

Die Magie der Kurvenmuster

Was immer eine Fläche zum Verzieren bot, wurde verziert, doch nie überladen, sondern immer mit einem feinen Gespür für die Flächenaufteilung. Leider kennen wir nur die Muster, die auf dauerhaften Materialien aufgebracht wurden, auf Bronze, Eisen, Gold und Silber, Keramik und Stein. Holz und Leder, Stoffe und Rinden sind leider dem Zahn der Zeit zum Opfer gefallen. Aber die Objekte, die uns erhalten geblieben sind, lassen darauf schließen, dass die Kelten ein Kunstwerke und Schönheit liebendes Volk waren.

Wenn man sich vor Augen führt, mit welch schlichten Werkzeugen in der Bronzezeit gearbeitet wurde, muss die Bewunderung für die erlesenen Arbeiten noch steigen.

Romilly Allen kann sich in seinem eher trockenen Werk zum Thema der kurvolinearen Ornamente nicht zurückhalten und schreibt: »Die meisten Elemente, durch die sich ein Dekorationsstil definiert, sind so phantastisch und originell, dass man sie zuerst mit dem Auge und erst dann mit dem Verstand wahrnimmt; jedoch scheinen sie sich gleichzeitig dem Beschreibungsvermögen zu entziehen.« Kurzum, was Allen zum Ausdruck bringen will, ist, dass die Ornamente eine magische Ausstrahlung haben. Und das ist ganz einfach richtig.

Die Triskele

Kommen wir zu dem wohl heute bekanntesten Spiralmotiv der Kelten, der Triskele. Teilt man einen Kreis in drei gleich große Segmente von jeweils 120 Grad, hat man die Ausgangsform für die Triskele. Eine dreilinige Spirale und ein Dreieck in der Mitte lassen ihre Bänder in diesen Segmenten jeweils in drei weitere Spiralen einrollen.

Dieser Bronzespiegel aus dem 1. Jahrhundert n. Chr. ist mit aufwendigen kurvolinearen Ornamenten verziert.

Die Triskele war bereits in der Bronzezeit als Sonnensymbol bekannt und findet sich auf Krügen sowie auf runden Anhängern. Die Drei als heilige Zahl ist überliefert und stellt die Dreigestaltigkeit vieler Göttinnen und Götter dar, weshalb es gerne als Amulett verwendet wird. Das Motiv hat sich als langlebig erwiesen und wurde vor allem in die spätkeltische, christliche Symbolik übernommen, was nicht verwunderlich ist, denn auch im Christentum hat die Dreifaltigkeit eine essenzielle Bedeutung. Die Triskele ist heute das Wahrzeichen der Bretagne, eines Landes mit starken keltischen Wurzeln.

Schlüssel- bzw. Labyrinthmuster

Eine verhältnismäßig spät auftauchende Mustervariante ist das ebenfalls typisch keltische Schlüsselornament, das hoch komplexe Labyrinthe hervorbringen kann. Es ist die Verbindung von Spirale und Linienmuster, die die Kelten zu einer ganz eigenen, unverwechselbaren Kreation kombiniert haben.

Zwar hatten schon die Griechen zuvor Mäanderbänder verwendet, der keltische Touch entstand jedoch dadurch, dass die Kelten die viereckigen Spiralen nicht waagerecht anordneten, sondern um 45 Grad drehten und darüber hinaus die Enden mit Dreiecken verzierten. Das Ergebnis sind Kunstwerke von beeindruckender, verwirrender Schönheit.

Symbolische Bedeutung der Spirale

So, wie die archetypischen Gestalten einer Geschichte die Würze geben, vermögen es symbolträchtige Bilder in der Kunst. Mit diesem Trick haben auch die ganz Großen gearbeitet, und darum ist das »Abendmahl« von Leonardo da Vinci heute noch vielen ein Begriff. Die Spirale ist eines der vielschichtigen, ganz alten Symbole, und darum spricht sie, wann immer wir ihr in einem Ornament begegnen, auch unsere Seele an. Der Linie, die sich um einen Mittelpunkt windet und dabei immer weiter nach außen gerät, wohnt eine Dynamik inne, die konzentrische Kreise im Vergleich dazu nicht aufweisen. Die Spirale verkörpert einen Kreislauf, eine Weiterentwicklung von innen nach außen oder von außen nach innen. Oder von oben nach unten oder von unten nach oben. Auf jeden Fall ist es eine Entwicklung, die man in der Spirale erkennt.

Besonders das Labyrinth ist ein Symbol der menschlichen Suche nach dem innersten Wesen. Es findet sich in vielen Sakralbauten.

Für den geduldigen irdischen Betrachter beschreibt die Sonne im Verlauf des Jahres eine spiralförmige Bahn um die Erde: Sie steigt im Frühjahr in immer größer werdenden Kreisen bis zum Mittsommertag auf und wickelt sich dann bis zur Wintersonnenwende wieder ein. Diese Beobachtung mag die Erbauer von Newgrange bewegt haben, die sich ein- und auswindenden Spiralen auf die Steine zu gravieren.

Spiralformen in der Natur

Spiralen hat die Natur hervorgebracht, im ganz Großen wie im ganz Kleinen. Spiralförmig ist die Milchstraße, unzählige ferne Galaxien, spiralförmig sind die Spuren subatomarer Teilchen in den Nebelkammern der Teilchenbeschleuniger. Schneckengehäuse sind spiralförmig und Wasserstrudel, Wolken und Wirbelstürme; Schlangen rollen sich zu Spiralen ein; das Netz einer Spinne und das Sahnehäubchen auf Ihrem Kuchen bilden eine Spirale. Warum hat die Natur in allen ihren Dimensionen die Spirale gewählt? Manche sind starr, manche bewegen sich, manche streben nach außen, andere nach innen. Das Leben des Menschen entwickelt sich vom Zeitpunkt der Geburt bis zu seinem Lebensende ebenfalls spiralförmig: Jahr für Jahr entfernen wir uns weiter vom Anfang, wobei wir mehr Lebenserfahrung, Kenntnisse und Fähigkeiten gewinnen und unser Bewusstsein weiter entfalten. Geradlinig ist diese Bewegung nicht, sie führt in einem gleich bleibenden Muster um unsere Persönlichkeit herum. Diese Erfahrung macht man, wenn man beispielsweise Fehler wiederholt und jedes Mal etwas Neues daraus lernt.

Typisch keltisch ist die Spirale nicht; sie ist eines der ältesten und am weitesten verbreiteten Motive dieser Welt. Die Kelten haben es nur verfeinert und in andere Muster mit eingebaut.

Einrollen und Ausrollen – die Dynamik der Spirale

Die Spirale symbolisiert die Weiter- und Höherentwicklung, wenn sie sich entwindet. Entwickeln ist entfalten, etwas aus dem hervorholen, was schon enthalten ist. Ein Embryo entfaltet sich im Mutterleib, ein in Ei und Samen eingefalteter Prozess setzt diese Entwicklung in Gang. Ein Mensch entfaltet sich im Leben, und könnte es nicht sein, dass ein in seine Seele eingefalteter Prozess diese Entwicklung verursacht?

Die Spirale symbolisiert auch die umgekehrte Dynamik des Einrollens. Gemeint ist der Vorgang des Einfaltens. Wir lernen beständig und betten das Gelernte in uns ein. Erst lernen wir Buchstaben, dann können wir lesen. Das Wissen um die Buchstaben ist in unser Bewusstsein eingefaltet. Wenn wir lesen

204

können, nehmen wir Informationen auf, ohne an die Buchstaben zu denken. Jetzt ist es der Inhalt, der eingefaltet wird, der anschließend immer verfügbar ist. Er wird aber während des Prozesses des Einfaltens mit bereits vorhandenem Wissen verknüpft, und es erwachsen neue Erkenntnisse daraus. Auch wer in Ceridwens Kessel des Wissens rührt, erzeugt eine Spirale in der Suppe! Werden Sie aufmerksam für die Spiralen der Natur und des Lebens. Suchen Sie auf Ihrem Weg Spiralen, künstliche oder natürliche, und stellen Sie sich immer die Frage, auch wenn Sie nicht sofort eine befriedigende Antwort darauf finden, warum die Natur, die Künstler oder die Techniker ausgerechnet die Spiralform gewählt haben.

Wenn Sie der Spiralformen gewahr werden, verweilen Sie einen Augenblick, und denken Sie über ihren Sinn nach!

Spiralkonstruktion

Es ist nicht ganz einfach, eine Spirale zu zeichnen. Versuchen Sie es zunächst aus der freien Hand. Wenn Sie nicht eine Naturbegabung sind oder täglich derartige Formen zeichnen, wird das Gebilde sicher zunächst ein wenig ungelenk aussehen. Darum sollten Sie, um ein Gefühl für die Linienführung zu bekommen, die Technik der geometrischen Konstruktion einer Spirale mit Hilfe der folgenden Anleitung nachvollziehen.

- Zeichnen Sie mit einem Zirkel einen beliebig großen Kreis.

- Unterteilen Sie ihn in beliebig viele gleich große Segmente, etwa zwölf, wie das Zifferblatt einer Uhr, und bezeichnen Sie sie umlaufend mit 1 bis 12.

- Teilen Sie nun den Radius vom Mittelpunkt bis zum Umfang ebenfalls in zwölf gleiche Teile.

- Ziehen Sie nun zwölf konzentrische Kreise mit gleichem Abstand um den Mittelpunkt innerhalb des ursprünglichen Kreises. Bezeichnen Sie sie, mit dem innersten beginnend, mit 1 bis 12.

- Nehmen Sie einen Stift zur Hand, und ziehen Sie eine gebogene Linie von dem Mittelpunkt so, dass Sie den Kreuzungspunkt von Segment 1 mit Kreis 1, Segment 2 mit Kreis 2, Segment 3 mit Kreis 3 usw. verbinden.

- Wenn Sie es richtig gemacht haben, ist der äußerste Punkt auf dem Umfang des Kreises im gleichen Segment wie der Anfangspunkt, und Sie haben eine Spirale erhalten, die sich in gleichmäßigem Abstand nach außen entwickelt.

Aus der Grundform Variationen ableiten

Das ist die Grundform der archimedischen Spirale. Jetzt können Sie sie beliebig erweitern, indem Sie etwa weitere Spirallinien, die jeweils in einem anderen Segment beginnen, hinzufügen.

Die keltischen Muster verbinden mehrere Spiralen miteinander, indem sie die Linien nach außen S- oder C-förmig weiterführen und in eine nächste Spirale einwickeln. Oder sie lassen sie in einem blattartigen Schnörkel auslaufen.

Das Konstruieren einer Spirale ist ziemlich aufwändig, wie Sie gesehen haben, aber mit etwas Übung und Geschick wird es Ihnen nach einiger Zeit gelingen, lediglich mit dem Ausgangskreis freihändig recht ansehnliche Spiralen zu zeichnen. Wenn Sie das beherrschen, können Sie Ihre meditative Zeichenstunde auch einmal mit Spiralmustern verbringen.

Zeichnen Sie einmal Spiralmuster mit der Absicht, das Wesen dieses Symbols tiefer zu ergründen.

Machen Sie sich immer wieder bewusst: Es waren Handwerker und Handwerkerinnen, die solche Ornamente entworfen und zur Vollendung gebracht haben. Keine van Goghs und keine Rembrandts, sondern einfach geschickte, kreative Menschen, denen es mit bescheidenen Mitteln gelungen ist, einzigartige Kunstwerke zu erstellen. Das sollte Ihnen Mut machen, es selbst zu versuchen. Die Sehnsucht nach dem Schönen steckt schließlich in jedem von uns.

⟳ Wegweiser Amulette

Symbole sind seit Menschengedenken als Amulette getragen worden. Mag sein, dass sie manchmal nur als Schmuck dienten, näher liegt jedoch, dass der Träger sich auch mit ihrer tieferen Bedeutung identifizierte. Die Kelten trugen sie im Leben und im Tod. Auf Letzteres verweisen Grabbeigaben, unter denen sich viele Amulette befanden.

Form und Material waren von wesentlicher Bedeutung. Die Amulette, meist Anhängerchen, sind aus Horn, Metall, Bernstein, aus Kristallen oder Knochen gefertigt, und besonders spiralförmige Versteinerungen hatten eindeutig symbolischen Charakter. Die Formen sind genauso vielfältig wie die Bilder der keltischen Mythologie. Hirsche, Hunde, Eber, Vögel unterschiedlichster Art, Menschenfigürchen, Räder, Augen, Ringe, Körbe wurden in äußerst kunstvoller Weise ausgestaltet. Wie heute bedeuten manche dieser Symbole Schutz, andere Hinwendung zum Göttlichen oder auch Glück, Reichtum, Wohlbefinden, Gesundheit und innere Kraft.

Die Kraft der Amulette – keine Einbildung

Wie alles, was seit Jahrtausenden mit einem inneren Wert verbunden ist, können Symbole Energien freisetzen oder übertragen. Betrachten Sie das Tragen von Amuletten also nicht als Aberglauben. Es müssen aber bestimmte Voraussetzungen gegeben sein, damit ein Amulett wirksam wird.

● Das Amulett sollte für Sie eine Bedeutung haben. Ein Ihnen unverständliches Symbol hat keine Wirkung oder ruft ungeahnte Nebenwirkungen hervor.

● Sie müssen einen persönlichen Bezug zum Amulett herstellen, am besten, indem Sie es selbst fertigen oder indem Sie es in der Natur suchen.

● Sie müssen das Amulett seiner Bestimmung übergeben, das heißt, sie weihen es.

● Sie dürfen das Amulett, solange es wirken soll, nicht gleichgültig oder nachlässig behandeln.

● Vor allem dürfen Sie vom Amulett nicht abhängig werden. Ein Amulett ist keine endgültige Lösung für Probleme, vielmehr unterstützt es Sie bei einer Lösung, indem es hilft, die unsichtbaren Kräfte zu bündeln.

● Wenn Sie und das Amulett die Aufgabe gelöst haben, dann bedanken Sie sich, indem Sie es mittels eines kleinen Rituals reinigen. Anschließend können Sie es als Schmuck oder Dekoration weiterverwenden.

Ein Amulett weihen heißt vor allem, die Absicht laut auszusprechen, mit der Sie es tragen wollen. Ansonsten sind alle Ihnen sinnvoll erscheinenden rituellen Handlungen möglich.

Keltische Amulette

Hier nun einige Amulette aus dem keltischen Umfeld, die auf Formen der Kunst und der Ornamentik beruhen.

● **Doppelspirale:** Sie rollt sich auf der einen Seite ein und auf der anderen aus, stellt die Dynamik von Werden und Vergehen dar, von Tod und Wiedergeburt, aber auch die Unsterblichkeit. Die Form als Amulett getragen verhilft zu Gelassenheit, denn die Doppelspirale symbolisiert, dass sich jedes Problem auch wieder in die andere Richtung entwickelt.

● **Triskele:** Die dreifache Spirale weist auf die heilige Drei in allen Lebensbereichen hin: auf Vergangenheit, Gegenwart und Zukunft; auf Mädchen, Mutter, alte Frau; auf Geburt, Leben und Tod; auf Höhe, Länge und Breite – kurz: auf alles, was in triadischer Form auftritt. Als Amulett signalisiert sie anderen, dass sich der Träger mit dem keltischen Weg auseinander setzt, und es schützt ihn vor negativen Einflüssen.

● **Keltisches Kreuz:** Es besteht aus einem Kreis, der um ein lang-schenkliges Kreuz gezogen ist – Zeichen des keltischen Chris-tentums, einer Variante des christlichen Glaubens mit vielen keltischen Elementen. Es verbindet das weibliche und das männliche Prinzip. Der Kreis steht für die Erde und den Kreis-lauf des Lebens, das Kreuz für die Polarität von Leiden und Erlö-sung. Das Amulett fördert die Harmonisierung von Gegensätzen.

● **Rad- oder Scheibenkreuz:** Dies ist das gleichseitige Kreuz in-nerhalb eines Kreises. Es ist ein altes Ornament, das die vier Himmelsrichtungen, die vier Jahreskreisfeste oder das Rad des Jahres darstellt, als Symbol für den Lauf der Welt und ganz all-gemein für die Bewegung gelten kann. Das Amulett verleiht sei-nem Träger Schutz auf Reisen.

● **Keltischer Lebensbaum:** Er ist ein stilisiertes Rankenmuster aus Spiralen, die aus einem Topf wachsen. Häufig sind Vögel, Blätter und Früchte kunstvoll mit eingewebt. Er ist nicht nur ein Symbol der Fruchtbarkeit und der Heilung, sondern versinn-bildlichte bei den Kelten vor allem den Zugang zur Anderwelt. Ritzen oder zeichnen Sie einen Lebensbaum auf ein Stück Holz oder Rinde, als wirksames Amulett zum Schutz auf Ihren Reisen in die Anderwelt.

Die sich häutende Schlange ist für die frühen Naturbeobach-ter ein faszinierendes Phänomen gewesen. Das Ablegen der alten Haut ist ein Sinnbild für die Geburt eines neuen Wesens.

● **Schlange:** Sie ist ebenfalls ein sehr altes Motiv, das in Zickzack-linien erscheint, sich als Spiralen windet und später kunstvolle Knotenornamente durchwebt. Sie ist, anders als die biblische Schlange der Christen, bei den Kelten ein positives Symbol und wird meist mit den Göttern und Göttinnen der Erde verbunden. Selbstverständlich ist die Schlange auch weise. Schlangenspira-len unterstützen das Lernen, Schlangenknoten helfen, die Ver-flechtungen der unsichtbaren Kräfte zu erkennen.

Einige der genannten Amulette kann man als Anhänger oder Anstecker kaufen, vor allem die Triskele und das keltische Kreuz findet man oft in Ethnoläden, auf Esoterikmärkten oder sogar bei Juwelieren. Andere findet man seltener, und es ist, wie schon erwähnt, viel besser, wenn Sie Ihr Amulett selbst entwerfen und gestalten. Als kreativem Bastler sind Ihnen keine Grenzen ge-setzt: Formen Sie Spiralen aus Silberdraht, ritzen Sie Muster in Ton oder Salzteig, sticken Sie Motive in Kreuzstich, oder malen Sie sie auf Glas. Oder suchen Sie die Formen in der Natur: Ein seltsam geformtes Blatt, eine ungewöhnliche Versteinerung oder Bruchstücke von Muschelschalen – auf irgendetwas wird Ihr Blick schon fallen.

208

Keltische Knoten

Als für alle Anregungen aufgeschlossenes Volk griffen die keltischen Handwerker – man sollte sie wohl besser Kunsthandwerker nennen – die Ideen anderer Völker bereitwillig auf und gestalteten sie nach eigenen Vorstellungen weiter. Ist Ihnen das schon bei den Blattornamenten und Spiralmustern hervorragend gelungen, so haben sie mit den Flechtmustern etwas Einzigartiges geschaffen, das in der Kunstgeschichte seinesgleichen sucht. Flechtwerke, die Abbildung von geflochtenen Bändern oder ganzen Geweben, waren zwar schon bei den Römern bekannt und sind in ganz Europa nachzuweisen, doch einzig die Kelten verwandelten die geradlinigen, regelmäßigen Geflechte in das durchbrochene Knotennetz, für das sie bis heute berühmt sind. Inspiriert wurden die keltischen Künstler vermutlich in der Frühzeit der Christianisierung von den Psaltern und Evangeliarien, die die Mönche aus dem Mittelmeerraum mitbrachten. Diese Phase begann etwa um 500 nach unserer Zeitrechnung. In den frühen Klöstern wurden diese Schriften kopiert, von Mönchen, die, obwohl sie zum christlichen Glauben übergetreten waren, doch ihre typisch keltische Neigung, die verschiedensten freien Flächen zu dekorieren, nicht verleugnen konnten. So entstanden die beeindruckenden Teppichseiten in den Evangeliarien, die entweder vollständig mit Flechtwerk ausgeschmückt sind oder deren Kapitale entsprechend verziert sind. Die berühmtesten Beispiele findet man in dem »Book of Kells«, dem »Book of Durrow« und, für mich das schönste, dem »Book of Lindisfarne«.

Symbolische Bedeutung der Verflechtungen und Knoten

Die Muster sind ausgesprochen komplex, fehlerlos gearbeitet und mit leuchtenden Farben ausgelegt. Aber nicht nur auf Papier haben die Kelten Knoten- und Flechtwerke gebracht, ebenfalls bekannt sind die keltischen Kreuze, in die Steinmetze die geflochtenen Ornamente meißelten. Sie sind insbesondere in Irland und Schottland zu finden.

»Dann knüpfte Ogma einen Knoten der Erinnerung in die Fransen von Brigids Mantel«, heißt es in dem irischen Schöpfungsmythos.

Was mag die Künstler dazu veranlasst haben, eine so komplizierte und aufwändige Ornamentik zu entwickeln? Leider hat uns keiner von ihnen seine Beweggründe schriftlich hinterlassen, und daher sind wir auf Vermutungen angewiesen.

Das Denken in Zusammenhängen ist eines der hervorstechendsten Merkmale der Kelten. Verbindungen aufzubauen zwischen den Erscheinungen der Natur, dem Verhalten der Menschen, dem Wirken der Götter – das ist die Grundlage der Mythen, der bardischen Dichtung und auch der Weissagung. Auf diesem Wege entstand eine vielschichtige, verknüpfte Weltsicht, die unserem geradlinigen Denken fremd ist und manchmal verwirrend erscheinen mag. Aber sie wird der Realität viel besser gerecht als unser schlichtes Kausalprinzip, bei dessen Anwendung wir in manchmal unzulässiger Vereinfachung davon ausgehen, dass jede Auswirkung nur eine definierte Ursache hat.

Die Literatur schreibt immer den Männern die Kunstwerke zu, aber ist es nicht denkbar, dass auch, oder gerade, Frauen, die mit Weben und Flechten vertraut waren, diese herrlichen Muster geschaffen haben?

Meditieren über Lebensnetze

Denken in Zusammenhängen wird heute oftmals auch als »vernetztes Denken« bezeichnet, bei dem man so viele Fakten wie möglich zueinander in Beziehung setzt. Im Abschnitt »Das Gewebe der Zeit« (siehe Seite 66ff.) haben Sie im Rahmen der Exkursion in die Terminplanung schon einmal von der Netzplantechnik gehört, die diese Methode technisch darstellt. Doch gleichgültig, wie fein gestrickt das Netz aus Fakten ist, es kann die Einwirkungen der unsichtbaren Kräfte in seiner Darstellung nicht berücksichtigen. Das vermag nur der Teil von uns, der unter der Oberfläche schlummert: die Intuition, die Gefühle, manchmal auch die ein oder andere Vorahnung, die uns aufgrund unbewusster oder vorbewusster Vorgänge beschleicht. Echtes vernetztes Denken schließt dieses Potenzial mit ein und weiß es nutzbar zu machen.

Die Mönche, die die delikaten Netzwerke aus Knoten und Fäden gewoben haben, mögen bei dieser Beschäftigung über die geheimnisvollen Verknüpfungen im Lebensnetz meditiert haben. Vielleicht haben sie nachgedacht über die Verbindungen, die zwischen allen Dingen und allen Lebewesen bestehen, über die zarten Energiestränge, die alles Sein miteinander verweben, die sich an den Stellen zu Knoten vereinen, an denen sich die Kräfte manifestieren und als konkrete Ereignisse sichtbar werden, die sich zu Spiralen ein- und auswickeln oder um eingebettete Bilder schwingen.

Kompliziert und kontemplativ

Betrachten Sie einmal eine solche Teppichseite in entspannter Stimmung. Lassen Sie sie nur auf sich wirken, und versuchen Sie nicht, die Muster mit dem Verstand nachzuvollziehen. Es ist den Künstlern gelungen, den Eindruck von etwas Ganzheitlichem zu vermitteln, das – ohne dass der Verstand aktiviert wird – beim Betrachter eine innere Resonanz hervorruft. Die keltischen Knoten sind mehr als nur eine kunstvolle Verzierung, sie sind eine Darstellung des Lebensnetzes. Es ist nicht einfach, derartige Geflechte herzustellen, denn es erfordert beträchtliche Geduld und Achtsamkeit, die Fäden zu verweben. Aber wenn Sie sich dieser Aufgabe widmen, werden Sie wahrscheinlich herausfinden, warum die Kelten sich dieser Mühe unterzogen haben. Ich selbst male seit einigen Jahren Mandalas im keltischen Knotenmuster und habe sowohl den entspannenden als auch den kontemplativen Wert dieser Arbeit für mich erkannt.

Zoomorphe und anthropomorphe Elemente im Flechtwerk

Eher selten haben die Kelten in ihren Kunstwerken Szenen von Göttern, Menschen und Tieren abgebildet. Aber sie haben – mit einem zwinkernden Auge vermutlich – das ein oder andere Modell buchstäblich in ihre Dekorationen mit eingeflochten. Diese Figuren sind sehr stark abstrahiert, aber deutlich zu erkennen. Besonders beliebt sind Schlangenmotive, die sich bei den gewundenen Knoten geradezu anbieten. Aber auch Vögel wurden gerne eingeflochten, wobei sich Hälse, Schwänze und Kopfgefieder der armen Tiere in heftigen Knotenbildungen umeinander wickeln. Noch erheiternder wirkt dies bei menschlichen Gestalten, die Arme und Beine auf die gelenkigste Art umeinander winden, und wenn das nicht ausreicht, werden Bärte und Schöpfe fröhlich miteinander verwoben.

Zoomorph bedeutet tierförmig, anthropomorph sind menschenähnliche Muster, die mit in die ansonsten geometrischen Ornamente eingebunden sind.

Salomonsknoten, Liebesknoten und anderes Geflecht

Wenn Sie, beflügelt vom Anblick der wunderschönen Muster, den Wunsch verspüren, sich dieser Kunst zu nähern, müssen Sie nicht gleich ganze Teppichseiten herstellen. Man kann auch mit ganz einfachen Geflechten schon großartige Wirkungen erzie-

In den Flechtwerken der Kelten ist sehr genau darauf geachtet worden, dass die Fadenführung immer korrekt ist. Selbst in den feinsten und kompliziertesten Mustern gibt es keine Fehler.

len. Wenn Sie sich also gleich an das Knotenwerk machen wollen, dann finden Sie im Folgenden ein paar Hinweise, wie man die typischen keltischen Knoten knüpft. Die einfachste und kleinste Gewebeeinheit ist der so genannte Salomonsknoten. Seinen Namen erwarb sich dieses Ornament im Mittelalter, da es angeblich die ganze Weisheit Salomons enthielt.

● Legen Sie kariertes Papier, einen Bleistift, ein Lineal und einen Radiergummi bereit.
● Bilden Sie ein Quadrat von 4 mal 4 Einheiten (z.B. Zentimeter), und rahmen Sie es mit einer Linie ein.
● Setzen Sie auf jede Kreuzung der Linien einen deutlichen Punkt, so dass Sie nun ein Kästchen mit 25 Punkten haben.

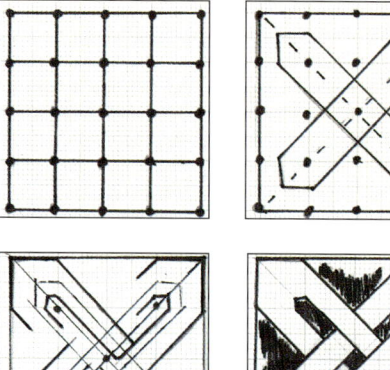

● Ziehen Sie zuerst einfach eine Hilfslinie, die genau in der Mitte des eigentlichen Knotens verläuft.
● Beginnen Sie mit der ersten Knotenschlaufe, die Sie um die diagonale Punktlinie herum von links oben nach rechts unten bilden, und lassen Sie die Linie oberhalb der Mitte enden.
● Bilden Sie die zweite Knotenschlaufe um die diagonale Punktlinie von rechts oben nach links unten, die dritte Knotenschleife von links unten und die vierte von rechts unten.
● Sie haben jetzt die Grundstruktur des Knotens gebildet, aber noch ist der typische Gewebeeffekt nicht erreicht. Dazu muss das eine Band abwechselnd über und unter dem anderen laufen.
● Führen Sie jetzt die äußere Linie des Knotens vom Rahmen oben links bis zur ersten Kreuzung, indem Sie die Punkte verbinden, und beenden Sie diesen Schritt kurz vor der Hilfslinie. Verfahren Sie bei den vier anderen Ecken genauso.
● Führen Sie dann die innere Linie in der gleichen Weise aus.
● Füllen Sie die Flächen zwischen den Knotenbändern mit Schraffuren aus, damit sich der Knoten plastisch abhebt.

Flechtbandmuster

Ein einfaches Flechtband erhalten Sie, wenn Sie mehrere Salomonsknoten nebeneinander verbinden. Zu diesem Zweck müssen Sie nur das Basisgitter um die beliebige Menge an Rasterpunkten erweitern.

Der Liebesknoten ist eine Abwandlung von drei Salomonsknoten nebeneinander und entsteht durch eine Unterbrechung im Geflecht. Diese Unterbrechungen sind das eigentliche Geheimnis der komplexen Flechtwerke und geben Spielraum für viele Varianten. Natürlich haben die keltischen Künstler ihre Vorliebe für die Spirale in die Knoten einfließen lassen, und daraus ist der Spiralknoten entstanden, der etwas mehr Geschick erfordert als die beiden zuerst genannten.

Spiralknoten

● Zeichnen Sie als Hilfskonstruktion einen Kreis in einem Quadrat, der diagonal von zwei rechtwinklig zueinander stehenden Linien gekreuzt wird.

● Beginnen Sie mit der Geraden oben links, und enden Sie kurz vor dem inneren Kreisumfang.

● Führen Sie die kreisförmige Linie spiralförmig auf den Umfang zurück, bis Sie den Berührungspunkt zwischen Rahmen und Kreisumfang erreicht haben.

● Ziehen Sie die Linie ganz entlang bis in die obere rechte Ecke, und ziehen Sie die Diagonale bis zur linken unteren Ecke und von dort wieder senkrecht nach oben bis zum Ausgangspunkt. Bearbeiten Sie das Band anschließend so, dass es jeweils

Wenn Sie weitergehende Informationen zur Gestaltung von Knoten- und Flechtwerken der Kelten haben wollen, müssen Sie sich in der englischsprachigen Literatur umsehen. Im Anhang gibt es einige Empfehlungen.

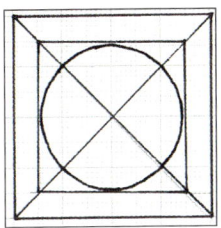 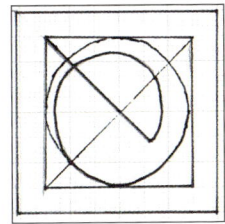
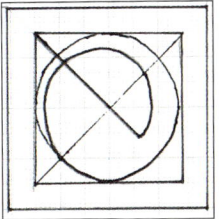 

über- als auch untereinander herläuft. Auch diese Knoten können Sie zu langen Bändern und größeren Flächen erweitern, indem Sie sie waagerecht und/oder senkrecht miteinander verbinden. Sehr wirkungsvoll und dekorativ werden die Knoten, wenn man die Umkehrbiegung außen spitz zulaufen lässt.

Farben der keltischen Ornamente

Die Kelten liebten farbenfrohe Kleider und Gebrauchsgegenstände. Wenn auch viele der frühen Kunstwerke ihre Farbe verloren haben, so kann man doch einige Rückschlüsse ziehen aus dem, was dauerhaft erhalten geblieben ist. Das sind etwa die Glasuren der Töpferwaren, die Dekorationen aus Edelsteinen und das beliebte Email.

Besonders die Tinten, die bei den Buchillustrationen verwendet wurden, überraschen mit ihrer großen Leuchtkraft, die zum Teil bis heute erhalten geblieben ist.

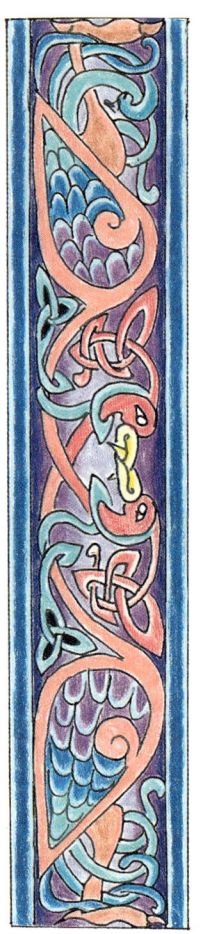

Einlegearbeiten mit roten Korallen und gelbem Bernstein auf schwarzem oder goldenem Grund erfreuten sich großer Beliebtheit, und eine große Farbvielfalt ergab sich aus den unterschiedlichen Emailarbeiten, die mit unterschiedlichen Techniken aufgebracht wurden. Bei Keramiken und Glasperlen ist die Kombination von Gelb und Kobaltblau bekannt, ebenfalls eine sehr stark wirkende Farbverbindung. Vornehm gedeckte Farben waren offensichtlich nicht in Mode.

Auch die späteren Handschriften waren äußerst lebendig koloriert. Beliebt waren augenscheinlich die Kombinationen von Rot, Gelb und Grün, die sich besonders kontrastreich zueinander verhalten. Dazu wurde immer Schwarz als Umrandung oder kontrastreicher Hintergrund verwendet.

Haut als Untergrund für Dekorationen

Zahlreiche Zeugnisse verraten, dass sich die Kelten mit ungezügelter Lust der Beschäftigung mit Ornamenten hingaben. Deshalb muss an dieser Stelle – und der moderne Zeitgenosse wird seine helle Freude daran haben – noch auf eine weitere Fläche hingewiesen werden, vor der der keltische Dekorationseifer nicht Halt machte: den eigenen Körper.

Körperbemalung und Tätowierungen waren Kunstformen. Vor allem bei den Inselkelten wurden sie gepflegt, wie die antiken Autoren wissen. Mit Waid, einer natürlichen blauen Farbe, bemalten sich die Krieger Körper und Gesichter, bevor sie in den Kampf zogen. Wahrscheinlich wollten sie damit ihre Gegner beeindrucken und einschüchtern. Bei den Römern gelang ihnen das am Anfang auch noch. Aber nicht nur für kriegerische Auseinandersetzungen bemalten sich die Kelten; es gibt gute Gründe zu vermuten, dass sie dauerhafte Tätowierungen trugen. Welchen Mustern und Farben sie dabei den Vorzug gaben, ist uns nicht überliefert, aber man geht sicher nicht fehl in der Annahme, dass sie denen der übrigen Dekorationsstile ähnelten.

⊃ Wegweiser Tattoos

Es gibt Zeiten der Einkehr, in denen man sich nur mit sich selbst beschäftigt und die Außenwelt nicht in die eigene Entwicklung mit einbezieht. Solche Phasen sollen und dürfen aber nicht zu lange dauern, irgendwann muss der Zeitpunkt kommen, an dem man wieder nach außen tritt – manchmal gewandelt oder nur etwas erholter, manchmal voller Selbstbewusstsein über das Erreichte. Und das möchte man dann den anderen kundtun. Die einen tragen plötzlich seltsame wallende Gewänder, andere scheren sich das Haupthaar ab. Auch der Gesichtsausdruck trägt dem Rechnung, und ein beständiges, lichtvolles Lächeln umspielt die Lippen der Gewandelten, oder es wird ein tiefsinnig düsterer Blick geübt. Um seine Gesinnung oder seine Zugehörigkeit zu einem Clan deutlich zu machen, trug und trägt man auch heute Körperbemalung – ob bunt bemalte Basketballfans, indische Bräute mit ihren mit Mehendi-Ornamenten verzierten Händen oder die geschminkten Jetset-Damen. Wenn Sie Spaß daran haben, dann tragen auch Sie mal ein Tattoo in keltischem Design – es muss ja nicht für die Ewigkeit sein. Wie sie es anfertigen, erfahren Sie im folgenden Tipp.

Waid, auch »Färberwaid« genannt, ist eine gelb blühende Staude, die einen indigoartigen Farbstoff enthält.

Praxis-Tipp: Ein Tattoo anfertigen

- Besorgen Sie sich wasserlösliche Gesichtsfarbe (in Drogerien oder Kaufhäusern erhältlich) oder, wenn das Tattoo Ihre etwas Haut länger schmücken soll, Tattoo-Tinte. Schließlich können Sie aber auch verschiedenfarbige Khol-Stifte (Kosmetikabteilung!) verwenden.
- Probieren Sie in der Armbeuge vorsichtig aus, ob die Farben Ihre Haut reizen.
- Fertigen Sie Ihr gewünschtes Muster an, und übertragen Sie es auf Wachspapier.
- Perforieren Sie mit einer feinen Nadel die Umrisslinien.
- Legen Sie das Papier auf die gewünschte Hautstelle, und fahren Sie die Linien mit einem in Tusche oder wasserlösliche Farbe getauchten Pinsel nach: Auf der Haut hinterlässt die Schablone eine feine, gepunktete Linie.
- Tragen Sie dann das Tattoo auf, und füllen Sie nach Geschmack die Flächen farblich aus.
- Um das Tattoo haltbarer zu machen, können Sie es mit Sprühpflaster fixieren; misslungene Tattoos können Sie mit Fettcreme entfernen.

Erkenntnis und Heilung – die Rückkehr der Kelten

Aus der Einkehr, der Rast auf dem Weg, müssen wir wieder aufbrechen, um – mit neuen Erkenntnissen gewappnet – im keltischen Geist die nächste Strecke zu bewältigen. Dieser ist nicht erloschen, kehrt vielmehr in kleinen traditionsbewussten Gruppen, z. B. esoterischen Druidenorden, zurück. Der keltische Geist findet Nährboden überall dort, wo sich Menschen gegen die Entzauberung und Entfremdung wehren.

Moderne druidische Orden oder keltische Vereinigungen erfreuen sich heute wieder großer Beliebtheit.

Der schleichende Untergang einer Kultur

Nach der künstlerisch besinnlichen Phase müssen wir uns dem traurigen Kapitel zuwenden, das den Untergang der Kelten und den Übergang in die dunkle Zeit des Mittelalters beschreibt. Dieses Kapitel hat eine Entsprechung in der menschlichen Entwicklung, und darum gehört es zu unserer Wegbeschreibung dazu. Der Untergang der fröhlich feiernden, raufenden, liebenden, die Götter überschwänglich verehrenden, kunstsinnigen und toleranten Kelten kommt der Auslöschung eines vielleicht goldenen Zeitalters gleich. Aber nicht alle Errungenschaften sind gänzlich der Vernichtung anheim gefallen.

Nur wenige Gebiete blieben von den Römern verschont – das weit entfernte Irland und Schottland etwa, Länder, die schwer zu erreichen und zu befestigen waren.

Bürokraten kontra Individualisten

Es waren die Römer, die den Untergang der Kelten einläuteten. Anders als sie, deren Verständnis von Königtum und Macht nicht oder kaum an Ländergrenzen gebunden war, hatten die Römer eine ganz klare Vorstellung von territorialen Grenzen. Sie zogen aus, fremde Gebiete zu erobern, zu besetzen und die dort lebenden Menschen zu unterwerfen.

Ich möchte Sie nicht mit der Aufzählung diverser Schlachten und Aufstände langweilen; diese können Sie in den gängigen Geschichtsbüchern nachlesen. Die römischen Soldaten waren dank ihrer Disziplin und Organisation den Einzelkämpfern der Kelten bald überlegen. Ihrer gewaltigen Militärmaschinerie konnten noch so tapfere Gegner schließlich keinen Widerstand mehr entgegensetzen. Auf dem Festland wurden die Gallier förmlich überrollt (bis auf das kleine, allseits bekannte Dorf in Nordgallien ...), unterworfen und von den neuen Machthabern kontrolliert. Cicero schreibt (nach B. Cunliffe):

> *Ganz Gallien wimmelt von Händlern, ist voller römischer Bürger. Kein Gallier schließt ohne Hilfe eines römischen Bürgers ein Geschäft ab; nicht eine Sesterze wechselt den Besitzer, ohne in die Bücher römischer Bürger eingetragen zu werden.*

Zusammenleben mit den Römern

Zwar erlebte der Handel, wie man diesem Zitat entnehmen kann, einen beachtlichen Aufschwung, aber ein so gut durchorganisiertes Staatswesen wie das römische war auf eine straffe Bürokratie angewiesen. Trotzdem begannen die Kelten, sich an die neuen Sitten zu gewöhnen. Flexibel, wie sie seit jeher waren, passten sie sich der neuen Lebensform an und übernahmen, was ihnen genehm erschien. Mochten die Römer auch Steuern erheben und ihre eigenen Tempel errichten – die Kultur der Kelten respektierten sie und ließen den unterworfenen Stämmen ihre Götter und ihren Glauben. Die Druiden allerdings entmachteten sie, soweit sie es vermochten, denn diese wichtigen Wissensträger waren ihnen zu gefährlich. Einige Generationen lang lebten Kelten und Römer einigermaßen friedlich nebeneinander, ihre Sprachen verschmolzen, sicher knüpften sich auch Familienbande, sie trieben Handel miteinander und befruchteten sich gegenseitig in ihren künstlerischen Stilen.

Doch dann kam wieder Bewegung in die Völker. Die Germanen fielen in das gallisch-römische Reich ein, die Goten und die Vandalen überrannten die Grenzen, und Mitte des 5. Jahrhunderts hatte das weströmische Reich aufgehört zu existieren.

Eine neue Botschaft

Ein wenig anders verlief die Geschichte in den keltischen Hochburgen im Norden Europas. Nach Britannien kamen die Römer erst verhältnismäßig spät, nach Irland überhaupt nicht. Hier blieb die keltische Kultur von römischen Einflüssen weitgehend unberührt. Erst als sich die Römer aus Britannien zurückzogen und die Angeln und Sachsen über das Land herfielen, gerieten die dort lebenden Kelten in Bedrängnis. Was aber den Untergang ihrer Kultur beschleunigte, war die Missionstätigkeit der christlichen Mönche. Nicht nur, dass die christliche Kirche ähnlich machtorientiert und straff organisiert war wie das römische Staatswesen, sie raubte den Kelten auch ihren angestammten Glauben, ihre Mythen und ihre Götter. Allerdings musste sie hierbei, wie bei einem anpassungsfähigen Volk nicht anders zu erwarten, zunächst erstaunliche Umwege gehen.

Man kann sich lebhaft vorstellen, dass die Kelten, die jeden Neuankömmling gastfreundlich aufnahmen und überaus neugierig ausfragten, sehr davon angetan waren, wenn ein Besucher neue Geschichten zu erzählen wusste. Die Missionare haben

Ein Beispiel keltischer Toleranz in religiösen Fragen ist die Eidesformel: »Ich schwöre bei dem Gott, auf den meine Sippe schwört!«

219

sich ebenfalls angepasst und die biblischen Geschichten keltisch untermalt. Das Modell der Dreifaltigkeit, die Botschaft vom Kind des Lichtes, das im Winter geboren wird, von Maria, der Muttergöttin, all das konnte man sehr gut in die bestehenden Glaubensvorstellungen einbauen. Es war der romanisierte Brite Patrick, der im 5. Jahrhundert die Iren mit Erfolg missionierte, und in Folge seiner Tätigkeit setzte die Kirche Bischöfe ein. Die kirchlichen Verwaltungsvorschriften allerdings schmeckten den individualistischen Kelten weniger als der neue Glaube!

Insbesondere St. Patrick, der wichtigste Heilige der Iren, weist deutliche Züge eines der alten Druiden auf. Er wirkte mit Wortmagie und Zauberkraft im Namen des neuen Gottes.

Keltische Lebensform und christlicher Glaube

Die von Rom eingesetzten Bischöfe verloren schon bald nach Patricks Tod ihren Einfluss. Nun wurden die Klöster zur treibenden Kraft des keltischen Christentums. Das ist nicht besonders verwunderlich, denn die Klostergemeinschaften ähnelten den Clans, den Stammesgemeinschaften. So konnte man die keltische Lebensform in den neuen Glauben integrieren. Der Abt trat an die Stelle des früheren Clanoberhaupts; um ihn scharten sich die Anhänger der neuen Religion. Wenn auch Askese und Zölibat durchaus zum mönchischen Leben gehörten und einige Einsiedler die Einsamkeit der Wildnis suchten, so gab es doch gemischte Klöster für Nonnen und Mönche.

Die Klöster entwickelten sich in dieser Zeit zu Bildungszentren und lösten damit die Druiden- und Bardenschulen ab. Das mag auch ein Grund sein, warum die irischen Mönche, denen die alte Tradition noch nicht fremd geworden war, die alten Mythen aufschrieben, obwohl die Stoffe heidnisch waren. Ein derartiges Vorgehen wäre in anderen von der römisch-christlichen Kirche missionierten Ländern undenkbar gewesen; dort waren fanatische Priester darauf bedacht, alle kulturellen Spuren vorchristlicher Zeit zu vernichten. Auch Zentren der Kunst wurden die Klöster, und die kunstvoll verzierten Hochkreuze, Psalter und Evangeliarien zeigen, welche Liebe zur Dekoration sich die keltischen Christen erhalten hatten und in der Abgeschiedenheit der Klöster zu ungeahnter Hochblüte brachten.

Keltische Missionare in Europa

Die Männer jedoch, die sich nicht der stillen Einkehr und Gelehrsamkeit widmeten, zogen nun, wie einst die heidnischen Krieger, aus, um mit Mut und Enthusiasmus in den abgelegenen und unsicheren Gebieten ganz Europas das Christentum zu verbreiten. Viele von ihnen wurden zu Heiligen erhoben und wie einst die keltischen Helden verehrt. St. Patrick, St. Columban und St. Columcille sind noch heute beliebte Volksheilige, die zum Teil Druiden als Lehrer hatten und verdächtige Züge keltischer Helden und Götter tragen.

Als im 9. Jahrhundert die Normannen und die Wikinger in Irland einfielen, zerstörten sie Klöster und viele der kostbaren Handschriften. Später setzte sich die von Rom koordinierte Kirche mit ihren Normen und Vorschriften in vollem Umfang durch, und mit dem 12. Jahrhundert waren auch die Reste der keltischen Kunst untergegangen.

Das öde Land und seine Heilung

Die Kelten, einst ein Volk, das sich in erstaunlich offener Form organisiert und regiert hat, sind verschwunden, die Druiden als ihre geistigen Führer, die Könige und Vergobreten als weltliche Führer ausgelöscht. Die Götter sind zu Hexen oder Dämonen disqualifiziert oder zu christlichen Heiligen umfunktioniert worden. Die heiligen Haine sind abgeholzt, die heiligen Quellen verlassen, die heiligen Tiere dezimiert, in Käfige gesperrt oder ausgerottet. Die wenigen keltischen Stämme, die in abgelegenen Gebieten noch Reste der alten Lebensform bewahrten, wurden mit Beginn der Neuzeit vertrieben, die keltischen Sprachen starben fast vollständig aus. Länder wie Irland, das schottische Hochland und die Bretagne verarmten, die Menschen wurden von Hungersnöten geplagt.

Die letzte Wanderung der Kelten setzte nach der Entdeckung Amerikas ein. Als armselige Einwanderer, Flüchtlinge vor Hunger und Vertreibung landeten sie dort. Manche ihrer Nachfahren allerdings haben schließlich die Geschicke der Vereinigten Staaten von Amerika gelenkt.

Kennedy z. B. ist ein guter irisch-keltischer Name. Dieser Clan hat sich vor allem in Amerika Bedeutung verschafft.

Der verwundete König

Sehen wir uns drei Parallelen zum Thema »Untergang der Herrschaft« an. Nuada, der Anführer der Tuatha Dé Danann, kämpft um die neue Heimat und verliert dabei einen Arm. Sein Schmied fertigt ihm zwar eine kunstvolle silberne Prothese, doch der König ist nicht mehr in der Lage, sein Land zu regieren. Für sieben Jahre übernimmt Bres die Macht, und unter

Die Entwicklung der Menschheit hat ihren Lauf genommen, und die Wanderung durch das trostlose Tal war dabei unumgänglich. Suchen wir jetzt den Ausgang, der in eine andere Welt führt.

seiner ungeschickten Führung verarmt das Land, die Menschen hungern und müssen Frondienst leisten. Die Barden und Künstler werden von seinem Hof vertrieben, und auch seine Gastfreundschaft lässt sehr zu wünschen übrig. Erst als er zur Abdankung gezwungen wird, kann der rechtmäßige König Nuada, dessen Arm inzwischen nachgewachsen ist, die Herrschaft wieder übernehmen, und das Land gedeiht.

Amfortas, der an der Lende verwundete Fischerkönig, kann sein Land nicht mehr regieren, er siecht dahin. Das Land um sein Schloss ist zur Wüste geworden, die Pflanzen sind verdorrt, die Quellen ausgetrocknet, die Tiere geflohen. Hunger und Angst beherrschen die Menschen, Hoffnungslosigkeit macht sich breit. Erst als ein Ritter aus Artus' Tafelrunde (Perceval oder – in einer anderen Version – Galahad) dem König die richtige Frage stellt, heilt die Wunde, und das Land ist vom Fluch befreit.

König Artus wird in der Schlacht von Camlan, wo er gegen seinen eigenen Sohn Mordred kämpfen muss, verwundet und kann nicht mehr geheilt werden. Morgan le Fay bringt ihn zur Insel Avalon, wo er genesen wird, um wiederzukehren, wenn das Reich ihn braucht. So lange ruht seine Herrschaft.

Die Ödnis der Seele

Die Geschichte vom öden Land ist ein altes keltisches Motiv, das sich lange in den Mythen um König Artus erhalten hat. Ein solches Motiv, das um Einsamkeit, Hunger und Verwundung kreist, hat eine tiefe menschliche Wurzel. Es beschreibt das Gefühl von Depression, Sinnlosigkeit und Fremdheit, das die Menschen überkommt, wenn sie den Kontakt zu sich selbst und zu den Wundern der Welt verloren haben. Wer im Netz des Lebens die Fäden nicht mehr wahrnimmt, die alles mit allem anderen verbinden, verbringt seine Zeit buchstäblich im öden Land.

Die Kelten mögen dieses Thema sozusagen prophetisch behandelt haben. Denn ihrem Volk ist genau das widerfahren. Römer, Christentum und die eindringenden Völker haben ihre blühenden Gemeinwesen vernichtet. Das strenge Patriarchat hat jede Partnerschaft zwischen Männern und Frauen zunichte gemacht, und die Macht wurde von nun an durch Gesetze, Vorschriften und mit Waffengewalt ausgeübt. Mittelalterliche Feudalherrschaft und Inquisition engten die Freiheiten der Menschen ein, nicht nur durch materielle Beschränkungen, auch die Freiheit des Geistes wurde unterdrückt.

Das wüste Land der Neuzeit

Mit der Aufklärung besserte sich einiges, und der Siegeszug der Naturwissenschaften brachte den von uns heute so geschätzten Fortschritt. Nichtsdestotrotz ist das Land noch immer öde, denn wenn auch die Wissenschaftler von dem Wunsch getrieben sind herauszufinden, »wie es denn nun wirklich funktioniert«, haben weder Teilchenbeschleuniger noch Teleskope letztgültige Ergebnisse gezeitigt. Die Mysterien allerdings, in denen man früher Trost und Hilfe gefunden hat, sind mit dem wissenschaftlichen Denken ihrer Geheimnisse beraubt und zu abergläubischen Märchen abgewertet worden.

Wir haben uns eine Technik geschaffen, die uns das Leben erleichtert, erstklassige hygienische Bedingungen bietet und die Kommunikation rund um den Erdball ermöglicht. Fließendes Wasser gibt es in den Industrienationen in jedem Haushalt, aber die Quellen sind häufig verschmutzt. Elektrische Energie ist allerorten verfügbar, aber die Öl-, Kohle- und Atomfeuer brennen jedes Jahr größere Löcher in die schützende Atmosphäre. Nachrichtensatelliten umkreisen die Erde, doch die Vereinsamung der Menschen nimmt zu. Das öde Land ist heute eine Müllkippe voller Abfälle aus der Zivilisation.

Erinnerungen an die goldene Zeit

Wie im Großen, so im Kleinen – die Entwicklung der Menschheit spiegelt die des einzelnen Menschen wider. Wir haben als Kinder, so wie die Kelten früher, noch einen direkten Bezug zur Anderwelt. Es gibt noch Helden und übernatürliche Wesen, die Schutz und Hilfe gewähren, wenn man sie anruft, die den Nahrung spendenden Kessel »Nimmerleer« für uns hüten. Eltern umsorgen uns, trösten uns, wenn wir verletzt sind, und füllen uns den Teller mit Essen, wenn wir hungrig sind. Wir lassen als Kinder unserer Kreativität freien Lauf, malen, spielen, singen, erfinden Geschichten oder hören ihnen hingerissen zu.

Verlust der Geborgenheit

Doch mit dem Älterwerden beginnt für die meisten eine Zeit der Ernüchterung. Früher hätten Priesterinnen oder Priester den jungen Menschen an der Schwelle zum Erwachsenenalter durch Übergangsriten in die neuen Anforderungen eingeführt, doch auch das ist uns verloren gegangen. Wir müssen eine komplizierte Welt voll seltsamer Regeln und übermächtiger Technik

In der Psychologie konstatiert man immer mehr Parallelen zwischen dem Bedeutungsgehalt der Mythen und den menschlichen Entwicklungsstufen. Es scheint, dass die Weisen der Vergangenheit ein sehr viel tieferes Verständnis für das Leben hatten, als wir heute ahnen können.

223

aus eigener Kraft meistern, für unser Essen selbst sorgen und unseren Gegnern mit eigenen Waffen entgegentreten.

Die Anforderungen an das Tagesbewusstsein steigen unaufhörlich. Aufmerksamkeit dem Lehrstoff gegenüber, den Aufgaben des Berufes, in der Familie und im Freundeskreis frisst uns auf. Konkurrenz belebt zwar das Geschäft, scheuert aber auf die Dauer die Nervenstränge durch, und was an kindlicher Freude und Spontaneität noch vorhanden war, versickert in den Untiefen des Unbewussten. Die tanzenden Feen und Elfen des Kinderzimmers haben sich in die Laufwerke der Computer zurückgezogen, Terminkalender ersetzen die Rhythmen der Natur und des Körpers, staubige Topfpflanzen auf der Fensterbank die alten Bäume. Schlaf dient nur noch dem Abschalten vor der nächsten Stressetappe und nicht mehr dem Träumen.

Nicht nur die Wüstenei beschreiben die Mythen, auch die Hoffnung auf Veränderung. Der Gral wird gefunden, der König geheilt, das Land kommt zu neuer Blüte. Das gilt auch für den Menschen.

Gefahren und Krankheiten

Versucht man, sich gegen die beständigen Forderungen der materiellen Welt abzugrenzen und sich mit mystischen Fragen zu beschäftigen, wird man leicht als Spinner abgestempelt. Doch auch die Gefahr, Heil versprechenden Sekten in die Hände zu fallen, ist groß, denn manche, die das spirituelle Defizit unserer Zeit erkannt haben, scheuen sich nicht, auf raffinierte Weise daraus Kapital zu schlagen.

Obwohl die medizinische Wissenschaft erstaunliche Fortschritte erzielt hat, steigt die Zahl der Kranken. Die großen, alten Seuchen haben wir im Griff, jetzt sind es die Zivilisationskrankheiten, die uns zu schaffen machen. Infektionen können wir erfolgreich bekämpfen, gegen den Zusammenbruch des Immunsystems fehlen uns häufig die Mittel.

⮑ Wegweiser Gralssuche

Notgedrungen muss man irgendwann durch das öde Land, wenn man erwachsen werden will. Das muss nicht immer im Übergang vom Jugendalter zur Volljährigkeit geschehen. Es widerfährt einem dann, wenn man plötzlich zu eigenen Erkenntnissen und einer Erweiterung des Bewusstseins kommt. Man nimmt mit einem Mal die Trostlosigkeit und Fremdheit viel deutlicher wahr als zu einer Zeit, in der man sich mit Aktivismus betäubt und mit oberflächlichen Ablenkungen bewusstlos gemacht hat. Man erkennt, dass etwas zerstört ist, dass etwas nicht mehr ganz, nicht mehr heil ist.

224

In den keltischen Mythen wird das im Bild des verwundeten Königs eingefangen, der das Land nicht mehr regieren kann, so dass es zu einer unfruchtbaren Wüste verdorrt. Doch in all dieser Trostlosigkeit gibt es einen Hoffnungsschimmer. Der König kann geheilt, das Land wieder zum Blühen gebracht werden, wenn der Gral gefunden ist. Dies gilt für die ganze menschliche Gesellschaft wie für Sie persönlich.

Auf dem Weg, auf dem wir uns befinden, müssen wir diesen verwundeten König heilen. Glauben Sie aber nicht, dass Sie ihn in den Fürstenhäusern unserer Welt antreffen oder in den Dienstsitzen von Präsidenten und Kanzlern. Auch nicht in den Führungsetagen großer Firmen oder in den Büros der Ministerien und Ämter. Er ist Ihnen viel näher, als Sie denken. Hier die alte Geschichte, in der Sie den entscheidenden Hinweis auf des Rätsels Lösung finden.

Perceval und die gute Erziehung

Perceval trifft einen einsamen Angler und fragt ihn nach einer Unterkunft. Der Mann weist ihm den Weg zu einer prächtigen Burg. Perceval folgt seinem Rat, doch etwas verwundert muss er feststellen, dass ihn dort der gleiche Mann, der einsame Angler, empfängt. Dieser entschuldigt sich bei Perceval, dass er sich nicht erheben kann. Unerfahren und eifrig bemüht, ja keinen gesellschaftlichen Fehler zu begehen, ruft sich der junge Mann all die Regeln der guten Erziehung ins Gedächtnis, die man ihm mit auf den Weg gegeben hat. Dazu gehört auch, keine unhöflichen Fragen zu stellen. Ein bisschen töricht schweigt er also auf diese Entschuldigung hin und sitzt später ziemlich beklommen und wortlos bei Tisch.

Er schweigt auch, als eine höchst seltsame Prozession durch den Saal zieht. Ein Mann trägt ein Schwert herein, ein zweiter eine Lanze, von deren Spitze Blut tropft, dann folgt eine schöne junge Frau, die einen Kelch trägt, der ein strahlendes Licht verbreitet, und anschließend betritt noch eine Dame mit einer silbernen Platte den Saal. Zweimal zieht die Gruppe mit den vier Gegenständen an der Tafel vorüber, dann verschwindet sie. Stumm sieht ihnen Perceval nach. Danach zieht sich der Gastgeber zur Nachtruhe zurück, und auch der Gast fällt bald in Schlummer. Als Perceval erwacht, ist die Burg unbewohnt und leer. Er reitet fort, um die Gesellschaft zu suchen, doch er verirrt sich und findet den Weg zur Burg nicht zurück.

Der naive Perceval sieht die Lösung des Problems und begreift sie nicht. Wie oft geschieht uns das auch – das Naheliegende erkennt man erst, wenn man seine Torheit überwunden hat.

Die Frage an den verwundeten König

Gute Manieren haben den jungen Ritter davon abgehalten, seinem Herzen zu folgen; denn hätte er nach seinem Gefühl gehandelt, hätte er zweimal gefragt. »Was fehlt Euch?« wäre die Frage an den verwundeten Fischerkönig gewesen. Und »Was bedeutet der Gral?« hätte die Frage angesichts der seltsamen Prozession gelautet. Dann hätte er den Gral erkannt, der König hätte geheilt werden können, und das öde Land wäre wieder fruchtbar geworden. Wenn Sie sich in einem öden Land befinden – und davon gibt es viele –, wenn Sie in Trauer, Depression, Unzufriedenheit oder dem frustrierenden Gefühl verharren, dass Sie sich selbst und Ihre Umwelt nicht mögen, dass Sie sich selbst und Ihrem Umfeld fremd geworden sind, dass Sie nicht mehr im Einklang mit sich und dem Leben stehen, dann muss irgendwer dem verwundeten Teil Ihres Selbst die Frage stellen: »Was fehlt dir eigentlich?« Ich stelle sie Ihnen hiermit.

Die Antwort kennen nur Sie selbst

Beantworten Sie diese Frage höchst ernsthaft. Sie ist lebenswichtig. Erst wenn Sie diese Frage für sich selbst beantwortet haben, können Sie sie auch auf andere beziehen. Sie können einen unglücklichen Mitmenschen fragen, Sie können die Frage stellen, was unserer Gesellschaft fehlt, unserem politischen System, den Kirchen, den Verwaltungen und Organisationen, den Kindern oder den Alten. Fragen Sie, was fehlt, damit das Zerstörte ganz, das Kranke gesund, das Verletzte heil werden kann. Es wird keine Standardantwort geben, keine pauschalen Lösungen, wie sie gerne in Stammtischrunden diskutiert werden. Die Antworten müssen mit einem unabhängigen Geist und einer guten Portion Intuition gesucht werden. Verkrustete Formen, veraltete Werte, materielles Vorteildenken, Modediktat und Fortschrittszwang müssen dabei überwunden werden.

Wie die Druiden wussten, hat jeder Mensch seine Rolle in dem Spiel, die Welt durch seinen aktiven Beitrag zu vollenden – im Großen wie im Kleinen.

Wenn Sie dem Weg der Kelten bis hierher gefolgt sind, haben Sie eine Reihe von Anregungen gefunden, wie man zu tragfähigen Antworten kommt. Die heiligen Insignien sind Ihnen wie Perceval präsentiert worden: das Schwert des Verstandes, die Lanze des Willens, der Kelch der Intuition und der Gefühle und die silberne Platte, die Scheibe, das Symbol der Tatkraft und Beharrlichkeit. Es ist an Ihnen, sie zu erkennen, sie zu nutzen und Fragen zu stellen. Und wenn Sie Antworten gefunden haben, handeln Sie, damit die Heilung eintreten kann.

Noch einmal: Die doppelte Spirale

Die Suche ist wie die doppelte Spirale eine Abfolge von Entfalten und Einfalten, von Entwickeln und Verinnerlichen. Auf der einen Seite entfalten Sie neue Fähigkeiten der Wahrnehmung, entwickeln Sie neue Qualitäten und Potenziale, die schon immer in Ihnen schlummerten, auf der anderen Seite nehmen Sie neue Erkenntnisse von außen auf, um sie den vorhandenen Fähigkeiten hinzuzufügen und mit ihnen zu verbinden.

Die verkümmerte, verwundete Seele im öden Land, also in einem Menschen, der sie nicht pflegt, ihr keine Achtung entgegenbringt und auf ihre Stimme in seinem Körper, seinen Träumen und den ihm widerfahrenden Zufällen nicht hört, kann sich nicht entwickeln. Sie bleibt wie ein Schmetterling mit verklebten Flügeln unten am Boden, an die Materie gebunden, eingeengt und begrenzt. Erst wenn er die Flügel entfaltet, steigt der Schmetterling auf, tanzt im Wind über den Blüten und kann die Welt und ihr komplexes, verwirrend schönes Gewebe von einer höheren Warte aus erkennen.

Das Ziel des Lebens mag sein, dass sich der Mensch so weit entwickelt und so stark einfaltet, dass er schließlich wieder an den Ursprung, den Mittelpunkt der Spirale, zurückkehrt. Ist es ein Zufall, dass der wichtigste Informationsträger des Lebens und aller seiner Prozesse, die DNS, die Form einer dreidimensionalen Doppelspirale, der Doppelhelix, hat?

Der Schmetterling ist seit alten Zeiten ein Symbol der Seele. Beobachten Sie hin und wieder den kreisenden Tanz der Falter im Wind.

Auch die DNA, das Erbgut des Menschen, ist in Form einer Doppelhelix aufgebaut.

Das Schicksal der Kelten heute

In alle Winde zerstreut, als Minderheiten eher geduldet denn geschätzt, in unfruchtbare Randgebiete abgeschoben, durch Hungersnöte und Kriege immer wieder zur Auswanderung gezwungen – das öde Land ist für die Kelten in den letzten Jahrhunderten Wirklichkeit geworden.

Und doch: Das keltische Erbe ist langlebig. In den wenigen Gebieten, in denen es in einigermaßen unverfälschter Form überdauert hat, fordert es heute wieder sein Recht. Seit 1921 ist Irland der erste unabhängige keltische Staat, in Wales hat das Welsch die gleiche Berechtigung wie das Englische, in der Bretagne gewinnt das Bretonische an Bedeutung, und immer häufiger kann man zweisprachige Beschilderungen und Beschriftungen sehen. Irisch bzw. Gälisch wird in den keltischen Stammländern wieder gesprochen.

Seit dem 19. Jahrhundert wird in Wales auch wieder die Tradition des Eisteddfod gepflegt, des jährlichen Bardenwettbewerbs. Darüber hinaus findet diese traditionelle Veranstaltung heute in anderen keltischen Gebieten zunehmend Anhänger. Manchmal allerdings gleitet sie ins romantisch verklärte und touristisch aufbereitete Spektakel ab.

Keltische Mythen sind äußerst zählebig, sonst hätten sich nicht so viele Schriftsteller und Dichter ihrer angenommen. Auch wenn manche Werke der eigenen Phantasie entsprangen, ist es doch eine »keltische« Phantasie.

Dichtung und Wahrheit

Das Interesse an der keltischen Kultur lebte vor allem Ende des 18. Jahrhunderts in Europa wieder auf, als James Macpherson seine Ossian-Dichtungen veröffentlichte, von denen er behauptete, sie seien Übersetzungen des Barden Ossian. Sie stammten freilich aus seiner eigenen Feder. Sir Walter Scott (1771–1832) weckte mit seinen schottischen Romanen und Romanzen neues Interesse an der Geschichte der schottischen Kelten. Robert Burns, sein Zeitgenosse, galt neben ihm als größter schottischer Dichter; seine Werke wurden durch traditionelle Themen angeregt und waren oft in seiner heimischen Mundart geschrieben. Ihm verdanken wir das auch bei uns geläufige Lied »Auld long syne«, das mit Begeisterung an Silvester gesungen wird. Lady Charlotte Guest aus Lincolnshire leistete der keltischen Literatur einen großen Dienst, als sie zwischen 1838 und 1843 die Geschichten des »Mabinogion« aus dem Walisischen ins Englische übersetzte. Diese Übersetzungen gewannen große Beliebtheit.

Die neuen Druiden

Es konnte natürlich bei all der romantisch-keltischen Begeisterung nicht ausbleiben, dass sich Menschen, ob keltisch oder nicht, plötzlich zum Druiden berufen fühlten. Hier tat sich insbesondere ein 1747 geborener walisischer Maurer namens Edward Williams hervor. Sein Name, eher durchschnittlich, war ihm nicht keltisch genug; darum nannte er sich in seinen Schriften wohlklingender Iolo Morganwg. Er war in der mittelalterlichen walisischen Literatur und dem Brauchtum ziemlich gut bewandert und vermischte sie mit eigenen »druidischen« Vorstellungen. 1772 rief er in London das erste Gorsedd zusammen, eine Versammlung von Druiden und Barden.

Allerdings betrachteten die Mitglieder dieser Bruderschaft sich nicht als Priester, sondern verstanden sich als Forscher auf dem Gebiet des Keltentums – im Gegensatz zu anderen Neodruidenorden, die einige seltsame Blüten trieben und treiben. Zu ihren Gepflogenheiten gehört es, wunderschöne Titel, wie etwa den des »Hoch-Erz-Druiden«, zu vergeben und sich in wallende weiße Gewänder zu hüllen, in denen sie zu Sonnwendfeiern würdevoll um die Steine von Stonehenge schreiten. Das Neodruidentum hat eine eigene Lehre und Philosophie entwickelt, die teils auf keltisches Brauchtum, zu einem weit größeren Teil aber auf viele zusammengesuchte esoterische Versatzstücke, vor allem aus dem Freimaurertum, zurückgreift. Wer sich darin wieder findet und seine Seele zum Schwingen bringt, macht damit nichts falsch. Nur keltisch ist es eben nicht.

Sonnwendfeiern sind germanischen, nicht keltischen Ursprungs, aber der längste und der kürzeste Tag des Jahres laden einfach zum Feiern ein. Warum nicht?

Die Kelten kehren zurück

Dennoch: Wie Sie sehen, kehren die Kelten zurück. Nicht als das Volk, das sie vor langer Zeit einmal waren. Das ist auch ausgeschlossen, denn wir haben die Bronzezeit und die Eisenzeit hinter uns gelassen und uns in einer neuen Welt eingerichtet. Doch aus den Trümmern des römischen Weltreichs, der von den Feuern der Scheiterhaufen erhellten Dunkelheit des Mittelalters, den blutigen Revolutionen der Neuzeit, dem kalten, maschinengesteuerten und alles gleich machenden Fortschrittswahn der Gegenwart erhebt sich das Keltentum wieder, und mit ihm leben seine Werte auf. Die Toleranz und die Anpassungsfähigkeit, ohne sich zu verleugnen und seine Individualität preiszugeben, die Herzlichkeit und der Schönheitssinn, der persönliche Mut und das Verantwortungsbewusstsein, das Bewusstsein, ein Fädchen im Netzwerk des Lebens zu sein – all die alten, bewährten keltischen Tugenden gewinnen zunehmend an Bedeutung, vor allem im Zeichen des globalen Denkens.

Wir haben, wie Perceval, die heiligen Insignien gesehen: das Schwert, die Lanze, den Gral und die Scheibe. Aber sehen ist nicht gleich verstehen. Sie nur zu betrachten setzt keine Entwicklung zum Besseren, zur Heilung in Gang – sie verschwinden wieder in den Nebeln der Anderwelt. Wir müssen diese Insignien begreifen, in die Helle des Bewusstseins rücken. So wie jene Menschen, die ihre Wurzeln in ihrer keltischen Stammesvergangenheit haben und nun versuchen, aus den Resten ihrer Kultur die Eigenständigkeit ihres Volkes zurückzugewinnen, sollten auch wir aus den verschollenen Möglichkeiten unseres Lebens eine neue, persönliche Unabhängigkeit aufzubauen trachten.

Ein langsamer Wandel der Muster und Wahrnehmungen ist bereits in Gang gekommen, und jeder, der sich selbst Schritt für Schritt wandelt, trägt dazu bei, eine bessere Welt für sich und andere zu schaffen.

Das verlorene Paradies

Aber vergessen Sie nicht: Das Paradies, sofern es denn jemals existiert hat, lässt sich nicht zurückholen. Weder in die vielleicht glücklichere Keltenzeit können wir unsere Kultur zurückversetzen, noch können wir uns, analog dazu, in die Phase frühkindlichen Beschütztseins zurückbegeben. Diese Paradiese sind wahrhaft verloren. Doch es gibt andere Welten und andere Möglichkeiten. Sie liegen in uns, und die Anderwelt öffnet sich für jeden, der den Eingang ernsthaft sucht.

Lassen wir uns auf die Vorstellung der Kelten von der Anderwelt ein, werden uns die Pflichten in ihr nicht abgenommen; die Verantwortung für das eigene Verhalten bleibt unsere Aufgabe, den Abenteuern und Gefahren müssen wir weiterhin begegnen – aber stellen Sie sich vor, wie entsetzlich langweilig das Leben wäre, wenn es das nicht gäbe! Mit dem erweiterten Bewusstsein hingegen, mit der inneren Freiheit, der Authentizität der Persönlichkeit sind wir viel besser gerüstet, uns in dem verwirrend schönen Muster des Lebens zurechtzufinden. Mit jeder Erkenntnis wandern wir auf der Spirale des Bewusstseins ein Stückchen weiter und entfalten unsere Seele.

Das Lachen der Druiden

Merlin wird nachgesagt, dass er häufig auf Fragen, die ihm gestellt wurden, in schallendes Gelächter ausbrach. Einige haben ihm das bitter übel genommen, andere waren pikiert, die meisten standen voller Unverständnis seiner übermäßigen Heiterkeit gegenüber. Hatte Merlin einen so seltsamen Sinn für Humor? Hat er die Fragesteller nicht ernst genommen?

Doch, hat er. Und sein Sinn für Humor war nicht seltsam, sondern nur sehr stark ausgeprägt. Lachen ist nämlich immer mit Erkenntnis verbunden. Wir lachen, wenn wir ganz plötzlich erkennen, wie einfach etwas ist, mit dem wir uns vorher lange Zeit herumgequält haben. Wir lachen, wenn wir die Absurdität einer Situation erkennen, wenn wir merken, wie grotesk sie ist. Wenn jemand bei strahlendem Sonnenschein mit der Taschenlampe etwas sucht (vielleicht erinnern Sie sich: Diogenes lief im alten Athen am helllichten Tage mit einer Laterne herum!), wenn jemand einen Vergleich allzu wörtlich nimmt und buchstäblich das Kind mit dem Bade ausschüttet, dann ist das wirklich zum Lachen.

Mit dem Verstehen keimt Heiterkeit auf, und je weiter wir auf der Spirale der Erkenntnis aufsteigen, desto häufiger werden wir über die seltsamen Auswüchse menschlichen Handelns – auch unseres eigenen – lächeln können. Dann kann es geschehen, dass wir auf einige Fragen eben auch in druidisches Gelächter ausbrechen und die Heiterkeit des Seins empfinden.

Damit Sie dieses Buch auch mit einem druidischen Schmunzeln aus der Hand legen, will ich Ihnen an dieser Stelle einen letzten Wegweiser geben – selbstverständlich der ernstzunehmendste im ganzen Werk.

Selbstverständlich gewinnt man Weisheit und Verständnis dadurch, dass man einen wallenden Druidenumhang trägt. Deshalb müssen Sie sich dringend einen solchen fertigen.

⮑ Wegweiser Wie man sich einen Druidenumhang macht

Droop The Druid ist in der Esoterikszene eine der schillerndsten Gestalten, und sein Anliegen, der unwissenden Menschheit wenigstens die grundlegendsten keltischen Weisheiten beizubringen, lässt ihn, wenn wohl auch widerwillig (wir wissen ja, mit welcher Begeisterung die Kelten die Feder geschwungen haben!), hin und wieder die an ihn herangetragenen Fragen in einem belehrenden Artikel beantworten. Hier sein (leicht gekürzt, denn Droop neigt ein wenig zur Weitschweifigkeit) Beitrag zum Thema der druidischen Bekleidung.

Die Leute stellen immer wieder Fragen wie »Wie macht man sich einen eigenen magischen Druidenumhang?«.

Also gut, ich erzähle Ihnen, wie man den ultimativen magischen und druidischsten aller Umhänge macht!

1. Der Umhang kann nur aus Wolle sein, also müssen Sie die diese liefernden Schafe zuerst neun Generationen lang züchten (Schafsgenerationen, nicht menschliche!). So lange dauert es, bis jeder Fluch seine Wirkung verliert, und dessen müssen Sie sich sicher sein! Außerdem ist es nötig, auf jeden Fall dafür zu sorgen, dass alle Schafe nur das fressen, was auf geweihten irischen Hügeln oder anderen solchen druidischen Plätzen wächst. (Es genügt einfaches Gras, obwohl sie, wenn Sie es wollen, auch etwas Marihuana zum Nachtisch haben können – aber nur, wenn es auf einem geweihten irischen Hügel oder so gewachsen ist.) Gut, ich gebe zu, dass es nicht die einfachste Art ist, an Wolle zu kommen, aber bis hierhin tun die Schafe die eigentliche Arbeit, also beißen Sie mich nicht.

Das Klonen von Schafen wird Droop The Druid in diesem Fall sicher ablehnen, denn das würde eventuelle Flüche nur vervielfältigen.

2. Sammeln Sie alle Pflanzen, die Sie zum Färben benötigen, aber nur an Samhain. Stellen Sie sicher, dass Sie das richtige Ritual durchführen, und danken Sie jeder Pflanze dreimal. Beim Herstellen der Farben verwenden Sie nur Wasser aus geweihten irischen Brunnen, und vergessen Sie nicht, jedem Brunnen zuerst eine Lachsmünze zu geben, das ist die irische 10-Cent-Münze. (Die Zehn ist zwar keine druidische Zahl, aber der Lachs auf der Münze macht sie auf jeden Fall okay.) Lassen Sie die Farben ein Jahr und einen Tag ziehen (das heißt ein normales Jahr und Samhain). Wenn Sie möchten, können Sie ein wenig Met zum Wasser hinzugeben – es ist ja Ihr Umhang.

3. Um etwas vorzugreifen: Sie sollten den Umhang zum ersten Mal an Beltane tragen, weil dies der Tag ist, an dem die tutenden DaNaNa* und auch die Menschen in Irland ankamen; darum ist das die beste Zeit, überhaupt irgendwas anzufangen.

*»Tuatha Dé Danann« heißt das! Droop ist ein respektloser Druide.

4. Nachdem Sie den Umhang gewebt und gefärbt haben, müssen Sie ihn mit einer ungeheuren Menge keltischer Knotenmuster besticken (es wird Ihnen eine Freude sein, dies zu tun) sowie mit tristen Kellen, Tieren und Vögeln im keltischen Stil und anderem Kram. Vergessen Sie auch nicht Baumblätter und Berge von Haselnüssen.

5. Die Anzahl der Farben ist von immenser Bedeutung. Nur Topdruiden (wie ich) bekommen sieben oder mehr. Aber wichtig ist: Denken Sie daran, dass im Irischen das Wort »glas« sowohl

»Blau« als auch »Grau« bedeuten kann; »gorm« kann »Blau«, »Schwarz« oder »Grün« sein, und das, was die Engländer als »Orange« bezeichnen, ist keine Farbe, sondern eine Schattierung von Gelb. Machen Sie es auf Irisch! (Dies ist ein spezieller Insidertipp, weil Sie so mehr Farben bekommen, und wenn ein Dummbeutel auf Ihren Umhang deutet und sagt: »Oh, du hast sieben Farben, aber du bist nur halb so gut wie Droop The Druid!«, dann ist nur die zweite Hälfte dieser Bemerkung richtig, und Sie können ihm sagen, dass er ein Simpel ist und daran denken soll, dass es sich um einen irischen Umhang handelt!)

6. Während Sie weben und sticken, sollten Sie bei jedem Stich, bei jeder Wendung, bei jedem Durchschuss oder was auch immer eine Zeile druidischer Poesie oder einen magischen Zauberspruch oder Ähnliches aufsagen.

7. Wenn Sie dann also jemand fragt, wieso Sie einen so wundervollen, magischen (was er sein wird, wenn Sie alle Anweisungen befolgt haben) Umhang machen konnten, sagen Sie ihm auf jeden Fall, dass DROOP SELBST es war, der es Ihnen verraten hat.

8. Wenn Sie zu faul sind, können Sie auch einen Umhang kaufen, sogar einen irischen. Sie werden ebenfalls eine Brosche haben wollen, um ihn schließen zu können. Es gibt da eine sehr, sehr schöne im irischen Nationalmuseum, die nach Tara benannt ist. Aber wenn sie jemals herausgegeben wird, steht mein Name ganz oben auf der Liste. Es ist meine. Suchen Sie sich die Ihre woanders.

»Yellow«, also Gelb, hat im Englischen eine zweite Bedeutung. Es kann auch »Feigheit« bedeuten. Droop macht hier eine sehr böse Anspielung auf die irischen Protestanten (Orangemen).

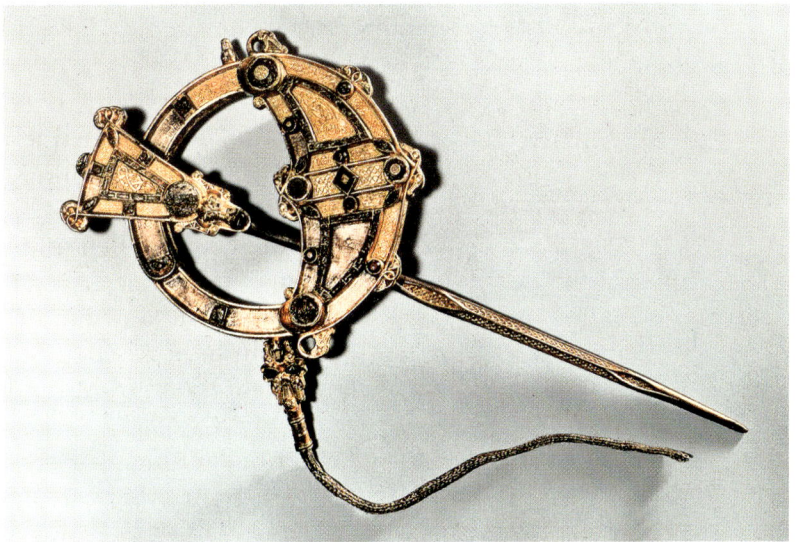

Die Brosche von Tara besticht durch ihre perfekte Schönheit. Sie diente dem Schließen eines Umhangs.

Zusammenfassung Baumorakel

Baum	Qualität	Schlüsselbegriffe	Person
B: Birke (Beth)	Neubeginn	Anfang, Licht, Reinheit	Ein klarer, heiterer Mensch
L: Eberesche (Luis)	Lebenskraft	Erweckung, Belebung, Schutz	Eine mütterliche Person
N: Esche (Nion)	Kreativität	Intuition, verborgene Weisheit, Schöpfung	Ein einfühlsamer Mensch
F: Erle (Fearn)	Energie	Feuer, Wildheit, Widerstandskraft	Ein starker Führer/Führerin
S: Weide (Saille)	Das Unbewusste	Weiblichkeit, Heilung, Verzauberung	Ein anpassungsfähiger Diplomat
U: Weißdorn (Uath)	Ordnung	Spiritualität, Keuschheit, Schutz	Ein spirituell gereifter Mensch
D: Eiche (Duir)	Traditionen	Fruchtbarkeit, Heiligkeit, Standhaftigkeit	Ein disziplinierter Macher
T: Stechpalme (Tinne)	Widerstände	Blut, Wehrhaftigkeit, Langlebigkeit	Ein zäher Kämpfer/ Kämpferin
C: Haselbusch (Coll)	Verführung	Weisheit, Verbindung zur Anderwelt, Sex	Ein weiser Mann oder eine sehr kluge Frau
M: Weinstock (Muin)	Harmonie	Inspiration, Gesundheit, Wohlstand	Ein ausgleichender Mensch
G: Efeu (Gort)	Hingabe	Freundschaft, Treue, Wiedergeburt	Ein guter, verlässlicher Freund
NG: Schilfrohr (Ngetal)	Macht	Gelehrtheit, Ordnung, Autorität	Ein Lehrer oder ein disziplinierter Mensch
R: Holunder (Ruis)	Schicksal	Magie, Heilung, Bannung	Eine geheimnisvolle Person
Q: Apfelbaum (Quert)	Liebe	Verbindung zur Anderwelt, Lust und Liebe, Gesundheit	Ein liebenswerter, strahlender Mensch
Z: Schwarzdorn (Straif)	Begrenzung	Abweisung, Unglück Konzentration	Eine Respektsperson
A: Tanne (Ailm)	Geheimnis	Mystik, Mond, Dunkelheit	Ein undurchsichtiger Mensch
O: Ginster (Onn)	Bereinigung	Dynamik, Wärme, Reinigung	Ein dynamischer Mensch
U: Heidekraut (Ura)	Trost	Liebe, Süße, Hoffnung	Ein warmherziger Mensch
E: Pappel (Eadha)	Dummheit	Verletzlichkeit, Tapferkeit, Arglosigkeit	Ein Narr, ein naiver Mensch
I: Eibe (Idho)	Gerechtigkeit	Tod, Unsterblichkeit, Ewigkeit	Ein strenger Richter
J: Mistel (Uil-iok)	Gesundheit	Heilung, Frieden, Lebenskraft	Ein Friedensstifter

Keltische Magie

Ferguson, Ana-Marie: Der Avalon-Tarot. Neue Erde 1997
Godwin, Malcom: Der Heilige Gral. Heyne 1996
Graichen, Gisela: Das Kultplatzbuch. Bechtermünz 1997
Heinz, Sabine: Symbole der Kelten. Schirner 1998
Matthews, John: Der Artus-Weg. Heyne 1999
von Ranke-Graves, Robert: Die weiße Göttin. rororo 1995
Shinoda Bolen, Jean: Auf der Suche nach Avalon. Heyne 1998
Terhart, Franjo: Magisch Reisen: Bretagne. Goldmann 1994

Keltische Kunst

Allen, Romilly: Die Kunst der Kelten. Fourier 1998
Bain, George: Celtic Art. C&C Ltd 1951/1998
Belser Stil Geschichte Bd. 3, Belser 1993
British Museum Pattern Books: Early Celtic Design.
British Museum Press 1997
Davis, Courtney: The Keltic Art Source Book. Blasford Press 1999
Meehan, Aidan: Celtic Design: Knotwork. Thames and Hudson 1995
Sloss, Andy: Celtic Tattoos. vgs 1998
Zaczek, Iain: The Art of the Celts. Parkgate Books Ltd 1997

Keltische Geschichte

Botheroyd, Sylvia und Paul: Lexikon der keltischen Mythologie.
Diederichs 1996
Cäsar, Julius: Der Gallische Krieg. Reclam 1998
Cunliffe, Barry: Die Kelten. Lübbe 1996
Ellis, Peter Berresford: Die Druiden. Diederichs 1996
James, Simon: Das Zeitalter der Kelten. Bechtermünz 1998
Markale, Jean: Die keltische Frau. Dianus-Trikont 1984
Markale, Jean: Die Druiden. Goldmann 1989

Keltische Mythen

Bradley, Marion: Die Nebel von Avalon. Krüger 1985
Caldecott, Moyra: Frauen in keltischen Mythen. Neue Erde 1996
Green, Miranda Jane: Keltische Mythen. Reclam 1994
Hetmann, Frederik: Keltische Märchen. Fischer 1975
Löpelmann, Martin (Hrsg.): Erinn, keltische Sagen aus Irland.
Heyne 1996

Sonstige Quellen

Mare, Zeitschrift der Meere. Dreiviertel Verlag, Juni 1998,
Interview mit Droop The Druid
Monaghan, Patricia: Lexikon der Göttinnen. O.W. Barth 1997
O'Donohue, John: Anam Cara. dtv 1998
Zingsem, Vera: Göttinnen großer Kulturen. dtv 1999

Impressum

© 2000 W. Ludwig Buchverlag, München, in der Econ Ullstein List Verlag GmbH & Co. KG, München

Alle Rechte vorbehalten.

Nachdruck – auch auszugsweise – nur mit Genehmigung des Verlags.

Redaktion:
Thomas May

Projektleitung:
Berit Hoffmann

Redaktionsleitung:
Dr. Reinhard Pietsch

Bildredaktion:
Gabriele Feld

Umschlag:
Hempel/Langkau, München

DTP/Satz:
Der Buchmacher, Arthur Lenner, München

Produktion:
Manfred Metzger (Leitung), Annette Aatz, Dr. Erika Weigele-Ismael

Druck und Bindung:
Westermann Druck, Zwickau

Gedruckt auf chlor- und säurearmem Papier

Printed in Germany

ISBN 3-7787-3873-9

Über die Autorin

Ansha beschäftigt sich seit vielen Jahren mit Magie und artverwandten Gebieten. Sie versucht eine Synthese zwischen verschiedenen alten magischen Praktiken und den neuesten wissenschaftlichen Erkenntnissen herzustellen – Beziehungen, die insbesondere in den Bereichen Physik, Psychologie und alternative Heilmethoden bestehen.

Bildnachweis

AKG, Berlin: Titel/Fond, Titel/Einklinker li., 11, 18, 28, 45, 79, 89, 98, 105, 115, 129, 157, 162, 167, 197, 202; Bildarchiv Rainer Binder, München: 181; Bildarchiv Steffens, Mainz: 173, 177, 187, 233; bpk, Berlin: 191; Fortean Picture Library, London: Titel/Einklinker re. (Allan Kennedy), 55 (John Billingsley), 75 (Lawrence Lawry), 107 (Anthony Weir), 34, 150, 207; Fotoarchiv, Essen: 25 (Michael Schwerberger), 71 (Andreas Riedmiller); Image Bank, München: 48 (David de Lossy), 125 (Francesco Ruggeri); Mary Evens Picture Library, London: Titel/Einklinker mi.; Tony Stone, München: 2 (Trevor Wood), 43 (Stuart Westmorland), 60 (Mark Douet), 133 (Sara Gray), 217, 227
Alle Tier-, und Pflanzenillustrationen stammen von Angela Feld, München.
Alle Götter-, und Kriegerillustrationen stammen von Benjamin Krieger, München.

Hinweis

Das vorliegende Buch ist sorgfältig erarbeitet worden. Dennoch erfolgen alle Angaben ohne Gewähr. Weder Autoren noch Verlag können für eventuelle Schäden, die aus den im Buch gemachten Hinweisen resultieren, eine Haftung übernehmen.

236

Register